누구나 파이썬

기초부터 시작하는 코딩과 데이터 분석

누구나 파이썬
기초부터 시작하는 코딩과 데이터 분석

지은이 전익진

초판 발행일 2022년 1월 10일

기획 및 발행 유명종
편집 이지혜
디자인 이다혜
조판 신우인쇄
용지 에스에이치페이퍼
인쇄 신우인쇄

발행처 디스커버리미디어
출판등록 제 2021-000025호(2004. 02. 11)
주소 서울시 은평구 진관4로 107, 619-201
전화 02-587-5558

ISBN 979-11-88829-23-1 13000

누구나 파이썬

기초부터 시작하는 코딩과 데이터 분석

전익진 지음

디스커버리미디어

코딩과 데이터 분석의 세계로
초대합니다

바야흐로 AI, 빅데이터 시대라고 합니다. 모두 데이터가 너무도 중요하다고 말하죠. 그리고 파이썬은 데이터 분석을 위한 강력한 도구로 자리매김하고 있습니다.

파이썬은 현재 가장 강력한 프로그래밍 언어 중 하나입니다. 데이터 분석을 주업으로 하는 저에게도 파이썬은 늘 함께 하는 프로그래밍 언어이자 도구입니다. 이런 까닭에 파이썬을 학습하고자 하는 분들이 꽤 많습니다. 하지만 주변을 돌아보면 프로그래밍 언어로서의 본질적인 기능과 이해보다 단순히 실무 활용에 초점을 두고 배우는 분들이 대다수를 차지하고 있습니다. 큰 문제는 아닙니다. 다만, 프로그래밍 언어로서의 파이썬에 대한 기초적인 지식과 기능적인 측면의 이해가 없으면 응용하고 확장해 가는 데 한계를 느낄 수밖에 없습니다.

이 책을 집필한 계기도 이와 비슷합니다. 프로그래밍을 처음 접하는 분들에게 컴퓨터 언어의 전반적인 개념을 설명하고, 파이썬이 코딩과 데이터 분석에 어떻게 활용되는지 실제로 보여주고 싶었습니다. 파이썬은 코딩은 물론 데이터 분석에도 강력한 경쟁력을 가진 좋은 컴퓨터 언어이기 때문입니다.

『누구나 파이썬』은 크게 세 부분으로 구성돼 있습니다. 구체적으로는 파이썬 학습 준비단계, 코딩(프로그래밍) 공부하기, 데이터 분석 학습하기로 나누어져 있습니다. **학습 준비단계**에서는 파이썬이라는 언어를 이해하고, 파이썬 설치 방법 등 본격적으로 공부하기 위해 필요한 준비 과정을 거치게 됩니다. 입문자가 이해하기 쉽도록 친절하게 설명하고 있으므로 천천히 따라오면 됩니다. **코딩 학습 단계**에서는 첫 코딩을 시작하는 방법부터 함수 코딩까지 코딩의 기초를 차례대로 공부하게 됩니다. **마지막 단계는 데이터 분석**입니다. 파이썬 설치하기와 편집기 설치하기 같은 학급 준비단계와 코딩 학습, 실습 문제 풀기 등 코딩 과정을 거친 건 결국 데이터 분석 방법을 잘 익히기 위해서입니다. 여러분은 이 책에서 데이터 분석의 목적부터 회귀 분석의 이해·기울기와 절편·예측 검증·의사 결정 나무 등 최근 많이 활용되는 분석 기법을 공부하게 됩니다.

여기 소개된 내용이 빅데이터 분석의 전부라고 할 수는 없습니다. 다만, 이 책을 마치면 가장 핫한 프로그램 언어와 코딩 기법, 데이터 분석에 관한 기초를 더불어 다질 수 있다고 말씀드리고 싶네요. 아무쪼록 코딩과 데이터 분석에 관심을 가진 모든 분에게 이 책이 지식과 정보, 배움을 얻는 소중한 통로가 되길 바랍니다.

2022년 새해를 맞으며
전익진

『누구나 파이썬』 100% 활용법

『누구나 파이썬』은 부제목에서 밝힌 것처럼 코딩과 데이터 분석 방법을
기초부터 알려주는 책입니다. 누구나 이 책을 100% 활용하길 바라는 마음을 담아
책의 구성과 학습 로드맵을 안내합니다.

① 이렇게 구성돼 있습니다

『누구나 파이썬』은 모두 9장으로 구성돼 있습니다. 9장은 다시 파이썬 학습 준비 단계, 코딩(프로그래밍) 공부하기, 데이터 분석, 이렇게 크게 세 부분으로 나누어집니다. 이 세 부분에 대해 조금 더 자세히 설명하면 다음과 같습니다.

1. 파이썬 학습 준비 단계

파이썬을 공부하기 위해서는 먼저 학습 준비를 해야 합니다. 1장에 해당하는 '00 파이썬 만나기'가 바로 학습 준비 단계입니다. 이 장에서는 파이썬을 설치하는 방법에 대해 자세하게 안내해줍니다. 프로그램 언어로서 파이썬의 장점은 무엇인지, 최신 버전을 어떻게 설치하는지, 파일이 정확하게 설치되었는지 확인하는 방법, 환경 변수 재설정은 어떻게 하는지, 그리고 마지막으로 입문자를 위한 파이썬 편집기 설치 방법까지 1:1로 강의하듯 자세하고 친절하게 안내해줍니다.

2. 코딩 학습 단계

'01 기초 다지기'부터 '04 유용한 함수 이야기'까지가 코딩 학습 단계입니다. 여기에서는 역사적인 첫 코딩을 시작하는 방법부터 사칙 연산, 비교 연산, 논리 연산, 그리고 알고리즘의 꽃이라고 불리는 제어문 코딩 방법을 차례대로 학습하게 됩니다. 마지막으로 유용한 함수 코딩 방법을 공부하게 됩니다. 이 단계가 끝나면 코딩에 관한 기초적인 방법은 다 마치게 됩니다. '코딩 학습 단계'의 장점은 중간중간 '연습 문제'와 '실습 문제'를 풀며 실전 경험을 쌓을 수 있다는 점입니다.

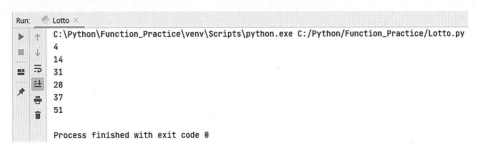

3. 데이터 분석 학습 단계

파이썬은 그 어떤 컴퓨터 언어보다 데이터 분석에 최적화되어 있습니다. 파이썬은 AI를 포함한 데이터 분석에 정말 유용한 도구입니다. 앞의 두 부분, 그러니까 파이썬 설치하기 와 코딩 학습 단계는 결국 데이터 분석으로 수렴됩니다. 파이썬과 파이썬 편집기를 설치 하고 코딩을 공부하고 실습 문제를 열심히 푼 게 다 좋은 데이터 분석을 하기 위한 과정인 셈입니다. 이 책에서는 '05 라이브러리 그리고 오픈 소스'와 '07데이터 분석'까지가 데이 터 분석 학습 단계입니다. 데이터 분석의 목적부터 회귀 분석의 이해·기울기와 절편·예측 검증·분류와 군집·의사 결정 나무 등 다양한 데이터 분석 방법을 공부할 수 있습니다. 여 기까지 마치면 파이썬과 코딩, 데이터 분석에 관한 기초를 모두 다지게 됩니다. 참고로 저 자는 데이터 분석에 필요한 샘플 CSV(comma separated value) 파일을 제공하고 있습니다.

데이터 분석에 활용할 CSV 파일 내려받는 방법

샘플 CSV 파일은 정보와가치연구소 사이트(https://blog.naver.com/plusstar75)의 '누구나 Python' 메뉴에서 다운받을 수 있습니다.

② 『누구나 파이썬』 공부 로드맵

파이썬 공부 준비 단계
- Python 이해하기
- 파이썬 설치하기
- 파이썬 설치 확인 및 환경 변수 재설정
- 파이썬 편집기 설치하기

코딩 학습 단계
- 코딩 기초 다지기
- 연산자 이해하기
- 알고리즘의 꽃, 제어문 공부하기
- 유용한 함수 학습하기

데이터분석 단계
- 라이브러리와 오픈 소스
- 기초 데이터 분석
- 데이터 분석
- 에필로그

목표 달성

목차
Contents

00
파이썬 만나기

1. Python 이해하기

2. 파이썬 설치하기

3. 파이썬 설치 확인 및 환경 변수 재설정

4. 파이썬 편집기 설치하기

PYTHON ● ● ●

00 파이썬 만나기

Python 이해하기

파이썬은 1991년 네덜란드의 프로그래머 귀도(Guido van Rossum)에 의해서 처음 세상에 등장했습니다. 비교적 역사가 짧은 언어 중 하나입니다. 시작은 미약했지만 현재는 찬란한 언어 중 하나로 자리매김하고 있습니다. 현재 가장 'Hot'한 프로그래밍 언어가 아닐까 싶습니다.

파이썬은 여러 특징을 가지고 있지만 최근 데이터 분석의 중요성과 맞물려 그 위상이 점점 더 올라가는 추세입니다. 데이터 분석하면 떠오르는 언어가 파이썬이 될 정도로 유명세 가득한 언어입니다. 그만큼 파이썬은 데이터 분석 분야에 최적화된 프로그래밍 언어라 할 수 있죠. 데이터 분석을 주업으로 하는 저 역시도 파이썬과 아주 친근하게 지내고 있습니다.

파이썬은 컴퓨터 프로그래밍 언어입니다. 어떤 언어를 학습하든 해당 언어의 기능을 많이 안다고, 그리고 함수를 많이 안다고 반드시 실력자가 되는 것은 아닙니다. 어차피 프로그래밍도 응용입니다. 기본적이고 핵심적인 언어의 기능과 활용방법을 완벽히 숙지했다면 그 다음은 응용능력에 따라 실력이 가늠됩니다.

이 책은 파이썬을 포함하여 프로그래밍을 처음 접하는 분들의 마음을 생각하며 구성했습니다. 여기 소개한 내용이 파이썬의 전부는 아닙니다. 아니 어쩌면 아주 극히 일부에 지나지 않을 수도 있습니다. 그러나 이점은 분명히 약속드릴 수 있습니다. 파이썬을 통해 프로그래밍을 처음 접하는 분들 혹은 여러 프로그래밍 언어를 접했지만 어떤 언어도 익숙하지 않은 분들에게 해답이 될 것입니다. 망망대해에서 여러분의 돛대와 같은 역할을 해줄 것입니다.

이 책을 꼼꼼히 모두 읽고 실습을 마쳤다면 그 다음은 이제 여러분의 시간입니다. 사상누각(沙上樓閣)이라는 사자성어를 잘 아시죠? 기본기의 중요함을 강조하는 말입니다. 모든 분야가 그렇듯 프로그래밍 언어 역시 기본과 기초가 매우 중요합니다. 간혹 파이썬을 실무를 통해 배운다는 분들을 종종 보게 됩니다. 파이썬은 충분히 가능한 언어입니다. 그만큼 인프라가 넓고 제공되는 소스가 다양합니다. 그래서 모든 걸 다 건너 뛰고 바로 데이터 분석, 그것도 꽤나 복잡한 기법을 파이썬으로 구현하는 모습을 심심치 않게 봅니다. 이런 현상이 잘못되었다는 건 아닙니다. 그럴 수 있습니다. 재차 강조하지만 프로그래밍 언어도 언어입니다. 우리가 익히 사용하는 자연어와 동일합니다. 어린 아이가 처음 말문을 열기 전 과정을 생각해 보세요. 그리고 여러분이 처음 영어를 배울 때를 생각해 보시면 파이썬 역시 똑같은 과정이 필요합니다. 기초를 무시하고 고급 기술을 바로 익힌 사람과 기초를 탄탄히 세웠지만 고급 기술은 조금 부족한 사람 중에 진짜 실력자는 후자일 것입니다. 이유는 언어는 응용이기 때문입니다. 응용력은 탄탄한 기초에서 발현합니다. 명심해 주세요. 기초가 탄탄하고 견고한 빌딩을 세우길 바랍니다.

또 한가지 강조 드리고 싶은 부분은 파이썬은 데이터 분석을 위한 도구라는 점입니다. 파이썬이 데이터 분석은 아닙니다. 만약 데이터 분석가, 데이터 과학자를 원하신다면 파이썬과 함께 데이터 분석에 대한 공부도 게을리하지 마세요. 데이터 분석가에게 중요한 건 파이썬이 아니라 데이터를 바라보는 시선입니다.

오랜 시간 데이터 분석 업무를 수행하며 살아온 내게도 이제 파이썬은 숙명이 되어 버렸습니다. 이 책을 접한 모든 독자들이 파이썬 프로그래밍에 친숙해지고 현업에서 데이터를 다루는데 조금이나마 도움이 되길 기원합니다.

② 파이썬 설치하기

무엇을 학습하든 학습 환경을 먼저 구축하는 것이 첫 번째입니다. 다음의 사이트에 접속하여 가장 최신 버전의 파이썬 프로그램을 다운로드합니다.

https://www.python.org/downloads/

제가 이 글을 작성하는 시점에 가장 최신 버전은 3.9.1이었습니다. 그림의 화살표 부분을 클릭합니다. 그리고 당연히 본인의 운영체제에 맞게 다운로드가 진행돼야 합니다.

<그림 00_2_1 파이썬 다운로드 페이지>

다운로드 된 폴더에 접근하여 해당 파일 설치를 진행합니다.

<그림 00_2_2 파이썬 설치 실행파일>

설치 파일을 클릭하면 다음의 화면이 뜹니다. 지금부터 중요합니다. 특히 프로그래밍을 처음 하시는 분은 더 유심히 살피고 설치하기를 권합니다.

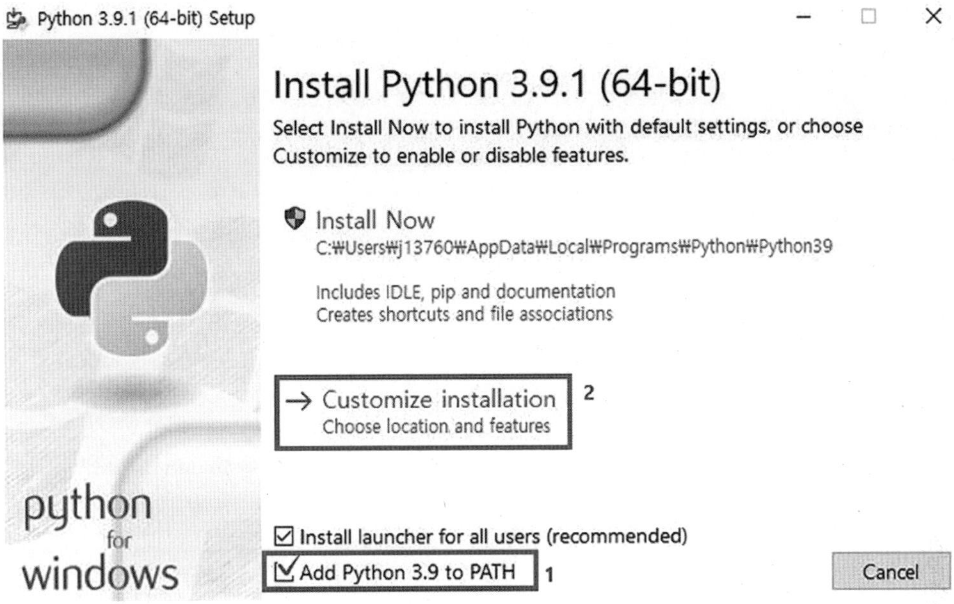

<그림 00_2_3 파이썬 설치 화면 1>

반드시 1번을 먼저 체크하시고 2번을 클릭해야 합니다. 순서를 반드시 지켜주세요. 잠시 설명을 드리면 1번은 파이썬의 환경 변수를 자동으로 설정해 주는 역할을 담당합니다. 환경 변수란 간단하게 파이썬이 시스템에서 정상적으로 동작하도록 설정된 값입니다. 파이썬을 떠나 모든 프로그래밍 언어는 이 환경변수가 정상적으로 설정되어야 작동하게 됩니다. 처음 프로그래밍을 접하시는 분들이 이 부분을 제일 힘들어하고 어려워합니다. 다행스럽게도 파이썬은 설치 전 자동 설정 기능이 있습니다. 2번은 파이썬을 내가 원하는 장소에 설치하도록 도와줍니다. 물론 위에 'Install Now'를 통해서 자동 설치를 해도 무방하지만 되도록 2번 'Customize installation'을 진행할 것을 권장 드립니다. 이후 파이썬 코드 관리에도 유리합니다. 그럼 2번을 클릭해서 진행한다고 가정하고 다음을 설명 드립니다.

<그림 00_2_4 파이썬 설치 화면 2>

다음 화면에서 'Next'를 클릭합니다. 자 다음 화면이 또 중요합니다.

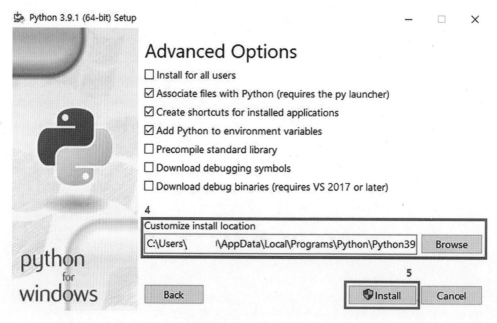

<그림 00_2_5 파이썬 설치 화면 3>

바로 4번 때문입니다. 4번은 파이썬이 실제 설치되는 경로입니다. 이를 변경하기 위해 'Customize installation'을 진행한 것이죠. 기본 경로는 보시는 것처럼 길게 되어 있습니다. 각자 관리가 용이한 폴더에 경로를 지정하시면 됩니다. 잘 모르시는 분들은 아래처럼 폴더를 생성하고 관리하시면 편합니다.

C:₩Python₩Python39

'Python39' 폴더는 버전입니다. 앞서 말한 것처럼 제가 이 글을 작성할 때 가장 최신 버전이 '39' 버전이었습니다. 버전도 모르고 귀찮다 생각되시는 분들은 아래처럼 간단하게 경로를 지정해도 무방합니다.

C:₩Python₩

자, 이제 마지막 5번을 누르면 설치가 진행됩니다.

③ 파이썬 설치 확인 및 환경 변수 재설정

설치가 완료되었다면 이제 정상적으로 설치되었는지 확인해야죠? 확인하는 방법은 아주 간단합니다. 먼저 PC하단에 검색을 클릭하고 CMD를 입력합니다.

<그림 00_3_1 프로그램 검색 아이콘>

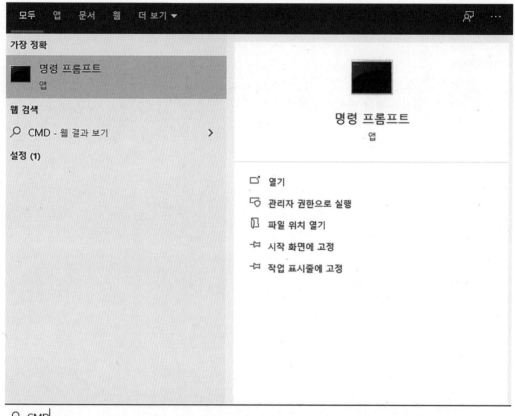

<그림 00_3_2 명령 프롬프트 찾기>

명령 프롬프트 창이 실행되면 'python'을 입력하여 'python script'창으로 진입합니다.

<그림 00_3_3 명령 프롬프트에서 파이썬 실행>

위와 같은 화면이 보이면 정상적으로 설치가 완료된 것입니다. 이때 내가 설치한 버전과 일치하는지 확인해 주세요.

설치가 정상적으로 완료된 분들은 다음과 같은 명령을 입력해 볼까요?

<그림 00_3_4 명령 프롬프트에서 파이썬 코드입력>

입력된 문구가 정상적으로 나오고 있나요?

설치 과정을 잘 진행해 주신 분들이 대부분일 거라 믿습니다. 그러나 나름 잘 따라 설치했다고 생각했는데 정상적으로 작동하지 않는 분들이 있을 거에요. 그건 처음이라 그렇습니다. 말씀 드린 것처럼 환경을 설정하는 일이 제일 힘들거든요.

'Install'이 완료되었다고 메시지까지 확인하고 기뻐했는데, 만약 정상 작동이 되지 않았다면 그건 아마도 환경 변수가 잘못됐을 가능성이 높습니다.

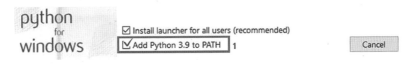

<그림 00_3_5 설치 시 환경변수 자동 등록 체크>

바로 이 부분을 깜박하고 체크하지 않은 경우가 대부분입니다. 그래서 환경 변수가 잘 입력되어 있는지 확인해 보겠습니다. 환경 변수를 재설정하고 싶은 분들도 참고해 주세요. 이번에도 검색을 누르고 '제어판'을 입력하여 실행해 줍니다.

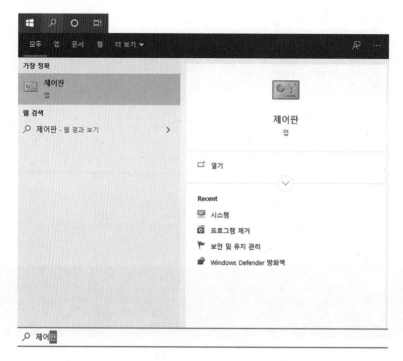

<그림 00_3_6 제어판 찾기>

제어판 메뉴에서 '시스템 및 보안'을 클릭합니다.

컴퓨터 설정 변경

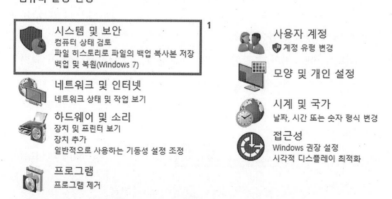

<그림 00_3_7 제어판 메뉴 → 시스템 및 보안>

이어서 '시스템' 메뉴를 클릭해 줍니다.

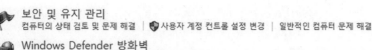

보안 및 유지 관리
컴퓨터의 상태 검토 및 문제 해결 | 사용자 계정 컨트롤 설정 변경 | 일반적인 컴퓨터 문제 해결

Windows Defender 방화벽
방화벽 상태 확인 | Windows 방화벽에서 앱 허용   2

시스템
메모리 크기 및 프로세서 속도 보기 | 원격 액세스 허용 | 원격 지원 시작 | 컴퓨터 이름 보기

전원 옵션
배터리 설정 변경 | 전원 단추 동작 변경 | 컴퓨터가 절전 모드로 전환되는 시기 변경

파일 히스토리
파일 히스토리로 파일의 백업 복사본 저장 | 파일 히스토리로 파일 복원

백업 및 복원(Windows 7)
백업 및 복원(Windows 7) | 백업에서 파일 복원

저장소 공간
저장소 공간 관리

클라우드 폴더
클라우드 폴더 관리

관리 도구
디스크 공간 확보 | 드라이브 조각 모음 및 최적화 | 하드 디스크 파티션 만들기 및 포맷 |
이벤트 로그 보기 | 예약 작업

<그림 00_3_8 제어판 메뉴 → 시스템 및 보안 → 시스템>

좌측에 '고급 시스템 설정'이 있습니다. 클릭합니다.

제어판 홈   컴퓨터에 대한 기본 정보 보기

장치 관리자   Windows 버전
원격 설정   Windows 10 Home
시스템 보호   © 2020 Microsoft Corporation. All rights reserved.
고급 시스템 설정   3

<그림 00_3_9 제어판 메뉴 → 시스템 및 보안 → 시스템 → 고급 시스템 설정>

아래와 같은 팝업 창이 새롭게 열립니다. 여기서 '환경 변수' 버튼을 클릭합니다.

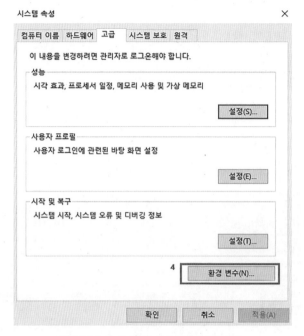

<그림 00_3_10 시스템 속성 → 고급 → 환경 변수>

'환경 변수' 창이 새롭게 열리면 '시스템 변수(S)' 영역에 'Path'를 선택하고 '편집' 버튼을 누릅니다.

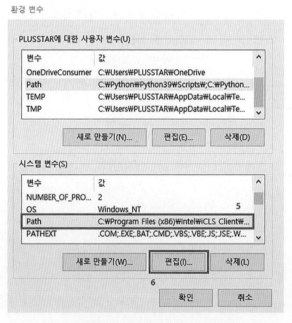

<그림 00_3_11 환경 변수 → 시스템 변수 → path선택 → 편집>

여기서부터 정말 중요합니다. 집중하시고 잘 따라와 주세요.

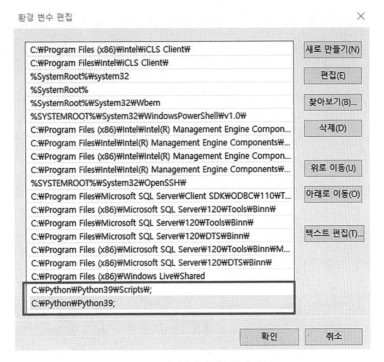

<그림 00_3_12 파이썬 환경 변수 확인 및 등록>

위와 같이 '환경 변수 편집' 창이 또다시 새롭게 열립니다. 가장 먼저 'Python' 관련 환경 변수가 있는지 찾아보세요. 만약 위 그림처럼 이미 입력된 내역이 있다면 '편집', 만약 없다면 '새로 만들기'를 해야 합니다.

아마도 파이썬 설치 과정에 큰 문제가 없었다면 이미 입력되어 있습니다. 자, 지금부터는 여러분의 시간입니다. 실제 파이썬 실행 파일 'python.exe'가 존재하는 경로를 확인하시고 환경 변수 경로를 변경해 주면 됩니다. 제가 설명 드린 방법으로 설치를 진행한 분들은 아래와 같은 경로에

C:₩Python₩Python39 Scripts₩;
C:₩Python₩Python39;

그렇지 않고 자동 설정으로 진행하신 분들은 아마도 아래의 경로에 설치가 되었을 것입니다.

C:₩Users₩%UserName₩AppData₩Local₩Programs₩Python₩Python39₩Scripts₩;
C:₩Users₩%UserName₩AppData₩Local₩Programs₩Python₩Python39;

④ 파이썬 편집기 설치하기

파이썬을 학습하기 위한 준비는 아쉽게도 여기가 끝이 아닙니다. 이제 편집기를 최종 선택하고 설치하는 과정이 남았습니다. 파이썬을 학습하기 위한 여정이 꽤 깁니다. 조금만 힘내세요.

우리가 파이썬 프로그래밍을 할 때 매번 '명령 프롬프트(CMD)'를 실행하고 처리하면 왠지 멋이 없어 보입니다. 그래서 파이썬 프로그래밍을 유연하게 관리해주고 도움을 주는 '편집기(Editor)'를 설치하면 많은 도움을 받을 수 있습니다.

파이썬 편집기는 그 인기만큼이나 종류가 너무나 많습니다. 어떤 편집기를 쓰면 유리할지 선택이 쉽지 않은데요 이럴 때는 가장 보편적이고 입문자 친화적인 Tool을 선택하는 것이 좋습니다. 그래서 'PyCharm Educational Edition'을 선택하도록 하겠습니다. 'PyCharm'은 파이썬 프로그래밍을 효과적으로 도와주는 매우 유용한 무료 편집기입니다. 먼저 다음의 사이트에 접속합니다.

https://www.jetbrains.com/pycharm-edu/

<그림 00_4_1 파이참 다운로드 페이지>

그리고 'Download free'버튼을 클릭하여 다운로드 페이지로 이동해 주세요.

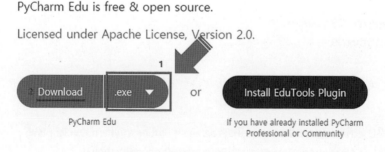

<그림 00_4_2 파이참 설치 파일 다운로드>

새로운 페이지가 로드되면 'Download' 전에 '.exe' 버튼을 클릭하여 아래와 같이 본인 PC의 OS환경이 선택되어 있는지 먼저 확인합니다. 그리고 'Download' 버튼을 클릭하여 설치 파일을 다운로드합니다.

설치 파일이 다운로드 된 폴더로 이동하여 다음 파일을 더블 클릭하여 설치를 진행합니다.

PC pycharm-edu-2020.3.exe

<그림 00_4_3 파이참 설치파일>

PyCharm의 설치는 특별히 환경 설정할 부분이 없기 때문에 어려운 점이 없습니다.

설치가 완료되었다면 이제 PyCharm을 실행해 보겠습니다. 처음 PyCharm을 실행하면 다음 화면이 가장 먼저 나타납니다. 여기서 'New Project'를 클릭하세요.

<그림 00_4_4 파이참 실행화면>

그러면 다음 화면이 보이는데 가장 상단 '1'번에 'Loaction' 부분이 'C:₩Python₩pythonProject'로 되어 있을 거에요. 이 부분을 'C:₩Python₩New_Start_Project'로 변경합니다. 프로젝트는 작업 단위를 의미한다고 생각하시면 됩니다. 이러한 작업 단위가 저장될 공간을 지정하는 것이죠. 해당 경로는 반드시 'C:₩Python₩'로 하지 않아도 됩니다. 본인이 원하는, 관리가 편한 폴더를 설정하고 지정하면 됩니다.

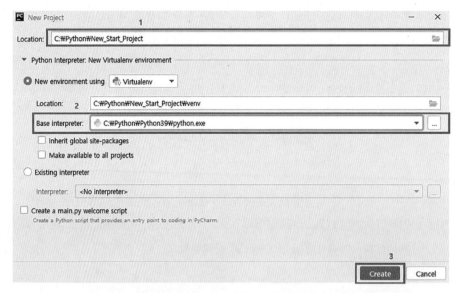

<그림 00_4_5 파이썬 프로젝트 생성 및 경로 설정>

다음은 '2'번 'Base interpreter' 부분이 중요합니다. 'interpreter'는 작성된 프로그램을 해석하는 엔진을 의미합니다. 파이썬 프로그램을 구동시켜주는 엔진을 선택하는 것이죠. 반드시 설치된 경로를 지정해야 합니다. 일반적으로 본인이 설치한 경로가 자동적으로 보여집니다. 여기까지 설정이 진행되었으면 'Create' 버튼을 클릭합니다. 그리고 아래와 같이 화면이 정상적으로 보이면 모든 준비 과정이 완료됩니다.

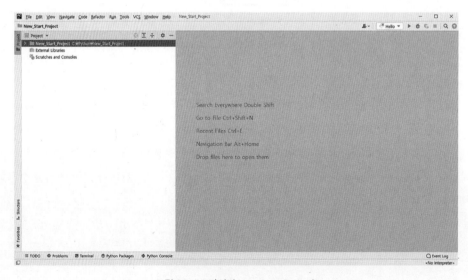

<그림 00_4_6 파이썬 New_Start_Project'>

자, 이제 본격적으로 파이썬의 세계로 들어가 보겠습니다.

'Welcome to Python World'

01
기초 다지기

01 기초 다지기

1 Welcome to Python world

이제 여러분은 파이썬의 매력에 빠질 준비가 되었습니다. 그럼 역사적인 첫 코딩을 시작해 볼까요? 가장 먼저 해야 할 작업은 파이썬 코딩 창을 여는 일입니다. 다음과 같이 좌측 상단 'New_Start_Project'에 마우스를 올리고 오른쪽 버튼을 클릭해 줍니다.

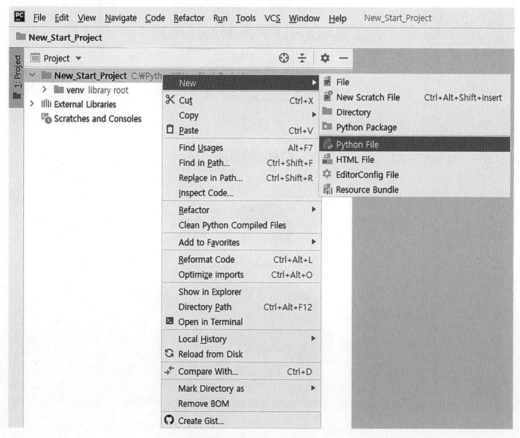

<그림 01_1_1 파이썬 파일 생성>

차례대로 New → Python File을 클릭합니다. 그러면 조그만 창이 새롭게 열립니다.

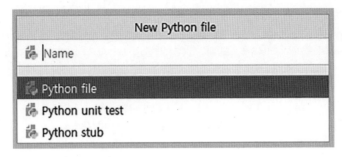

<그림 01_1_2 파이썬 파일 이름 입력>

이제 여러분들은 작업 공간인 Project를 생성하거나 해당 프로젝트에서 코딩 창인 File 생성을 빈번하게 할 텐데요, 반드시 제가 권유한 이름으로 할 필요는 없습니다. 여러분이 관리하기 편한 이름으로 작명해도 무방합니다. 특별한 규칙이 있는 건 아니니까요. 저는 파일이름을 'Hello'라고 하겠습니다.

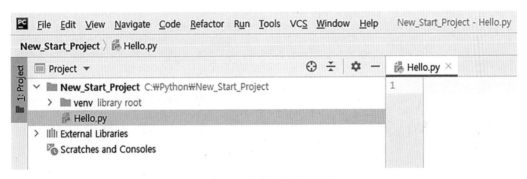

<그림 01_1_3 파이썬 파일 생성 화면>

'Hello'라는 이름의 파이썬 파일이 생성된 모습입니다. 코딩 창에서 다음을 입력해 봅니다.

```
Print ("Welcome to Python world");
```

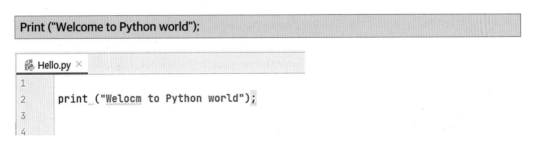

<그림 01_1_4 파이썬 첫 번째 코드 입력 화면>

입력이 완료되면 코딩 창에서 오른쪽 마우스 버튼을 클릭하여 "Run 'Hello'"를 클릭합니다. 프로그램을 실행하는 것이죠. 보이는 것처럼 단축키는 'Ctrl+Shift+F10'입니다.

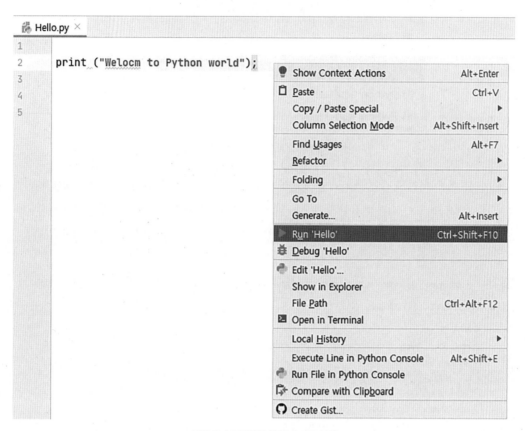

<그림 01_1_5 파이썬 첫 번째 코드 실행>

그리고 하단에 실행된 결과가 보입니다. "Welcome to Python world"라고 정확히 출력되고 있나요? 드디어 여러분도 첫 코딩을 훌륭하게 완료했습니다.

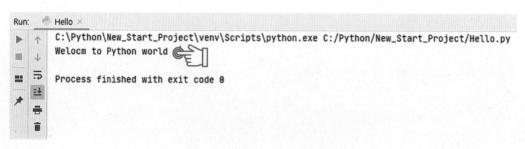

<그림 01_1_6 파이썬 첫 번째 코드 실행 화면>

② 프로그래밍 처음이시죠?

파이썬의 인기가 하늘 높은 줄 모르고 치솟고 있습니다. 요즘은 '하루가 멀다.'하고 파이썬 강의 요청이 옵니다. 저야 감사한 마음으로 진심 어린 강의를 하지요. 파이썬 전문가를 꿈꾸는 분들이 꽤나 많다는 것을 실감합니다.

그래서 프로그래밍 학습이 처음인 분들, 더해서 파이썬을 통해 프로그래밍을 처음 접하시는 분들을 위해 두 가지 당부를 드리고자 합니다.

첫 번째는 파이썬은 엄연한 컴퓨터 언어입니다. 컴퓨터 언어도 자연어와 같은 언어입니다. 이것은 비단 파이썬에만 해당되는 이야기가 아니죠. 'R'도 그렇고 'SQL'도 그렇고 하물며 전통적인 'C++'나 'JAVA'도 마찬가지입니다. 우리가 프로그래밍 언어라고 부르는 모든 언어에 포함되는 이야기입니다. 여러분들이 모국어가 아닌 이상 다른 언어를 자유롭게 사용하려면 얼마나 많은 노력과 시간을 투자해야 될까요? 컴퓨터 언어도 꽤 오랜 시간을 다루어야 내 것이 됩니다.

만약 여러분이 한번도 프로그래밍 언어를 접해 보지 않았고, 향후 컴퓨터 프로그래머가 되고자 선택한 언어가 파이썬이라면 꾸준히 적어도 3년 이상을 매일 같이 사용해야 합니다. 그래야 좀 다룰 정도가 될 뿐이죠. 단순히 하루, 이틀 혹은 2~3달 강의 듣고 학습했으니 엄청난 프로그래밍 능력을 발휘할 것이라 생각하지는 않으시죠? 꼭 명심해 주세요. 자연어와 똑같습니다. 꾸준히 오랜 기간 매일 사용해야 내 것이 됩니다.

두 번째는 학습방법에 대한 이야기입니다. 매우 중요한 이야기입니다. 프로그래밍 언어를 학습할 때는 딱 세가지 포인트에 집중해서 학습해 주세요.

1. 학습하는 언어의 자료유형을 완벽하게 파악해 주세요.

자료의 유형은 변수를 다루는 부분과 밀접한 연관이 있습니다. 우리에게 시스템이란 간단하게 입력을 받고 가공 처리해서 출력하는 일련의 과정을 말하죠. 입력을 받든, 가공을 하든, 출력을 하든 모든 과정은 변수로 시작해서 변수로 끝나게 됩니다.

이러한 일련의 과정을 '변수를 선언한다.'라고 흔히 말합니다. 조금 더 고급지게 표현하자면 컴퓨터에게 내가 코딩하는 프로그램을 위해 메모리 공간을 할당해 달라고 요청하고 승인을 받는 일인 셈이죠. 하지만 요청이 있으면 무조건 요청한대로 다 할당해 주는 건 아닙니다. 변수의 이름이 무엇인지 어디에 쓸 용도인지 그리고 자료의 유형이 무엇인지 꼭 체크하게 됩니다. 크기는 얼마나 되며,

'문자'인지 아니면 '숫자'인지 꼼꼼히 확인 후에 승인을 해주는 것이죠.

컴퓨터는 단순합니다. 문자와 숫자밖에 인지를 못해요. 하지만 '파이썬'은 단순하지 않습니다. 문자와 숫자를 잘게 쪼개어 꽤 많은 자료 유형을 제공하고 우리는 그것을 활용할 수 있습니다.

다시 말씀드리지만 프로그램은 변수로 시작하고 변수로 끝납니다. 여기서 변수는 그냥 단순한, 말 그대로의 변수만 말하는 것이 아닙니다. 프로그램 내에서 사용자에 의해 선언된 모든 것을 포함합니다. 그것은 함수가 될 수도 있고 새롭게 선언된 객체가 될 수도 있습니다.

변수를 선언하는 일. 그것은 자료 유형을 완벽히 이해하고 있어야 가능한 일이며 프로그램의 질을 결정해 주는 매우 중요한 요소입니다.

2. 학습하는 언어의 연산자를 완벽하게 외워 주세요.

우리가 연산자 하면 단순하게 사칙연산이나 비교연산만 생각합니다. 하지만 의외로 '파이썬'에는 많은 연산자가 있습니다. 대표적으로 우리는 컴퓨터 프로그래밍 언어를 학습하기에 매우 중요한 논리연산도 당연히 포함됩니다.

더하기, 빼기, 나누기, 곱하기의 가장 기본적인 사칙연산자는 차치하고, 비교연산자부터는 언어마다 그 사용방식과 표현방식이 조금씩 다릅니다. 물론 사칙연산자도 다양한 방법으로 활용이 가능합니다. 연산자를 완벽하게 익히는 일. 생각만큼 그렇게 호락호락 하지 않습니다. 특히나 프로그래밍이 처음이라면 더욱 그렇습니다. 그러니 꼼꼼히 소홀히 하지 마세요. 언어에서는 가장 쉬운 표현이 가장 어려운 법입니다.

3. 학습하는 언어의 제어문을 완벽하게 구사할 수 있도록 반복 학습해 주세요.

흔히, '조건문이다. 반복문이다.' 이런 표현을 합니다. 변수를 선언하고 연산을 통해 변수들을 적절히 조합했다면 이들 변수들이 효율적으로 구동되도록 제어하는 방법을 생각해야 합니다. 프로그램의 효율성은 제어문의 효과적인 활용에서 출발합니다.

조건에 따라 무엇을 수행할 것인지 몇 번을 반복 수행할 것인지 그리고 에러 발생 시에 어떻게 대응할 것인지를 고려하는 것이죠. 프로그래밍의 꽃이라 할 수 있는 'IF'문과 'FOR'문을 눈감고도 그릴 정도로 반복학습해 주세요.

위이 3가지는 결국 알고리즘을 말합니다. 변수를 선언하고 선언된 변수를 연산하고 제어해서 유의미한 프로세스를 정의하는 일이 바로 알고리즘인 것이죠. 문제를 해결하는 능력인 알고리즘은 위

세 가지 사항을 벗어나서 이루어지지 않습니다. 그리고 이런 과정의 연속이 프로그래밍의 전부라고 할 수 있습니다. 위 3가지를 벗어난 코드는 책 보고, 인터넷 찾아서 필요에 따라 그때 그때 확인하고 사용하면 됩니다.

모든 프로그래밍 언어는 위 3가지 사항에서 벗어나지 않습니다. 모두 공통적으로 제공하는 문법인 셈이죠. 다만 그 표현방식의 차이만 있을 뿐입니다. 그래서 한가지 프로그래밍 언어를 완벽하게 다룰 줄 안다면 또 다른 언어를 익히는데 많은 도움을 받을 수 있게 됩니다.

③ 숫자이거나 혹은 문자이거나

프로그래밍에서 변수를 선언하는 작업은 자료유형과 맞물려 매우 중요하고 핵심적인 활동입니다. 프로그래밍을 학습할 때는 꼭 해당 언어의 자료유형을 파악해야 한다고 말씀드렸습니다. 대부분의 언어에서 제공되는 대표적인 자료유형을 보면 다음과 같이 정리가 됩니다.

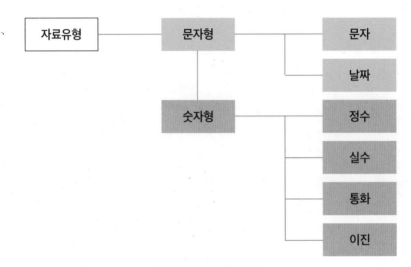

<그림 01_3_1 다양한 자료유형>

컴퓨터는 아주 단순합니다. 문자와 숫자밖에 인식을 못하죠. 솔직하게는 숫자만 인식합니다. 좀 더 정확하게 이야기하면 0과 1의 이진수만 인지할 수 있습니다.

어찌 되었든 대부분의 프로그래밍 언어는 변수를 선언할 때 자료유형을 반드시 명기하도록 규정합니다. 그래서 변수를 문자형으로 선언하고 숫자를 입력하면 오류가 발생하고 그 반대의 경우도 마찬가지로 오류가 발생하게 되죠. 대표적인 C언어의 변수 선언 구문을 잠시 살펴볼까요?

Int A = 1;

char B = '문자';

C언어의 변수 선언 구문에서 우리는 두가지 중요한 사실을 발견할 수 있습니다. 첫째는 누차 말씀드린 자료의 유형을 정확히 명시한다는 점이죠. 변수의 이름은 A와 B입니다. 각각 A는 int, 즉 숫자형으로 선언되었고 B는 char, 즉 문자형으로 선언되었습니다. 또한 1과 '문자'라는 값을 받아 저장하고 있습니다. 눈썰미가 좋으신 분들은 금방 눈치 채셨을 텐데요. 두번째 사실은 숫자 값과 문자 값을

구문하기 위해 작은따옴표(single quotation)를 사용했다는 점이죠. 고급언어의 대명사라 할 수 있는 C++나 JAVA도 이와 유사합니다.

자, 그러면 이제 우리가 학습하고 있는 파이썬에서 변수 선언이 어떻게 이루어 지는지 확인해 볼까요? 직접 코딩을 하며 확인해 보겠습니다. 'Pychram'을 실행해 주세요. 앞으로 제가 굳이 'Pycharm'을 실행하라고 말하지 않아도 자동인 거 아시죠? 아래 그림처럼 'New_Start_Project'에 서 'Variable_Test'라는 이름의 파이썬 파일을 생성합니다.

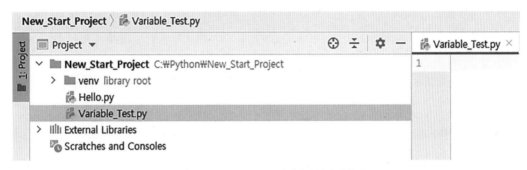

<그림 01_3_2 Variable_Test 파이썬 파일 생성 화면>

다음의 코드를 코드 입력창에 입력합니다.

```
A = 1;
B = "파이썬 어렵지 않아요";

Print(A, B);
```

<그림 01_3_3 간단한 변수 선언 실습 코드>

그리고 바로 실행해 봅니다. (파일 생성 방법을 잊었거나 실행방법이 생각나지 않으면 '1. Welcome to Python world'를 다시 학습하면 됩니다.)

<그림 01_3_4 간단한 변수 선언 실습 실행 화면>

결과가 바로 확인이 되네요. 어떠세요, 여러분? 다른 언어들과 차이점이 발견되나요? 네 맞습니다.
파이썬은 여타의 언어들과는 다르게 특별히 자료유형을 명시하지 않아도 됩니다. 입력된 값이 문자
인지 숫자인지 스스로(?) 판단합니다. 너무나 직관적이죠? 그리고 정말 유연하죠? 이러한 직관성과
유연성이 파이썬의 인기를 증명합니다. 그래서 파이썬을 첫 프로그래밍 언어로 생각하시는 분이 많
은가 싶네요.

주의할 점은 문자의 경우 양끝에 작은따옴표 혹은 큰따옴표(double quotation)를 붙여 숫자형식과
구분한다는 점을 유념하시면 됩니다.

이런 이유로 파이썬에서는 특별히 변수에 대해 할 이야기가 없습니다. 다른 언어 같으면 챕터 하나
를 전부 할애해서 변수를 설명해야 히는데, 다행이죠?

④ 문자형 변수

파이썬은 특별히 자료의 유형을 명시하지 않고 변수를 유연하게 선언할 수 있기 때문에 가장 먼저 입력되는 값이 해당 변수의 자료 유형을 결정하게 되는 방식입니다. 그리고 계속 말씀드리지만 컴퓨터는 단순합니다. 문자와 숫자만 인식하죠. 그 구분을 위해 양 끝 따옴표의 유무로 판단하게 됩니다. 그래서 자료유형을 명시하고 변수를 선언하는 다른 언어들처럼 파이썬은 변수로 인한 오류가 발생할 확률도 낮습니다. 예를 들자면 숫자형 변수를 선언하고 문자를 넣거나 문자형 변수에 숫자를 입력하는 경우입니다.

파이썬에서 변수를 선언하고 값을 입력할 때 숫자의 경우는 크게 고민할 부분이 없습니다. 그 값이 정수(integer)이건 실수(float)이건 그냥 입력하면 문제없습니다.

A = 1
B = 10.23

위에 선언된 변수 A와 B는 숫자형 변수입니다. 그 값도 입력된 그대로 A는 1, B는 10.23입니다. 만약 숫자를 문자로 인식시키고 싶다면 아래처럼 선언하면 됩니다.

A = '10.23'

양 끝에 따옴표를 붙이면 간단하게 해결되죠. 그런데 순수한 문자형 변수에는 고민할 부분이 있습니다.

What's your name?

이름을 물어보는 건 아닙니다. 위 문장을 변수에 담아 본다고 가정해 보겠습니다. 내용이 문자이므로 따옴표를 활용해서 변수에 저장하면 큰 문제는 없어 보입니다. 그런데 문장 중간에 인용부호인 어포스트로피(apostrophe)가 있습니다. 이 역시 컴퓨터 상에서 표현할 때는 작은따옴표와 동일한 부호를 사용하게 됩니다. 그래서 다음과 같이 작은따옴표를 사용해서 변수에 저장을 하면 오류가 발생하게 됩니다.

C = 'What's your name?'

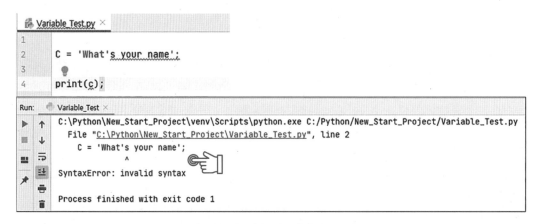

<그림 01_4_1 작은따옴표가 포함된 변수 선언 1>

이유는 간단합니다. 작은따옴표의 시작과 끝이 우리가 원하는 구간만큼 형성되지 않기 때문이죠. 작은따옴표의 시작이 W에서 시작되고 t에서 한번 끝나게 됩니다. 'What'만 인식된다는 얘기죠. 그래서 t뒤에 나오는 s your name은 인식하지 못합니다. 하지만 해결 방법도 역시 간단합니다. 파이썬은 작은따옴표와 큰따옴표의 사용을 동일하게 취급합니다.

> C = "What's your name?"

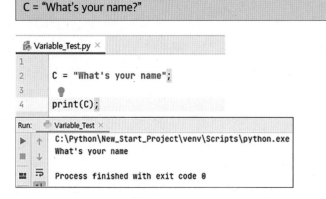

<그림 01_4_2 작은따옴표가 포함된 변수 선언 2>

큰따옴표를 양 끝에 붙여 줌으로써 문장 중간에 포함된 어포스트로피는 단순 문자로 인식시키는 것이죠. 너무 쉽게 표현이 가능해서 별 것 아니라 생각하실 수 있겠지만 다른 언어에서 똑 같은 문자를 변수에 저장한다면 아마도 여러분은 아래와 같이 아스키 코드(ASCII, American Standard Code for information interchange, ANSI(미국표준협회)에서 제시한 표준 코드 체계)를 사용하는 방법이 가장 빠를 것입니다.

Char C = 'What' & char(39) & ''s your name?'

char(39)는 아스키 코드 39번 어포스트로피를 나타냅니다. 위 변수 선언문을 보니 파이썬이 정말 유연하다는 것을 새삼 다시 느낄 수 있습니다. 문자형 변수에 대해 한 가지 더 말씀드릴 게 있습니다. 이번에도 유의사항이 아닌 아주 유용한 기능이죠.

우리는 지금 파이썬을 학습하고 있습니다.
파이썬의 변수 선언은 매우 유연하며 직관적입니다.
그래서 직관적인 프로그래밍이 가능한 언어입니다.

일반적으로 문자형 변수에 값을 저장할 때, DB에 저장된 내용이나 사용자가 입력한 값을 제외하고, 위에 제시된 문장을 '줄 바꿈'하며 입력하기 곤란합니다. 만약 일반적인 프로그래밍 언어에서 꼭 입력을 할 상황이라면 다음과 같이 처리해야 할 것입니다.

Char C = '우리는 지금 파이썬을 학습하고 있습니다. ₩n 파이썬의 변수 선언은 매우 유연하며 직관적입니다. ₩n 그래서 직관적인 프로그래밍이 가능한 언어입니다.'
'₩n'를 이스케이프(Escape) 문자라고 합니다. 그 의미는 newline character, 즉 줄 바꿈을 의미하죠. 아니면 역시 아스키 코드를 활용해서 표현할 수도 있겠죠. char(10)는 아스키 코드 10번 라인 피드(line feed)로 줄 바꿈을 나타냅니다.

Char C = '우리는 지금 파이썬을 학습하고 있습니다.' & char(10)
C = C & '파이썬의 변수 선언은 매우 유연하며 직관적입니다.' & char(10)
C = C & '그래서 직관적인 프로그래밍이 가능한 언어입니다.'

파이썬 역시 이스케이프 문자 '₩n'을 사용해서 구현해도 무방합니다. 하지만 파이썬에서는 이를 더 간편하게 표현할 수 있는 방법이 있습니다. 그 방법은 바로 따옴표 3개를 연속으로 사용해서 양끝에 표기하는 방법입니다. 큰따옴표를 사용해도 무방합니다.

```
C = '''우리는 지금 파이썬을 학습하고 있습니다.
파이썬의 변수 선언은 매우 유연하며 직관적입니다.
그래서 직관적인 프로그래밍이 가능한 언어입니다.'''

print(c);
```

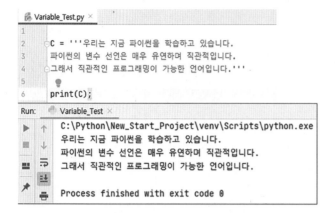

```
Variable_Test.py ×
1
2    C = '''우리는 지금 파이썬을 학습하고 있습니다.
3    파이썬의 변수 선언은 매우 유연하며 직관적입니다.
4    그래서 직관적인 프로그래밍이 가능한 언어입니다.'''
5
6    print(C);
```

```
Run:    Variable_Test ×
▶   ↑    C:\Python\New_Start_Project\venv\Scripts\python.exe
    ↓    우리는 지금 파이썬을 학습하고 있습니다.
■        파이썬의 변수 선언은 매우 유연하며 직관적입니다.
    ⇥    그래서 직관적인 프로그래밍이 가능한 언어입니다.
    ⇟
★   🖶    Process finished with exit code 0
```

<그림 01_4_3 줄 바꿈 변수 선언>

아스키 코드, 이스케이프 문자, 이러한 특수문자를 사용하지 않아도 깔끔하게 표현이 됩니다. 이 반대의 경우도 존재합니다. 긴 문장을 입력할 때는 줄을 바꾸며 했지만 출력할 때는 줄 바꿈없이 모두 한 줄에 표현하고 싶은 경우도 있죠. 다음의 경우처럼 말이죠.

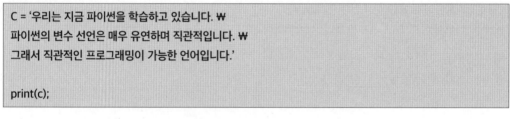

```
C = '우리는 지금 파이썬을 학습하고 있습니다. ₩
파이썬의 변수 선언은 매우 유연하며 직관적입니다. ₩
그래서 직관적인 프로그래밍이 가능한 언어입니다.'

print(c);
```

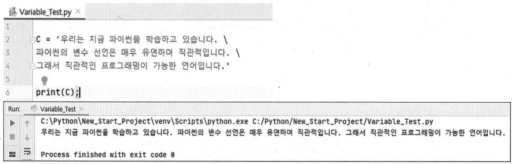

```
Variable_Test.py ×
1
2    C = '우리는 지금 파이썬을 학습하고 있습니다. \
3    파이썬의 변수 선언은 매우 유연하며 직관적입니다. \
4    그래서 직관적인 프로그래밍이 가능한 언어입니다.'
5
6    print(C);
```

```
Run:    Variable_Test ×
▶   ↑    C:\Python\New_Start_Project\venv\Scripts\python.exe C:/Python/New_Start_Project/Variable_Test.py
    ↓    우리는 지금 파이썬을 학습하고 있습니다. 파이썬의 변수 선언은 매우 유연하며 직관적입니다. 그래서 직관적인 프로그래밍이 가능한 언어입니다.
■
    ⇥    Process finished with exit code 0
```

<그림 01_4_4 줄 연결 변수 선언>

위 실습 내용은 문자형 변수에 값을 저장할 때 줄 바꿈을 하면서 값을 입력했지만 큰따옴표 3개를 사용하지 않았습니다. 대신 각 라인마다 '₩'를 입력했습니다. 이렇게 되면 실제 코딩을 진행할 때 내용이 길어 자유롭게 줄 바꿈을 하며 입력해도 실제로는 모두 한 줄로 표현되는 것이죠.
파이썬 변수의 유연성은 여기서 끝이 아닙니다. 기대해도 좋습니다.

5️⃣ 변수 포맷팅(Formatting)

일반적으로 변수는 하나씩 선언하고 하나의 값을 입력하게 됩니다. 즉, 다음과 같이 정의할 수 없다는 것이죠.

Parm01 = 1, 2 (X)
Parm01, Parm02 = 1 (X)

하나의 변수에 하나의 값을 대입하여 사용하지만 파이썬에서는 선언된 여러 변수들을 묶음으로 처리하여 사용할 수 있는 유용한 기능을 제공합니다. 바로 포매팅(Formatting) 기능인데요, format() 이라는 명령을 통해 활성화합니다. 바로 실습해 보겠습니다. 'New_Start_Project'에 새로운 파이썬 파일을 생성합니다. 저는 이름을 'Formatting_Test'로 정했습니다. 파일을 생성하였다면 다음과 같이 변수를 선언해 줍니다.

```
Pro_Name = 'Python'
Pro_Tool = 3.0
```

```
Formatiing_Test.py  ×
1
2      Pro_Name = 'Python'
3      Pro_Tool = 3.0
4
```

<그림 01_5_1 일반 문자형 변수 선언 실습>

위 변수들에 저장된 내용을 적절한 문장으로 만들어 출력해 봅니다. 아래처럼 말이죠.

```
Pro_Name = 'Python'
Pro_Tool = 'Pycharm'

print (' 지금', Pro_Name, '을 공부합니다. 학습 도구는', Pro_Tool, '입니다.');
```

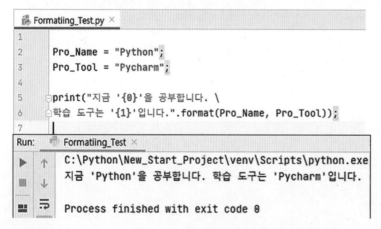

```
Formatiing_Test.py ×
1
2    Pro_Name = 'Python'
3    Pro_Tool = 'Pycharm'
4
5    print (' 지금', Pro_Name, '을 공부합니다. 학습 도구는', Pro_Tool, '입니다.');
6
```

```
Run:    Formatiing_Test ×
    C:\Python\New_Start_Project\venv\Scripts\python.exe
    지금 'Python'을 공부합니다. 학습 도구는 'Pycharm'입니다.

    Process finished with exit code 0
```

<그림 01_5_2 일반 문자형 변수 출력>

문자와 변수 사이에 쉼표를 통해서 간단히 연결이 가능합니다. 중요한 부분은 변수를 연결할 때 외따옴표(혹은 큰따옴표) 안에 입력되지 않는다는 점입니다. 직접 출력이 아닌 변수에 담아 출력할 때는 작은따옴표가 필요하지 않습니다. 이점 꼭 기억해 두세요. 자 그럼 이 내용을 포매팅을 활용해서 변경해 보겠습니다.

```
Pro_Name = "Python"
Pro_Tool = "Pycharm"

print ("지금 '{0}'을 공부합니다.₩ 학습 도구는 '{1}'입니다.".format(Pro_Name, Pro_Tool));
```

```
Formatiing_Test.py ×
1
2    Pro_Name = "Python";
3    Pro_Tool = "Pycharm";
4
5    print("지금 '{0}'을 공부합니다. \
6    학습 도구는 '{1}'입니다.".format(Pro_Name, Pro_Tool));
7
```

```
Run:    Formatiing_Test ×
    C:\Python\New_Start_Project\venv\Scripts\python.exe
    지금 'Python'을 공부합니다. 학습 도구는 'Pycharm'입니다.

    Process finished with exit code 0
```

<그림 01_5_3 일반 문자형 변수 포매팅>

결과는 동일하게 나옵니다. 코드를 살펴보겠습니다. 먼저 문장을 출력할 때 { }에 번호가 부여된 것을 알 수 있습니다. 이는 포매팅에서 쉼표에 따라 나열된 순서를 의미하게 됩니다. 출발은 '0'부터입니다. 0부터 시작이라는 점 꼭 잊지 마세요. 다음은 포매팅 방법입니다.

Format(값1, 값2, 값3…)

핵심은 괄호안에 담기는 값들이 쉼표로 구분된다는 점입니다. 이때 해당 값들이 반드시 변수일 필요는 없습니다. 변수를 사전에 정의하지 않고 바로 포매팅 값으로 치환할 수도 있습니다. 따라서 아래 코드도 동일한 결과를 얻을 수 있습니다.

```
print ("지금 '{0}'을 공부합니다.₩ 학습 도구는 '{1}'입니다.".format("Python", "Pycharm"));
```

```
 Formatiing_Test.py ×
1
2    print("지금 '{0}'을 공부합니다. \
3    학습 도구는 '{1}'입니다.".format("Python", "Pycharm"));
4
```

<그림 01_5_4 포매팅에 값을 바로 입력하기>

다음의 코드도 역시 동일한 결과입니다. 사전에 변수 선언이 없어도 포매팅하며 변수를 선언하고 값을 치환해도 똑같다는 것이죠.

```
print ("지금 '{Pro_Name}'을 공부합니다.₩
학습 도구는 '{Pro_Tool}'입니다.".format(Pro_Name = "Python", Pro_Tool = "Pycharm"));
```

```
 Formatiing_Test.py ×
1
2    print("지금 '{Pro_Name}'을 공부합니다. \
3    학습 도구는 '{Pro_Tool}'입니다.".format(Pro_Name = "Python", Pro_Tool = "Pycharm"));
4

Run:    Formatiing_Test ×
   ▶    ↑    C:\Python\New_Start_Project\venv\Scripts\python.exe
              지금 'Python'을 공부합니다. 학습 도구는 'Pycharm'입니다.
   ■    ↓
   ≡   ⇥    Process finished with exit code 0
```

<그림 01_5_5 포매팅에 변수와 값을 바로 입력하기>

지금까지의 예시는 자료유형이 문자인 경우였습니다. 이번에는 숫자형 변수도 포함하여 포매팅을 진행해 보겠습니다.

```
Pro_Name = "Python"
Pro_Tool = "Pycharm"
Pro_Version = 3.0

print ("지금 '{0}'을 공부합니다.₩ 학습 도구는 '{1}'입니다.₩
그리고 버전은 {2}입니다.".format(Pro_Name, Pro_Tool, Pro_Version));
```

```
📄 Formatiing_Test.py ×
1
2       Pro_Name = "Python"
3       Pro_Tool = "Pycharm"
4       Pro_Version = 3.0
5
6     ⌐print("지금 '{0}'을 공부합니다. \
7      학습 도구는 '{1}'입니다. \
8     └그리고 버전은 {2}입니다.".format(Pro_Name,Pro_Tool,Pro_Version));
9
```

```
🔵 Formatiing_Test ×
↑   C:\Python\New_Start_Project\venv\Scripts\python.exe C:/Python/New_Start_Project/Formatiing_Test.py
↓   지금 'Python'을 공부합니다. 학습 도구는 'Pycharm'입니다. 그리고 버전은 3.0입니다.
⇥
    Process finished with exit code 0
```

<그림 01_5_7 숫자형 변수의 문자열 포매팅>

중요한 점을 말씀드리겠습니다. 포매팅은 포함된 변수들을 모두 문자 형태로 처리한다는 의미가 내포되어 있습니다. 그래서 '문자열 포매팅'이라고 하는 것이 좀 더 정확한 표현이 되는 것입니다.

연습 문제

여러분의 이름과 나이 그리고 직업을 변수로 선언하고 문자열 포매팅을 사용하여 아래와 같이 출력되도록 하시오.

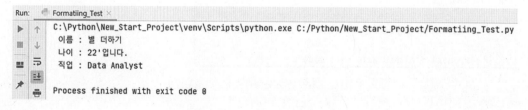

```
Run:  🔵 Formatiing_Test ×
▶  ↑   C:\Python\New_Start_Project\venv\Scripts\python.exe C:/Python/New_Start_Project/Formatiing_Test.py
■  ↓   이름 : 별 더하기
       나이 : 22'입니다.
⊞  ⇥   직업 : Data Analyst
   ⊞⇅
📌 🖶  Process finished with exit code 0
```

<그림 01_5_8 문자열 포매팅 연습문제 결과>

연습문제 정답)

```
User_Name = "별 더하기"
User_age = 22
User_Job = "Data Analyst"

print("이름 : {0} \n 나이 : {1}'입니다. \n 직업 : {2}".format(User_Name,User_age,User_Job));
```

```
1
2       User_Name = "별 더하기"
3       User_age = 22
4       User_Job = "Data Analyst"
5
6       print(" 이름 : {0} \n 나이 : {1}'입니다. \n 직업 : {2}".format(User_Name,User_age,User_Job));
7
```

<그림 01_5_9 문자열 포매팅 연습문제 정답 화면>

마지막으로 한 가지 당부 말씀드리겠습니다. 변수의 이름은 여러분이 자유롭게 설정할 수 있습니다. 변수 이름을 잘 정하고 못 정하는 건 없어요. 다만 변수 선언 시 파이썬 예약어, 즉 함수 명, 객체 명, 명령어 등은 사용할 수 없습니다. 그 외에는 자유롭게 정하시면 됩니다. 또 한가지 주의할 점은 공백이나 특수문자의 사용은 안돼요. 설마 변수 이름에 더하기, 빼기 등의 특수문자를 사용하실 건 아니죠? 그리고 변수 이름을 보고 해당 변수가 무엇을 담고 있는지 파악할 수 있는 이름이라면 금상첨화겠죠?

User_Name = "별 더하기" ;

위 변수 이름 'User_Name'은 사용자 이름을 나타냅니다. 무엇을 의미하는지 직관적으로 알 수 있습니다. 이와 같이 변수는 이름을 보고도 그 내용이 파악되면 최상이 됩니다.

⑥ LIST

혹시 여러분은 배열(Array) 변수라고 들어 보셨나요? 대부분의 전통적인 프로그래밍 언어에서는 배열 변수를 제공합니다. 배열 변수는 변수에 담길 값들을 줄을 세운다는 의미인데요, 하나의 변수에 자료 유형이 같은 여러 개의 값을 한번에 담는 기능을 말합니다. 매우 유용하겠죠?

int A[4] = {1, 2, 3, 4, 5}

위 코드는 C언어에서 선언된 배열 변수의 예입니다. 숫자형으로 선언된 변수 'A'에 총 5개의 값이 한번에 저장된 것이죠. 변수 명 A뒤에 나오는 '[ ]'에 담긴 숫자가 배열의 크기, 즉 담기는 값이 몇 개인지를 나타냅니다. 그런데 왜 4개가 아니고 5개인지 궁금하시죠? 늘 그렇듯 프로그래밍 언어에서 숫자의 출발은 0부터입니다. 그래서 0부터 4까지 총 5개인 것이죠. 위에 선언된 배열 변수 A[4]는 결국 다음과 같이 분리되어 사용될 수 있습니다.

int A[4] ▶ A[0], A[1], A[2], A[3], A[4] ▶ 모두 숫자형

변수의 이름은 하나이지만 여러 개의 값을 저장하는 매우 유용한 변수가 배열 변수인 것이죠. 그런데 참 아쉽게도 파이썬 자체 문법에서는 배열 변수를 제공하지 않습니다. 하지만 한편 다행인 점은 비슷한 기능을 가진 유용한 'List'(이하 리스트)라는 개념이 있다는 것이죠. 그리고 사용방법도 간단하고 쉽습니다. 일단 파이썬은 자료유형에 대한 부담이 없으니까요. 앞서 C언어의 예시에서도 보셨지만 대부분의 프로그래밍에서는 반드시 자료유형을 선언하고 변수가 선언되어야 한다고 말씀드렸습니다. 하지만 파이썬은 별도로 자료유형을 먼저 선언하지 않아도 됩니다. 그래서 리스트를 선언할 때도 별도로 자료유형을 선언하지 않아도 된다는 매우 큰 장점이 있는 것이죠. 이는 바꿔 말하면 파이썬의 배열인 리스트에 담기는 값이 꼭 같은 자료유형일 필요가 없다는 얘기가 됩니다. 숫자, 문자 섞어서 하나의 리스트에 담아 낼 수 있다니, 정말 편리합니다. 그럼 가장 기본적인 리스트 사용법부터 알아보겠습니다. 실습을 위해 'List_test'라는 파이썬 파일을 생성했습니다.

```
Pro_List = ['Python', 'Pycharm', 3.0]

print ('지금', Pro_List[0] ,'을 공부합니다.\n'
'학습 도구는', Pro_List[1], '입니다.\n'
'그리고 버전은', Pro_List[2], '입니다.');
```

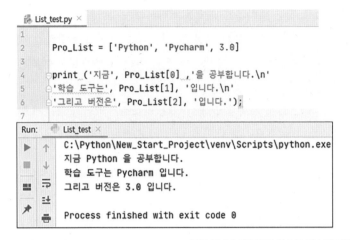

```
List_test.py ×
1
2    Pro_List = ['Python', 'Pycharm', 3.0]
3
4    print ('지금', Pro_List[0] ,'을 공부합니다.\n'
5    '학습 도구는', Pro_List[1], '입니다.\n'
6    '그리고 버전은', Pro_List[2], '입니다.');
7
```

```
Run:      List_test ×
▶  ↑    C:\Python\New_Start_Project\venv\Scripts\python.exe
   ↓    지금 Python 을 공부합니다.
■       학습 도구는 Pycharm 입니다.
   ⇥    그리고 버전은 3.0 입니다.
▦  ⇄
★  ⇶    Process finished with exit code 0
   🖶
```

<그림 01_6_1 기본적인 리스트 변수의 구현>

코드를 하나씩 설명 드리겠습니다. 'Pro_List'라는 이름의 리스트를 선언하고 총 3개의 값을 담았습니다. 문자형 변수 2개와 숫자형 변수 1개입니다. 앞서 변수를 하나씩 선언하여 출력했던 내용과 동일한 코드입니다. 단 변수 3개가 아닌 하나의 리스트에 3개의 값이 저장된 점만 틀립니다. 다른 언어에서 활용되는 배열변수와 비슷합니다. 다만 배열의 크기를 선언하듯 리스트는 크기를 선언하지 않았습니다. 리스트에 담긴 값의 개수만큼 자동으로 그 크기가 정해집니다. 역시 리스트의 시작 번호가 '0'이라는 점은 매우 중요합니다. 총 3개의 값이 있다면 각각의 값들이 가지는 순번은 0, 1, 2가 됩니다. 다른 언어에서 배열을 사용하셨던 분들은 익숙하게 사용 가능합니다. 그러면 파이썬의 리스트는 단순히 크기를 미리 정하지 않는 점만 배열 변수와 다른 것일까요?

그 차이를 더 살펴보기 전에 잠깐 리스트와 문자열 포매팅과의 차이점부터 간단하게 짚어보겠습니다. 프로그래밍을 처음 접하시는 분들은 리스트와 문자열 포매팅이 꽤나 혼란스러울 수 있습니다. 선언하고 0부터 시작되는 숫자를 기입해 사용하는 방식이 비슷하기 때문이죠. 그러면 결정적인 차이는 무엇일까요?

리스트 ▶ print ('지금', Pro_List[0] ,'을 공부합니다.₩n' '학습 도구는', Pro_List[1], '입니다.₩n' '그리고 버전은', Pro_List[2], '입니다.');

문자열 포매팅 ▶ print ('지금 {0}을 공부합니다.₩ 학습 도구는 {1}입니다.₩ 그리고 버전은 {2}입니다.'.format(Pro_Name, Pro_Tool, Pro_Version));

혹시 차이점이 발견되나요? 리스트는 일반 변수처럼 문자열과 ',(쉼표)'를 통해 연결됩니다. 따라서 작은따옴표 밖에 위치하게 되죠. 하지만 문자열 포매팅의 경우는 문자열 내에 포함되어 사용됩니다.

특별히 연결자를 사용하지 않고 작은따옴표, 혹은 큰따옴표 내에서 처리된다는 것이죠.

따옴표의 위치에 집중해 주세요. 아직 헷갈리시죠? 충분히 그럴 수 있습니다. 어쩌면 헷갈리는 게 정상일 수 있습니다. 리스트와 문자열 포매팅의 차이점이 있다는 사실을 아는 것 만으로도 여러분들은 충분히 성공적인 파이썬 프로그래밍을 하고 있는 겁니다.

그럼 다시 배열인 듯 배열 아닌 배열 같은 리스트를 계속 확인해 봅니다. 리스트는 배열과 다르게 사전에 크기를 정하지 않는다고 말씀드렸습니다. 이유가 분명히 있겠죠? 뭔가 장점이 분명 있을 거예요.

```
Pro_List = ['Python', 'Pycharm', 3.0]

print ('값이 추가된 리스트의 길이는', len(Pro_List), '입니다. ₩n'
'담겨진 값들은 아래와 같습니다. ₩n',
Pro_List);
```

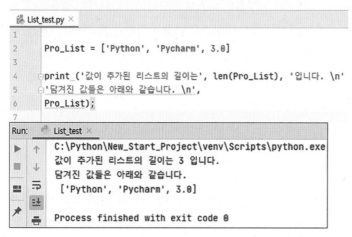

<그림 01_6_2 리스트의 길이 확인>

Len은 길이를 확인하는 함수입니다. Len을 통해 확인된 현재 'Pro_List'의 길이는 우리가 이미 알고 있는 것처럼 3입니다.

```
Pro_List = ['Python', 'Pycharm', 3.0]

Pro_List.append('Programming')

print ('값이 추가된 리스트의 길이는', len(Pro_List), '입니다. ₩n'
'담겨진 값들은 아래와 같습니다. ₩n',
Pro_List);
```

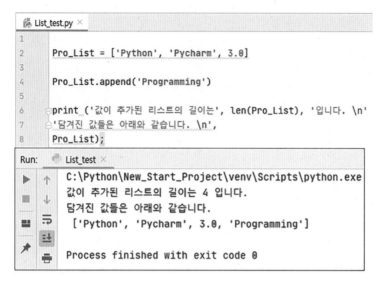

```
List_test.py ×
1
2   Pro_List = ['Python', 'Pycharm', 3.0]
3
4   Pro_List.append('Programming')
5
6   print ('값이 추가된 리스트의 길이는', len(Pro_List), '입니다. \n'
7   '담겨진 값들은 아래와 같습니다. \n',
8   Pro_List);
```

```
Run:    List_test ×
    C:\Python\New_Start_Project\venv\Scripts\python.exe
    값이 추가된 리스트의 길이는 4 입니다.
    담겨진 값들은 아래와 같습니다.
      ['Python', 'Pycharm', 3.0, 'Programming']

    Process finished with exit code 0
```

<그림 01_6_3 List에 값 추가하기>

append라는 명령을 통해 이미 선언된 리스트에 값을 하나 추가했습니다. 그래서 길이가 3에서 4로
늘어났죠. 출력해 보면 마지막에 'Programming'이라는 값이 추가된 것이 확인됩니다. 다음 코드도
진행해 봅니다.

```
Pro_List = ['Python', 'Pycharm', 3.0];

Pro_List.append('Programming');

del Pro_List[2];

print ('값이 추가된 리스트의 길이는', len(Pro_List), '입니다. ₩n'
'담겨진 값들은 아래와 같습니다. ₩n',
Pro_List);
```

```
List_test.py  ×
 1
 2      Pro_List = ['Python', 'Pycharm', 3.0];
 3
 4      Pro_List.append('Programming');
 5
 6      del Pro_List[2];
 7
 8      print ('값이 추가된 리스트의 길이는', len(Pro_List), '입니다. \n'
 9      '담겨진 값들은 아래와 같습니다. \n',
10      Pro_List);
11
```

```
Run:       List_test ×
 ▶   ↑     C:\Python\New_Start_Project\venv\Scripts\python.exe
 ■   ↓     값이 추가된 리스트의 길이는 3 입니다.
           담겨진 값들은 아래와 같습니다.
 ▦   ⇥      ['Python', 'Pycharm', 'Programming']
     ≛⁂
 ★   ⎙     Process finished with exit code 0
```

<그림 01_6_4 리스트에 값 삭제하기>

이번엔 del 명령을 통해 삭제 코드가 추가되었습니다. 리스트에 'Programming'이 추가되고 2번째 인 '3.0'이 삭제되었습니다.

그래서 배열과 다르게 뭐가 좋은 걸까요? 배열은 크기가 미리 정해지기 때문에 값의 추가, 삭제하는 데 약간 제약이 따릅니다. 만약 값을 추가하거나 삭제하기 위해서는 배열을 다시 정의해야 하는 단점 이 있는 것이죠. 즉, 초기화가 진행됩니다. 하지만 파이썬은 리스트를 통해 크기를 미리 지정하지 않 아도 되며, 값을 추가하거나 삭제하는데 매우 용이한 구조를 가지는 것입니다. 그러면 왜, 배열 변수 에서는 어려운 작업이 리스트에서는 가능한 것일까요? 그 이유는 배열 변수는 말 그대로 변수이지만 리스트는 단순한 변수가 아니기 때문이죠. 리스트는 변수보다 더 높은 곳에 위치한 객체입니다.

7 객체 이야기

프로그래밍을 작성하는 기법은 크게 두 가지 축으로 구분할 수 있습니다. 바로 절차 지향 프로그래 밍(Procedure Oriented Programming)과 객체 지향 프로그래밍(Object Oriented Programming) 입니다. 고급 언어의 대명사라 할 수 있는 JAVA와 C++는 거의 완벽한 객체 지향 언어라 할 수 있습 니다. 그리고 또 하나의 고급 언어인 C언어는 완벽한 절차 지향 언어이죠.

그러면 객체 지향 언어는 객체 지향적으로만 프로그래밍이 가능하고 절차 지향 언어는 절차 지향 적으로만 프로그래밍이 가능한 것일까요? 반은 맞고 반은 틀립니다. 지향하고자 하는 해당 기법에 조금 더 무게를 두고 있을 뿐이지 완전히 한쪽 방향으로만 프로그래밍을 해야 하는 것은 아닙니다. JAVA를 사용하니 절대적으로 객체 지향적 프로그래밍을 하고 절차 지향적 프로그래밍은 금지한다 고 말할 수 없습니다. 다만 객체 지향적으로 작성하는 게 유리하고 수월하다는 개념입니다. 다시 말 하면 JAVA 프로그래밍을 하며 굳이 절차 지향적 프로그래밍을 하면 손해라는 의미입니다. 안되는 건 아닙니다.

그러면 우리가 학습하는 파이썬은 어떨까요? 파이썬도 절차 지향, 객체 지향 모두 가능합니다. 최근 객체 지향 기법이 대세를 이루는 것처럼 파이썬도 객체 지향 기법을 활용하는 게 조금 더 수월합니 다. 따라서 우리는 객체 지향 프로그래밍에 대한 이해가 조금은 필요합니다. 또한 절차 지향 프로그 래밍과의 차이가 무엇인지도 알아 두면 좋겠죠.

본격적인 설명에 앞서 한 가지 당부를 드리고 싶은 부분이 있습니다. 지금부터 설명 드릴 부분은 지 극히 이론적인 부분입니다. 그리고 어려운 이야기입니다. 너무 완벽하게 이해하려고 하지 않아도 됩 니다. 간혹 개념 정립에 너무 많은 시간을 투자하는 분들이 계시는데 굳이 그러실 필요가 없습니다. 객체 지향 프로그래밍이 무엇인지 완벽히 알아야 훌륭한 파이썬 프로그래머가 되는 건 아닙니다. 프로그래밍을 하다 보면 그리고 어느 정도의 실력이 올라오면 굳이 설명 드리지 않아도 개념이 잡 히는 시기가 옵니다. 그 시기를 조금 앞당기기 위한 설명일 뿐입니다. 가벼운 마음으로 잠시 쉬어 가 는 페이지라 생각하고 읽어 주세요.

먼저 간단하게 절차 지향 프로그래밍에 대해 살펴보겠습니다. 지금까지 학습하고 실습한 앞서의 파 이썬 코드는 모두 절차 지향 프로그래밍입니다. 절차 지향, 말 그대로 절차에 따라 순차적으로 코드 가 진행된다는 의미입니다. 프로그램의 처음과 끝이 하나의 유기체로 결합되어 작동되는 프로그래 밍 기법입니다. 그림으로 도식화해서 설명하겠습니다. 셀프 주유소에서 자동차 주유하는 과정을 프 로그램으로 작성해 보겠습니다.

<그림 01_7_1 절차 지향 프로그래밍 예시 : 셀프 주유하기>

자동차 시동을 걸고 주유소에 도착해서 주유하고 다시 복귀하여 자동차 시동을 끌 때까지의 일련의 과정이 순차적으로 진행됩니다. 모든 과정이 순서에 맞게 차례대로 코드가 작성되어야 합니다. '셀프 주유하기'라는 하나의 프로그램으로 사용자에게 배포가 됩니다. 큰 문제가 없습니다. 그런데 만약 '결제'라는 기능에 문제가 생겼다고 가정해 봅니다. 그러면 '셀프 주유하기' 프로그램을 통으로 회수하여 '결제' 기능을 수리하고 다시 '셀프 주유하기' 프로그램을 통으로 배포를 해야 합니다.

'셀프 주유하기' 프로그램을 유심히 살펴보면 크게 두 개의 기능으로 분리할 수 있습니다.

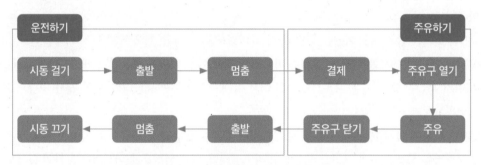

<그림 01_7_2 셀프 주유하기 두 가지 기능>

'운전하기' 기능과 '주유하기' 기능은 다시 세분화하여 다음과 같이 구분할 수도 있습니다.

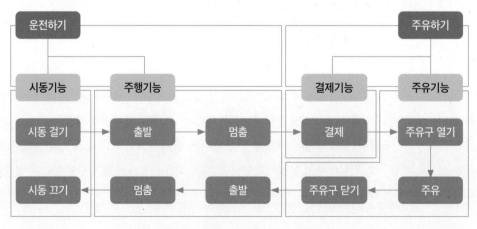

<그림 01_7_3 셀프 주유하기 기능 세분화>

이 상태에서 절차 지향 프로그래밍을 각 기능으로 대체하여, 굳이 기능을 일일이 코딩하는 것보다 간편하고 쉽게 프로그래밍 할 수 있습니다.

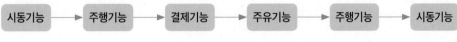

<그림 01_7_4 셀프 주유하기 기능별 프로그래밍>

기능을 프로그래밍에서는 객체라 부를 수 있습니다. 이것이 바로 객체 지향 프로그래밍을 의미합니다. 절차 지향 프로그래밍과 달리 기능(객체)별로 프로그램이 구성되기에 수리가 매우 용이합니다. 즉 유지보수가 쉬워졌습니다. 앞에서와 같이 '결제'기능에 문제가 생기면 '주유하기' 객체에서 '결제 기능' 객체만 보완하면 다시 정상 작동을 합니다. 절차 지향과 같이 모든 프로그램을 새롭게 구성할 필요가 없습니다.

절차 지향은 나쁘고 객체 지향이 무조건 좋다고 할 수는 없습니다. 서로 장단이 분명 존재합니다. 다만 객체 지향 프로그래밍이 절차 지향 프로그래밍보다 코드를 작성하기가 용이합니다. 가독성도 뛰어나고 무엇보다 굳이 내가 만들지 않아도 각 언어마다 제공되는 객체가 충분히 많습니다.

객체 지향 프로그래밍에 대해 좀더 알아보도록 하겠습니다. 객체 지향 프로그래밍을 이해하기 위해서는 두 가지 개념을 명확히 해야 합니다. 바로 Class(이하 클래스)와 Object(이하 객체)입니다. 클래스는 객체들이 가지는 형식을 정의한 것입니다. 그리고 객체는 해당 형식(클래스 내)에 실제하는 혹은 존재하는 특정한 무엇, 즉 Instance(객체, 이하 인스턴스)를 의미하게 되죠. 무슨 말인지 이해가 안되시죠? 다음의 그림을 보겠습니다.

<그림 01_7_5 자동차 인스턴스>

위에 나열된 것들은 모두 자동차 종류입니다. 하나하나가 모두 객체들입니다. 차종은 모두 다르지만 유사한 부분을 찾을 수 있습니다.

- 4개의 바퀴로 굴러간다.
- 엔진과 미션이라는 내연기관을 갖는다.
- 엑셀을 밟으면 달린다
- 브레이크를 밟으면 멈춘다.
- 등등

꽤 많은 공통점이 발견됩니다. 위와 같이 비슷한 개념을 가진 것들을 우리는 넓은 범주에서 모두 '자동차'라고 부르게 됩니다. 자동차는 형식이 유사한 객체들의 집합을 의미하는 개념적인 성격이 강합니다. 자동차 중에서 콕 집어 소나X, 아반X 등으로 정확한 사물을 지칭하게 되면 이것들은 실제 존재하는 객체가 됩니다. 따라서 자동차는 클래스가 되고 해당 클래스에 속한 실제의 것들 모두 인스턴스(객체)가 되는 것이죠.

<그림 01_7_6 자동차 클래스와 인스턴스>

객체 지향 프로그래밍은 이처럼 유사한 형식을 묶어 놓은 클래스에서 특정 인스턴스를 빌려 코딩을 하는 것을 말합니다.

객체 지향 프로그래밍의 개념적인 부분은 어느정도 설명이 된 것 같습니다. 그래도 아직 잘 이해가 안되시죠? 충분히 그럴 수 있습니다. 조바심 갖지 않아도 됩니다. 이번에는 객체 지향 프로그래밍의 코딩 방식을 간략하게 설명 드려 보겠습니다.

누차 강조 드리지만 모든 프로그래밍은 변수로 시작해서 변수로 끝나게 됩니다. 입력을 받고 가공 처리해서 출력하는 시스템적 흐름으로 구성된 것이 프로그램입니다. 그 흐름을 작성할 때 절차 지향이냐 아니면 객체 지향이냐로 나누어 질 뿐이죠.

따라서 클래스 객체와 인스턴스 객체는 모두 변수를 가질 수 있습니다. 너무나 기본적이고 상식적인 얘기입니다. 지금까지 우린 계속해서 변수에 대한 이야기를 해왔습니다. 그래서 변수를 빼고 어떤 특성을 가지고 코딩이 진행되는지 알아보겠습니다. 먼저 다음의 코드를 보시겠습니다.

Class 자동차

```
Car01 = 소나X ;
Speed_Up = Car01. accelerate( ) ;
Speed_Down and Stop = Car01.brake( ) ;
```

자동차 클래스에서 '소나X'를 Car01이라는 인스턴스 객체에 담았습니다. 이러면 소나X가 가지는 모든 기능을 우리는 프로그램 내에서 활용이 가능해집니다. 그 중에서 특별히 'accelerate'와

'brake'라는 기능을 활용하고 있습니다. 각각 자동차의 속도를 높이거나 줄이는 기능을 수행합니다. 이러한 인스턴스 객체가 가지는 기능을 Method(이하 메서드)라고 부릅니다. 다음의 코드도 확인해 봅니다.

Car01.Color = '흰색' ;
Car01.Part = '세단' ;

이번에는 인스턴스 객체 Car01이 가지는 특성들을 정의했습니다. 색상은 흰색이고 세단으로 분류됩니다. 인스턴스 객체가 가지는 특성, 이것을 우리는 attribute(이하 속성)라고 하는 것이죠.

인스턴스 객체인 소나X가 가지는 여러 메서드와 속성을 우리는 손쉽게 사용할 수 있습니다. 따로 정의하거나 코딩을 하지 않아도 이미 인스턴스 객체인 소나X에 선언되고 정의되어 있기 때문이죠. 그렇기 때문에 객체 지향 프로그래밍이 가독성이 뛰어난 것은 물론 프로그래밍 하기도 용이하고 특히나 유지보수가 수월하다는 큰 장점을 가지는 것입니다.

객체 지향 프로그래밍에 대한 설명은 여기까지입니다. 다소 어렵고 복잡한 이야기지만 지금 완벽히 이해하지 않아도 괜찮습니다. 자연스럽게 이해할 수 있습니다.

02
연산자의 이해

1.사칙 연산

2.비교 연산

3.논리 연산

4.간단한 계산기 만들기

02 연산자의 이해

① 사칙 연산

사칙 연산 모르는 분 안 계시겠죠? 가볍게 더하기부터 출발합니다. 코드를 작성하기 전 새로운 프로젝트를 생성했습니다. 저는 이름을 'Operator_Practice'로 했습니다. 그리고 'FR_Cal'이라는 파이썬 파일도 생성했습니다.

```python
Cal01 = 2;
Cal02 = 3;

Cal03 = Cal01 + Cal02;
Cal04 = Cal01 + Cal03;
Cal05 = 5 + 5;

print(Cal03, '\n', Cal04, '\n', Cal05);
```

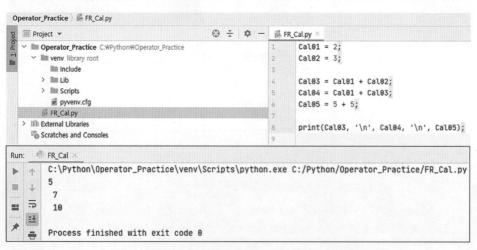

<그림 02_1_1 사칙 연산 - 더하기>

총 5개의 변수를 활용했습니다. Cal01부터 Cal05까지입니다. Cal01과 Cal02는 각각 2와 3을 저장

하고 Cal03에 두 변수의 합을 저장했습니다. Cal04에는 Cal01과 Cal03의 결과를 더하고 Cal05는 더하기 연산을 바로 수행하여 그 결과를 저장했습니다. 크게 어려운 부분은 없습니다. 빼기와 곱하기도 동일하게 구현됩니다.

```
Cal01 = 2;
Cal02 = 3;

Cal03 = Cal01 - Cal02;
Cal04 = Cal01 - Cal03;
Cal05 = 5 - 5;

print(Cal03, '\n', Cal04, '\n', Cal05);
```

```
FR_Cal.py ×
1    Cal01 = 2;
2    Cal02 = 3;
3
4    Cal03 = Cal01 - Cal02;
5    Cal04 = Cal01 - Cal03;
6    Cal05 = 5 - 5;
7
8    print(Cal03, '\n', Cal04, '\n', Cal05);
9
```

```
Run:    FR_Cal ×
   C:\Python\Operator_Practice\venv\Scripts\python.exe
   -1
   3
   0

   Process finished with exit code 0
```

<그림 02_1_2 사칙 연산 – 빼기>

```
Cal01 = 2;
Cal02 = 3;

Cal03 = Cal01 * Cal02;
Cal04 = Cal01 * Cal03;
Cal05 = 5 * 5;

print(Cal03, '\n', Cal04, '\n', Cal05);
```

```
📄 FR_Cal.py ×
1    Cal01 = 2;
2    Cal02 = 3;
3
4    Cal03 = Cal01 * Cal02;
5    Cal04 = Cal01 * Cal03;
6    Cal05 = 5 * 5;
7
8    print(Cal03, '\n', Cal04, '\n', Cal05);
9
```

```
Run:    FR_Cal ×
▶  ↑    C:\Python\Operator_Practice\venv\Scripts\python.exe
■  ↓    6
          12
🖥 ⇥      25
★  ⇉
   🖨    Process finished with exit code 0
```

<그림 02_1.3 사칙 연산 – 곱하기>

곱하기까지 순조롭게 진행되었습니다. 이제 나누기 연산자입니다. 나누기 연산도 동일합니다. 딱 한 가지만 유념하면 됩니다.

```
Cal01 = 2;
Cal02 = 0;

Cal03 = Cal01 / Cal02;

print(Cal03);
```

```
📄 FR_Cal.py ×
1    Cal01 = 2;
2    Cal02 = 0;
3
4    Cal03 = Cal01 / Cal02;
5
6    print(Cal03);
7
```

```
Run:    FR_Cal ×
▶  ↑    C:\Python\Operator_Practice\venv\Scripts\python.exe C:/Python/Operator_Practice/FR_Cal.py
■  ↓    Traceback (most recent call last):
          File "C:\Python\Operator_Practice\FR_Cal.py", line 4, in <module>
🖥 ⇥         Cal03 = Cal01 / Cal02;
★  ⇥    ZeroDivisionError: division by zero
   🖨
   🗑    Process finished with exit code 1
```

<그림 02_1.4 사칙 연산 – 0으로 나누기>

너무나 기본적인 얘기지만 0으로 나눌 수 없나는 점. 여러분 잘 알고 계시죠? 사칙 연산에 대한 설명은 특별한 게 없습니다. 이게 전부입니다. 사칙 연산은 더하기, 빼기, 곱하기, 나누기이지만 추가적으로 한 가지 더 알아 두어야 할 연산자가 있습니다. 바로 나머지를 구하는 연산자입니다. 저는 자투리 연산자라 부릅니다.

```
Cal01 = 3;
Cal02 = 10;

Cal03 = Cal02 % Cal01;

print(Cal03);
```

```
FR_Cal.py ×
1    Cal01 = 3;
2    Cal02 = 10;
3
4    Cal03 = Cal02 % Cal01;
5
6    print(Cal03);
7
```

```
Run:     FR_Cal ×
   C:\Python\Operator_Practice\venv\Scripts\python.exe
   1

   Process finished with exit code 0
```

<그림 02_1_5 나머지를 구하는 연산자>

자투리 연산자는 '%'입니다. 매우 유용하고 활용도가 높은 연산자라고 할 수 있습니다. 특정한 간격으로 묶음 처리 시 주로 활용됩니다. 특정 수의 배수를 구하는 연산, 일정한 간격으로 처리되는 프로세스 등 많은 곳에 사용됩니다. 아래 코드를 실습해 보겠습니다.

```
List_Cal = [1, 2, 3, 4, 5, 6, 7, 8, 9, 10]

for i in List_Cal :
    print(i, ' ', end=");
```

```
FR_Cal.py ×
1    List_Cal = [1, 2, 3, 4, 5, 6, 7, 8, 9, 10]
2
3    for i in List_Cal :
4        print(i, ' ', end='');
```

```
Run:    FR_Cal ×
▶  ↑    C:\Python\Operator_Practice\venv\Scripts\python.exe
■  ↓    1  2  3  4  5  6  7  8  9  10
        Process finished with exit code 0
```

<그림 02_1_6 List를 활용한 반복문 실행>

IF문과 FOR문은 제어문에서 본격적으로 다루게 됩니다. IF문, FOR문은 신경 쓰지 말고 일단 자투리 연산자가 어떤 방식으로 사용될 수 있는지에 초점을 맞춰 주세요. 단, Print 부분 들여쓰기는 신경 써주세요. 먼저 end=''는 줄 바꿈없이 이어쓰기가 가능한 코드입니다. List 객체를 이용해 'List_Cal'에 1에서 10까지 저장하였습니다. 그리고 반복문(For)을 통해 해당 리스트를 출력했습니다.

```
List_Cal = [1, 2, 3, 4, 5, 6, 7, 8, 9, 10]

for i in List_Cal:
    if i % 3 == 0:
        print('짝 ', end=');
    else:
        print(i, ' ', end=');
```

```
FR_Cal.py ×
1    List_Cal = [1, 2, 3, 4, 5, 6, 7, 8, 9, 10]
2
3    for i in List_Cal:
4        if i % 3 == 0:
5            print('짝 ', end='');
6        else:
7            print(i, ' ', end='');
8
```

```
Run:    FR_Cal ×
▶  ↑    C:\Python\Operator_Practice\venv\Scripts\python.exe
■  ↓    1  2  짝 4  5  짝 7  8  짝 10
        Process finished with exit code 0
```

<그림 02_1_7 나머지 연산자의 활용>

해당 코드에 조건(IF)을 주고 3의 배수가 나오면 박수('짝')를 치도록 코딩을 변경했습니다. 이처럼 특정한 간격으로 값을 처리할 때 매우 유용한 연산자가 바로 자투리 연산자(%)입니다. 사칙 연산은 우리가 흔히 알고 있는 연산자이기에 큰 어려움이 없습니다. 어쩌면 자투리 연산자가 사칙 연산보다 더 중요합니다.

② 비교 연산

비교 연산도 이미 우리가 충분히 알고 있는 내용입니다. 비교 연산은 보통 숫자의 크고 적음을 판별합니다. 비교 연산의 결과는 언제나 참(true), 거짓(false)의 이진의 값을 반환합니다. 이점이 가장 중요한 부분입니다. 먼저 '크다, 작다.'부터 활용법을 확인해 봅니다. 'Com_Oper' 파이썬 파일을 생성했습니다.

```python
Num01 = input();

if int(Num01) > 10 :
    print ("10보다 큰 수입니다.");
elif int(Num01) < 10 :
    print("10보다 작은 수입니다.");
```

이번에도 조건문(IF)에 대한 고민은 잠시 접어 두세요. Num01 변수를 선언하고 input()함수를 통해 사용자가 입력한 값을 저장합니다. Int(Num01)은 사용자가 입력한 값의 자료유형이 정확히 구분되지 않기 때문에 숫자형으로 변환시키는 과정입니다. Input()을 통해 사용자가 입력한 숫자를 더 명확하게 숫자형 변수로 형변환을 진행한 것이죠. 그래서 입력 받은 숫자가 10보다 크면 '10보다 큰 수입니다.'를 출력하고 10보다 작으면 '10보다 작은 수입니다.'를 출력하게 됩니다.

```python
Com_Oper.py ×
1
2    Num01 = input();
3
4    if int(Num01) > 10 :
5        print ("10보다 큰 수입니다.");
6    elif int(Num01) < 10 :
7        print("10보다 작은 수입니다.");
```

```
Run:    Com_Oper ×
    C:\Python\Operator_Practice\venv\Scripts\python.exe
    3
    10보다 작은 수입니다.

    Process finished with exit code 0
```

<그림 02_2_1 비교 연산자 '크다', '작다'>

'참', '거짓'의 결과가 중요합니다. 실습에서 사용자 입력 값은 3입니다. 따라서 첫 번째 조건인 '10보

다 크다.'는 거짓입니다. '10보다 작다.'가 참이므로 '10보다 작은 수입니다.'가 출력 됩니다. 이번에는 '크거나 같다.' 그리고 '작거나 같다.'입니다.

```
Num01 = input();

if int(Num01) >= 10 :
    print ("10보다 크거나 같은 수입니다.");
elif int(Num01) <= 9 :
    print("10보다 작은 수입니다.");
```

```
Num01 = input();

if int(Num01) >= 10 :
    print ("10보다 크거나 같은 수입니다.");
elif int(Num01) <= 9 :
    print("10보다 작은 수입니다.");
```

```
C:\Python\Operator_Practice\venv\Scripts\python.exe
12
10보다 크거나 같은 수입니다.

Process finished with exit code 0
```

<그림 02_2_2 비교 연산자 '크거나 같다', '작거나 같다'>

'크다', '작다'를 먼저 명시하고 뒤에 '='을 사용해 줍니다. 입력 값이 12입니다. 따라서 첫 번째 조건인 '>10='가 참이 됩니다. '='이 뒤에 명시된 다는 점을 잊지 마세요. 그 외 큰 어려움이 없습니다.

자, 이제 비교 연산자의 마지막인 '같다'와 '같지 않다'입니다. '같다'부터 확인해 봅니다. 몇몇 언어에서는 '같다'와 '대입'의 개념을 동일하게 사용하기도 합니다. 다음은 엑셀(Excel)에서 유용하게 사용되는 언어인 'VB script'에서 활용되는 코드입니다.

```
Dim Num01 as Integer
Dim Num02 as Integer

Num01 = 10
Num02 = 10

If Num01 = Num02 then
Msgbox "입력된 두 수는 같은 수입니다."
End If
```

변수 Num01과 Num02를 숫자형으로 선언하고 각각의 변수에 동일하게 10을 입력했습니다. 입력, 즉 변수에 값을 대입할 때 '='를 사용했습니다. 그리고 조건에 두 수가 같은지를 물어봅니다. 역시 이번에도 '같다'라는 비교 연산자를 활용할 때 '='를 사용했습니다. 즉 대입과 비교가 같은 기호로 사용되고 있음을 알 수 있습니다. 하지만 파이썬은 '대입'과 '같다'를 구분하여 사용합니다.

```
Num01 = input();
Num02 = input();

if int(Num01) == int(Num02) :
    print ("입력된 두 수는 같은 수입니다.");
```

```
Com_Oper.py ×
1    Num01 = input();
2    Num02 = input();
3
4    if int(Num01) == int(Num02):
5        print("입력된 두 수는 같은 수입니다.");
6
```

```
Com_Oper ×
C:\Python\Operator_Practice\venv\Scripts\python.exe
10
10
입력된 두 수는 같은 수입니다.

Process finished with exit code 0
```

<그림 02_2_3 비교 연산자 '같다'>

각각 두 개의 입력 값을 받고 비교했습니다. 입력된 두 개의 값이 10으로 같습니다. 조건의 결과가 '참'이므로 입력된 두 수는 같다고 출력됩니다. 파이썬의 비교 연산자 '같다'는 '=='입니다. 우리가 흔히 사용하는 기호 '='를 연속 두 번 사용하여 처리합니다. 따라서 파이썬에서 '대입'은 '='이고 '같다'는 '=='입니다. 이번에는 '같지 않다'입니다.

```
Num01 = input();
Num02 = input();

if int(Num01) == int(Num02):
    print("입력된 두 수는 같은 수입니다.");
elif int(Num01) != int(Num02):
    print("입력된 두 수는 다른 수입니다.");
```

```
Com_Oper.py ×
1    Num01 = input();
2    Num02 = input();
3
4    if int(Num01) == int(Num02):
5        print("입력된 두 수는 같은 수입니다.");
6    elif int(Num01) != int(Num02):
7        print("입력된 두 수는 다른 수입니다.");
```

```
Com_Oper ×
C:\Python\Operator_Practice\venv\Scripts\python.exe
10
20
입력된 두 수는 다른 수입니다.

Process finished with exit code 0
```

<그림 02_2_4 비교 연산자 '같지 않다'>

연속된 '==' 두개 중 앞의 '='를 '!'로 바꿔 주면 같지 않다가 됩니다. '!'가 먼저 나오고 '='이 나옵니다. 순서를 기억해 주세요. 입력된 두 수가 각각 10과 20이므로 서로 다릅니다. 두 번째 조건이 참이 됩니다.

③ 논리 연산

누군가 여러 연산자들 중에서 가장 중요한 연산자가 무엇인가요, 라고 질문을 하면, 저는 주저하지
않고 대답합니다. "가장 중요한 연산자는 논리 연산자입니다."라고 말이죠. 논리 연산은 우리가 프
로그램 코드를 작성하는 공간이자 도구가 '컴퓨터'이기 때문에 중요합니다. 컴퓨터는 0과 1의 이진
의 값을 연산하고 처리하는 아주 단순한 기계입니다. 0이면 거짓(false), 1이면 참입니다. 참과 거짓,
흑과 백, 이분법적 사고, 이것을 우리는 논리적이라고 합니다. 그래서 0과 1로 표현하고 구동되는 기
계를 우리는 디지털 논리 회로라고 부르게 되죠.

X	Y	AND	OR
1	1	1	1
1	0	0	1
0	1	0	1
0	0	0	0

<그림 02 3 1 AND, OR의 논리 연산>

제가 늘 강조하고 외우기를 권유하는 입력 값 X, Y를 AND와 OR 연산으로 처리한 결과입니다. 여
러분도 눈 감고 그릴 수 있을 정도로 외워 주세요. 입력된 X와 Y의 값이 모두 1이면 AND와 OR 연
산자 모두 1(참, true)이 출력됩니다. AND 연산의 결과가 참인 경우는 오로지 하나입니다. AND 연
산의 경우는 입력되는 값이 모두 1(참)일 때만 참이 되고 단 하나라도 거짓(0)일 경우에는 그 결과가
거짓이 된다는 의미입니다. 반대로 OR 연산의 경우 두 입력 값 중 하나라도 참(1)이면 참의 결과를
가지게 되는 것이죠. 따라서 양측 모두가 거짓일 때만 OR 연산은 거짓이 됩니다. 실습을 위해 새로
운 파이썬 파일을 생성합니다.

```
Num01 = input();
Num02 = input();
Num03 = input();

if int(Num01) >= int(Num02) and int(Num01) >= int(Num03):
    print("양쪽이 모두 참인 경우입니다.");
elif int(Num01) >= int(Num02) or int(Num01) >= int(Num03):
    print('둘 중 하나만 참인 경우입니다.');
```

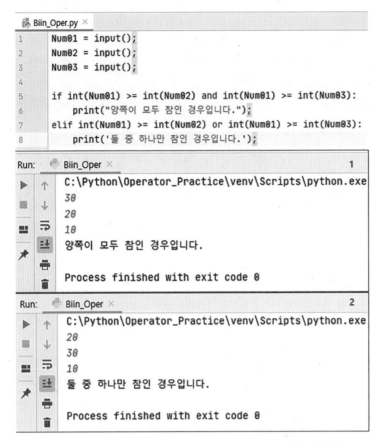

```
Biin_Oper.py ×
1    Num01 = input();
2    Num02 = input();
3    Num03 = input();
4
5    if int(Num01) >= int(Num02) and int(Num01) >= int(Num03):
6        print("양쪽이 모두 참인 경우입니다.");
7    elif int(Num01) >= int(Num02) or int(Num01) >= int(Num03):
8        print('둘 중 하나만 참인 경우입니다.');
```

```
Run:    Biin_Oper ×                                                    1
    C:\Python\Operator_Practice\venv\Scripts\python.exe
    30
    20
    10
    양쪽이 모두 참인 경우입니다.

    Process finished with exit code 0
```

```
Run:    Biin_Oper ×                                                    2
    C:\Python\Operator_Practice\venv\Scripts\python.exe
    20
    30
    10
    둘 중 하나만 참인 경우입니다.

    Process finished with exit code 0
```

<그림 02_3_2 AND, OR의 논리 연산>

총 3개의 값을 사용자가 입력합니다. 첫 번째는 Num01, Num02, Num03에 각각 30, 20, 10을 입력 받았습니다. 첫 번째 조건에서 30이 20보다 크거나 같고(AND) 10보다도 크거나 같은 경우인지 확인합니다. 양측이 모두 참입니다. 따라서 두 번째 조건은 확인할 필요가 없습니다. 두번째는 20, 30, 10을 차례로 입력 받았습니다. 첫 번째 조건 20이 30보다 크거나 같지 않습니다. 첫 번째 조건의 논리 연산자가 AND이기 때문에 다음 조건으로 바로 넘어 갑니다. 20이 30보다 크거나 같지는 않지만 10보다는 크거나 같습니다. 따라서 두 번째 조건문의 결과가 출력됩니다.

참 간단합니다. 그런데 프로그래밍을 처음 하시는 분들에게는 매우 까다로운 연산자입니다. 누가 설명해 주면 쉽게 이해되는 연산자인데 내가 활용하면 헷갈리는 연산자가 바로 논리 연산자입니다. 해결 방법은 하나밖에 없습니다. 반복 학습만이 정답입니다.

이 외에도 논리연산자는 더 있습니다. 필요에 따라 그때 그때 확인해서 사용하면 됩니다. 하지만 AND와 OR연산자는 꼭 외워 두세요.

④ 간단한 계산기 만들기

이번에는 지금까지 학습한 연산자를 가지고 간단한 계산기 프로그램을 만들어 보겠습니다.

```python
Operator = input('연산자를 입력해 주세요 : ');
Num01 = int(input('피 연산자1 : '));
Num02 = int(input('피 연산자2 : '));

if Operator == '+':
    Re01 = Num01 + Num02;
elif Operator == '-':
    Re01 = Num01 - Num02;
elif Operator == '*':
    Re01 = Num01 * Num02;
elif Operator == '/':
    Re01 = Num01 / Num02;

print(Re01);
```

```
Simple_Cal.py ×    FR_Cal.py ×    Com_Oper.py ×
1      Operator = input('연산자를 입력해 주세요 : ');
2      Num01 = int(input('피 연산자1 : '));
3      Num02 = int(input('피 연산자2 : '));
4
5      if Operator == '+':
6          Re01 = Num01 + Num02;
7      elif Operator == '-':
8          Re01 = Num01 - Num02;
9      elif Operator == '*':
10         Re01 = Num01 * Num02;
11     elif Operator == '/':
12         Re01 = Num01 / Num02;
13
14     print(Re01);
15

Run:      Simple_Cal ×
▶  ↑    C:\Python\Operator_Practice\venv\Scripts\python.exe
■  ↓    연산자를 입력해 주세요 : *
        피 연산자1 : 10
☰  ⇥    피 연산자2 : 9
★  ⇥    90
   🖶
   🗑    Process finished with exit code 0
```

<그림 02_4_1 간단한 계산기>

총 3개의 입력 값을 전달받습니다. 'Operator'의 경우 연산자를 의미하고 Num01과 Num02가 피 연산자입니다. Operator에 따라 조건을 주고 해당 연산을 수행 후 Re01 변수에 결과를 담아 마지막에 출력해 주는 코드입니다. 이번에는 논리 연산자를 추가하여 다음의 문제를 풀어 봅니다.

연습 문제) 연산자(Operator)가 '+'이고 피 연산자(Num01, Num02)가 모두 10보다 크면 더하기 연산을 수행하고 모두 10보다 작으면 곱하기 연산, 둘 중 하나라도 10보다 작으면 빼기 연산을 수행.

```python
Operator = input('연산자를 입력해 주세요 : ');
Num01 = int(input('피 연산자1 : '));
Num02 = int(input('피 연산자2 : '));

if Operator == '+' and (Num01>10 and Num02>10):
    Re01 = Num01 + Num02;
elif Operator == '+' and (Num01<10 and Num02<10):
    Re01 = Num01 * Num02;
elif Operator == '+' and (Num01<10 or Num02<10):
    Re01 = Num01 - Num02;

print(Re01);
```

```python
  Simple_Cal.py ×    FR_Cal.py ×    Com_Oper.py ×
1     Operator = input('연산자를 입력해 주세요 : ');
2     Num01 = int(input('피 연산자1 : '));
3     Num02 = int(input('피 연산자2 : '));
4
5     if Operator == '+' and (Num01>10 and Num02>10):
6         Re01 = Num01 + Num02;
7     elif Operator == '+' and (Num01<10 and Num02<10):
8         Re01 = Num01 * Num02;
9     elif Operator == '+' and (Num01<10 or Num02<10):
10        Re01 = Num01 - Num02;
11
12    print(Re01);
13
```

<그림 02_4_2 간단한 계산기>

문제가 '연산자(Operator)가 '+'이고'이므로 연산자는 무조건 '+'만 들어와야 합니다. 논리 연산자 'AND'입니다. 그리고 뒤에 조건을 확인하고 각각의 연산이 수행됩니다. 두 번째 조건에서도 다시

논리 연산자가 활용됩니다. 이번에는 'AND'와 'OR'가 모두 사용됩니다. 모두 10보다 큰지를 확인하기 위해 'AND'를 사용하고 모두 10보다 작은지를 확인하기 위해서도 역시 'AND'를 활용합니다. 그리고 둘 중 하나만 충족되는 조건이므로 마지막은 'OR'연산입니다. 복합적인 논리 연산자 사용 코드입니다. 쉬운 듯 어렵습니다. 반복적으로 다양한 수를 대입해서 풀어보세요.

03
알고리즘의 꽃, 제어문

03 알고리즘의 꽃, 제어문

1 조건 분기 IF

조금은 과장되게 표현하자면, 어떤 언어를 사용하든, '저 프로그래밍 좀 할 줄 알아요.'라고 대답하는 분은 조건문과 반복문을 완벽히 구사할 수 있다고 봐도 됩니다. 즉, 우리가 흔히 말하는 IF문과 FOR문을 자유자재로 구사할 수 있다는 의미입니다. 좀더 직설적으로 표현하면 이 분들은 다른 언어를 배울 때 부담감도 적습니다. 새로운 프로그래밍 언어를 접하고 학습해도 언제나 자신감이 있으며 빠르게 습득이 가능하다는 이야기죠. 그러기 위해서는 누차 강조 드린 것처럼 3년 이상 꾸준하게 매일같이 학습하고 사용해야 합니다. 그래야 완벽한 내 것이 되죠. 이렇게 중요한 조건문과 반복문을 마침내 학습하게 됩니다. 여기까지 잘 따라와 주신 여러분들에게 박수를 보냅니다. 조건문과 반복문까지 학습하면 여러분은 웬만한 프로그램은 만들 수 있습니다. 이론적이고 기초적인 내용을 섭렵하는 고지가 얼마 남지 않았습니다. 모두 파이팅 해주세요.

먼저 조건에 따른 분기, 조건문에 대해 살펴보겠습니다. 우리가 흔히 부르는 IF문이 대표적인 조건문입니다. 주어진 조건을 확인하고 해당 조건에 부합하면 코드가 실행됩니다. 아래는 파이썬에서 가장 기본이 되는 단순 IF문의 구조입니다.

IF문의 기본 구조 1
IF 조건 : 　결과 ;

너무 간단하죠? 가장 중요한 부분은 제어문(조건문, 반복문 등)이 시작되는 지점에는 반드시 문장의 끝에 ':' (colon, 콜론)을 입력해 주어야 한다는 점입니다. 보통 파이썬에서 문자의 끝에는 ';' (semicolon, 세미콜론)을 사용하는데 제어문 처리시에는 꼭 콜론이 입력됩니다. 잊지 말아주세요. 그리고 파이썬은 들여쓰기도 매우 중요하게 인식합니다. IF문 내 결과를 처리할 때 들여쓰기에 꼭 신경을 써 주세요.

```
Input01 = int(input('입력 1 : '));
Input02 = int(input('입력 2 : '));

if Input01==Input02 :
    print('입력된 두 수는 같은 수입니다.');
```

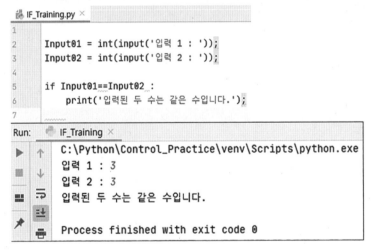

```
IF_Training.py ×
1
2    Input01 = int(input('입력 1 : '));
3    Input02 = int(input('입력 2 : '));
4
5    if Input01==Input02 :
6        print('입력된 두 수는 같은 수입니다.');
7
```

```
Run:    IF_Training ×
    C:\Python\Control_Practice\venv\Scripts\python.exe
    입력 1 : 3
    입력 2 : 3
    입력된 두 수는 같은 수입니다.

    Process finished with exit code 0
```

<그림 03_1_1 IF문의 기본 구조1 실습>

사용자로부터 두 개의 수를 입력 받습니다. 만약 두 수가 같다면 결과가 수행되도록 작성된 IF문의 기본 구조라고 보면 됩니다.

```
IF 조건 :
  결과 ;
ELIF 조건 :
  결과 ;

...
```

두 번째 IF문의 기본 구조는 복수의 조건을 처리할 때 사용되는 코드입니다. 위 코드는 조건이 두 개일 때를 의미하죠. 만약 조건이 3개라면 ELIF가 두 번 사용되겠죠? 조건이 N개라면 N-1개의 ELIF문이 사용되는 것이죠.

```
Input01 = int(input('입력 1 : '));
Input02 = int(input('입력 2 : '));

if Input01==Input02 :
  print('입력된 두 수는 같은 수입니다.');
elif Input01!=Input02 :
  print('입력된 두 수는 다른 수입니다.');
```

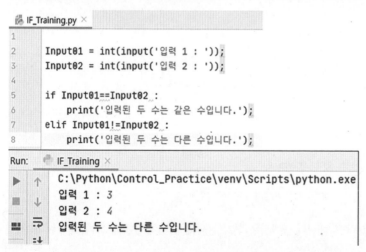

<그림 03_1_2 IF문의 기본 구조2 실습>

역시 사용자로부터 두 수를 입력 받습니다. 첫 번째 조건이 두 수가 같은지를 확인합니다. 입력된 두 수가 각각 3과 4이므로 첫 번째 조건은 거짓입니다. 따라서 첫 번째 조건의 결과는 실행되지 않고

두 번째 조건으로 넘어 갑니다. 두 번째 조건은 두 수가 다른 지 확인합니다. 결과는 두 수가 다르므로 두 번째 조건의 결과가 실행됩니다.

IF문의 기본 구조 3

IF 조건 :
  결과 ;
ELSE :
  결과 ;

세 번째 기본 구조는 조건이 하나인데 해당 조건에 부합되지 않는 모든 조건을 처리하기 위해 사용되는 IF문입니다. 기본 조건을 확인하고 거짓이면 나머지 결과를 ELSE에서 처리하게 됩니다.

```
Input01 = int(input('입력 1 : '));
Input02 = int(input('입력 2 : '));

if Input01 > Input02 :
    print('입력1의 값이 더 큰 수입니다.');
else :
    print('입력1의 값이 더 크지 않습니다.');
```

```
IF_Training.py ×
1
2    Input01 = int(input('입력 1 : '));
3    Input02 = int(input('입력 2 : '));
4
5    if Input01 > Input02 :
6        print('입력1의 값이 더 큰 수입니다.');
7    else :
8        print('입력1의 값이 더 크지 않습니다.');
```

```
Run:    IF_Training ×
    C:\Python\Control_Practice\venv\Scripts\python.exe
    입력 1 : 3
    입력 2 : 3
    입력1의 값이 더 크지 않습니다.

    Process finished with exit code 0
```

<그림 03_1_3 IF문의 기본 구조3 실습>

첫 번째 조건에서 입력1의 값이 입력2보다 큰 지 확인합니다. 결과는 거짓이므로 다음 조건으로 넘어 갑니다. 다음 조건은 기본 조건을 제외한 모든 조건이 해당됩니다. 입력1과 입력2가 같은 경우,

입력2가 입력1보다 큰 경우 모두 해당됩니다. 따라서 그 외 해당되는 모든 조건을 처리하는 ELSE의
결과가 실행됩니다.

IF문의 기본 구조 4

```
IF 조건 :
    결과 ;
ELIF 조건 :
    결과 ;


...


ELSE :
    결과 ;
```

마지막 IF문의 기본 구조는 다중의 조건을 처리하고 모든 조건에 부합하지 않는 조건까지 처리하는
복합 IF문입니다.

```
Input01 = int(input('입력 1 : '));
Input02 = int(input('입력 2 : '));

if Input01 > Input02 :
    print('입력1의 값이 더 큰 수입니다.');

elif Input01 < Input02 :
    print('입력2의 값이 더 큰 수입니다.');

else :
    print('입력된 두 수는 같은 수입니다.');
```

```
IF_Training.py ×

1
2   Input01 = int(input('입력 1 : '));
3   Input02 = int(input('입력 2 : '));
4
5   if Input01 > Input02 :
6       print('입력1의 값이 더 큰 수입니다.');
7   elif Input01 < Input02:
8       print('입력2의 값이 더 큰 수입니다.');
9   else :
10      print('입력된 두 수는 같은 수입니다.');
```

```
Run:    IF_Training ×
▶   ↑   C:\Python\Control_Practice\venv\Scripts\python.exe
■   ↓   입력 1 : 3
            입력 2 : 3
⊞   ⇥   입력된 두 수는 같은 수입니다.
    ⬇
★   🖶   Process finished with exit code 0
```

<그림 03_1_4 IF문의 기본 구조4 실습>

입력된 두 수를 비교하고 두 수중 어떤 입력 값이 큰지 비교합니다. 두 수 중 어느 것도 크지 않을 경우, 즉 두 수가 같은 경우 ELSE문이 실행됩니다.

지금까지 조건문의 꽃이라 할 수 있는 IF문에 대해 설명 드렸습니다. 특별히 어려운 점 없으시죠? 하지만 IF문은 정말 중요한 구문입니다. 쉽다고 그냥 넘기지 마시고 다양한 구문을 직접 만들어 보면서 반복적으로 실습하세요. 다시 말씀드리지만, IF문은 프로그래밍의 핵심 중에 핵심입니다.

이번에는 여러분들이 얼마나 조건문 IF를 열심히 학습하셨는지 실습을 통해 확인해 보겠습니다. 앞서 우리는 연산자를 학습하며 간단한 계산기 프로그램을 만들어 보았습니다. 이번에는 조건에 따라 연산이 달라지는 계산기를 만들어 보겠습니다.

연습 문제 ▸

사용자로부터 두 수(Input1, Input2)를 입력 받고 Input1이 Input2보다 크면 나누기(/) 또는 곱하기(*)연산이 수행됩니다. 이때 Input1이 10보다 크거나 같으면 나누기를 10보다 작으면 곱하기 연산을 수행합니다. 반대로 Input2가 Input1보다 크면 더하기(+) 혹은 빼기(-)연산이 수행됩니다. 마찬가지로 Input2가 10보다 크거나 같으면 더하기를 10보다 작으면 빼기를 수행합니다.

위 문제를 해결하는 방법은 두 가지가 있습니다. 간단하게 논리 연산자를 사용하는 방법과 조건문 내에 조건문을 추가하는 방법입니다. 두 가지 방법을 비교해 보시고 어떤 방법이 유리할 지 생각해 보세요.

논리 연산자를 활용하는 방법

```
Input01 = int(input('입력 1 : '));
Input02 = int(input('입력 2 : '));

if (Input01 > Input02) and (Input01 >= 10) :
    Output = Input01 / Input02 ;
elif (Input01 > Input02) and (Input01 < 10) :
    Output = Input01 * Input02 ;
elif (Input01 < Input02) and (Input02 >= 10) :
    Output = Input01 + Input02 ;
elif (Input01 < Input02) and (Input02 < 10) :
    Output = Input01 - Input02 ;

print(Output) ;
```

IF_Exam.py ×

```
1
2    Input01 = int(input('입력 1 : '));
3    Input02 = int(input('입력 2 : '));
4
5    if (Input01 > Input02) and (Input01 >= 10) :
6        Output = Input01 / Input02 ;
7    elif (Input01 > Input02) and (Input01 < 10) :
8        Output = Input01 * Input02 ;
9    elif (Input01 < Input02) and (Input02 >= 10) :
10       Output = Input01 + Input02 ;
11   elif (Input01 < Input02) and (Input02 < 10) :
12       Output = Input01 - Input02 ;
13
14   print(Output) ;
15
```

<그림 03_1_5 연습 문제 - 논리 연산자를 활용하는 방법>

이중 조건문으로 처리하는 방법

```
Input01 = int(input('입력 1 : '));
Input02 = int(input('입력 2 : '));

if (Input01 > Input02):
    if Input01 >= 10 :
        Output = Input01 / Input02 ;
    elif Input01 < 10 :
        Output = Input01 * Input02 ;
if (Input01 < Input02):
    if Input02 >= 10 :
        Output = Input01 + Input02 ;
    elif Input02 < 10 :
        Output = Input01 - Input02 ;

print(Output) ;
```

```
  IF_Exam.py ×
1
2      Input01 = int(input('입력 1 : '));
3      Input02 = int(input('입력 2 : '));
4
5      if (Input01 > Input02):
6          if Input01 >= 10 :
7              Output = Input01 / Input02 ;
8          elif Input01 < 10 :
9              Output = Input01 * Input02 ;
10     if (Input01 < Input02):
11         if Input02 >= 10 :
12             Output = Input01 + Input02 ;
13         elif Input02 < 10 :
14             Output = Input01 - Input02 ;
15
16     print(Output) ;
```

<그림 03_1_6 연습 문제 - 이중 조건문으로 처리하는 방법>

② 반복문 FOR

이제 반복문을 학습해 보겠습니다. 조건문 IF와 함께 제어문을 대표하는 반복문이 FOR문입니다. FOR문은 정해진 구간을 반복 처리하는 구문이 됩니다. FOR문이 중요한 이유는 길게 작성해야 하는 코드를 FOR문을 이용해 단 몇 줄로 간단하게 표현할 수 있기 때문입니다. FOR문은 오로지 하나의 구문입니다. IF문처럼 여러 구문이 존재하지 않습니다. 조건은 여러 개가 될 수 있지만 반복은 오직 하나의 구문인 셈이죠.

FOR문의 기본 구조
FOR 자동증가 변수 IN 증가구간(범위) :

먼저 FOR문도 IF문처럼 구문의 끝에 콜론(:)이 있어야 합니다. 매우 중요하죠. IF문의 시작이 'IF' 였듯 FOR문의 시작도 'FOR'입니다. 그 뒤에 반복할 범위를 설정하게 되는데 먼저 자동 증가 변수를 선언해 줍니다. 그리고 해당 자동 증가 변수가 반복할 구간을 'IN'뒤에 표시해 줍니다. 예를 들어 다음과 같이 FOR문이 작성되었다면

FOR I IN RANGE(1, 5)

자동 증가 변수 I는 1부터 출발해서 5가 되면 반복을 중단하게 됩니다. 따라서 위 예시 코드에서 I는 1, 2, 3, 4를 반환하게 됩니다. 실제 코드를 작성하면 다음과 같이 구현됩니다.

```
for i in range(1,5):
    print(i);
```

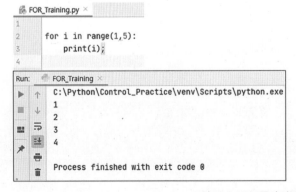

<그림 03_2_1 FOR문의 기본적인 구현>

FOR문의 설명은 여기서 끝입니다. 정말 간단하죠? 하지만 절대 만만하게 생각하면 안 되는 구문입니다. 생각보다 실무에서 초보자들이 가장 까다롭게 접근하는 구문 중에 하나입니다. 재차 강조 드리지만 프로그래밍의 꽃 중에 꽃입니다. 알고리즘의 핵심이기도 하구요. 그래서 FOR문은 다양한 연습 문제를 풀어보겠습니다.

연습 문제

1에서 100까지의 모든 수의 총합을 구하는 프로그램을 만들어 보세요.

```
T_sum = 0 ;

for i in range(1,101) :
    T_sum = T_sum + i ;

print(T_sum) ;
```

```
FOR_Exam01.py ×
1
2      T_sum = 0 ;
3
4      for i in range(1,101):
5          T_sum = T_sum + i ;
6
7      print(T_sum) ;
8
```

```
Run:    FOR_Exam01 ×
        C:\Python\Control_Practice\venv\Scripts\python.exe
        5050

        Process finished with exit code 0
```

<그림 03_2_2 1에서 100까지의 모든 수의 총합 구하기>

i값이 1부터 101이 될 때까지 반복문을 수행합니다. i값이 101이 되면 더 이상 FOR문은 진행되지 않습니다. 조건이 만족할 때, 즉 i값이 1보다 크거나 같고 101보다 작을 때의 총합을 구하게 됩니다. 총합을 저장할 T_sum 변수를 선언하고 초기화(0)를 합니다. 그리고 T_sum에 i값이 1씩 증가하며 FOR문 내에서 반복하며 더해집니다. 두 번째 연습문제 바로 풀어봅니다. 조금 고민을 해볼까요?

1에서 100까지의 모든 수 중에서 2의 배수에 대한 총합을 구하는 프로그램을 만들어 보세요.

TIP

2의 배수를 확인하는 방법은 무엇이 있을까요? 혹시 사칙 연산을 학습하며 설명 드린 자투리 연산자 '%' 기억 나시나요? 기억이 가물가물 하시면 다시 한번 확인하고 이 문제를 풀어보세요. n의 배수라는 건 결국 n으로 나누었을 때 나머지가 0이 나온다는 의미와 동일한 것이죠.

```python
T_sum = 0 ;

for i in range(1,101):
   if i % 2 == 0 :
      T_sum = T_sum + i ;

print(T_sum) ;
```

```python
1
2     T_sum = 0 ;
3
4     for i in range(1,101):
5         if i % 2 == 0 :
6             T_sum = T_sum + i ;
7
8     print(T_sum) ;
9
```

```
Run:     FOR_Exam01 ×
    ▶  ↑    C:\Python\Control_Practice\venv\Scripts\python.exe
    ■  ↓    2550

    ▦  ⇥    Process finished with exit code 0
    ★  🖶
```

<그림 03_2_3 1에서 100까지의 모든 수 중 2의 배수 총합 구하기>

첫 번째 연습 문제와 유사합니다. 다만 모든 수를 더하지 않고 2의 배수일 때만 구합니다. 자동 증가하는 변수 i를 2로 나누고 그 나머지가 0이되면 더해주는 부분이 핵심이 됩니다. 나머지 부분은 동일합니다.

FOR문을 활용하여 구구단 2단을 구현해 보세요.

```
for i in range(1,10):
    Re01 = 2 * I ;
    print(Re01, ' ', end=');
```

```
FOR_Exam01.py ×
1
2    for i in range(1,10):
3        Re01 = 2 * i
4        print(Re01, ' ', end='');
5
```

```
Run:    FOR_Exam01 ×
▶   ↑    C:\Python\Control_Practice\venv\Scripts\python.exe
■   ↓    2  4  6  8  10  12  14  16  18
         Process finished with exit code 0
```

<그림 03_2_4 FOR문을 활용한 구구단 2단>

너무 쉽죠? 자동 증가 변수 i는 1부터 10까지 반복됩니다. 10이 되면 더 이상 반복을 하지 않습니다. 2단을 작성하는 것이니까 i값이 1부터 9까지 2와 곱해지고 출력해 줍니다. print문에 작성된 end=' ' 는 줄 바꿈 없이 한 줄로 모두 표현하는 구문입니다. 이번에는 조금 까다로운 문제를 하나 풀어보겠습니다.

FOR문을 활용하여 구구단을 구현해 보세요.

```
for i in range(1,10):
    for j in range(1,10):
        Re01 = i * j;
        if j == 9 :
            print(Re01);
        else:
            print(Re01, ' ', end=');
```

```
FOR_Exam01.py ×
1
2    for i in range(1,10):
3        for j in range(1,10):
4            Re01 = i * j;
5            if j == 9 :
6                print(Re01);
7            else:
8                print(Re01, ' ', end='');
9
```

```
Run:    FOR_Exam01 ×
    C:\Python\Control_Practice\venv\Scripts\python.exe
    1  2  3  4  5  6  7  8  9
    2  4  6  8  10  12  14  16  18
    3  6  9  12  15  18  21  24  27
    4  8  12  16  20  24  28  32  36
    5  10  15  20  25  30  35  40  45
    6  12  18  24  30  36  42  48  54
    7  14  21  28  35  42  49  56  63
    8  16  24  32  40  48  56  64  72
    9  18  27  36  45  54  63  72  81

    Process finished with exit code 0
```

<그림 03_2.5 이중 반복문을 통한 구구단 프로그램>

2중 반복문이 사용되었습니다. 기준이 되는 단수도 1에서부터 9까지 반복되고 곱해지는 수 역시 1에서 9까지 반복됩니다. 즉, 행과 열이 곱해지는 것이죠. 이때 만약 j값, 마지막에 곱해지는 수가 9라면 줄 바꿈을 위해 연결 구문 end=' '를 작성하지 않았습니다. 간단한 코드로 구현된 프로그램이지만 정말 중요한 코드입니다. 아마 여러분이 프로그래밍에 익숙해질 때 쯤이면 수없이 많은 2중 반복문을 사용하고 있다는 걸 알게 됩니다.

프로그래밍에서 배열 변수는 매우 중요한 역할을 담당합니다. 어느 프로그래밍 서적을 보아도 반복문을 학습할 때 배열 변수는 약방의 감초처럼 등장하기 마련입니다. 그만큼 찰떡 궁합이라는 이야기입니다. 하지만 아쉽게도 파이썬에서는 배열변수를 지원하지 않습니다. 이미 알고 계시죠? 다행스럽게도 파이썬에서는 LIST객체가 배열 변수의 역할을 충실히 수행해 주고 있습니다. 그래서 파이썬에서 FOR문은 앞서 학습한 LIST객체와도 꽤나 잘 어울립니다. 쿰쿰한 치즈와 향긋한 와인처럼 말이죠. 앞서 LIST객체를 학습하며 잠깐 맛보기로 FOR문을 사용해 보았습니다. 다시 복습차원에서 새롭게 설명을 드리겠습니다.

```
Pro_Lang_List = ['C', 'C++', 'Java', 'R script', 'Python'] ;

for i in Pro_Lang_List:
    print (i) ;
```

```
🐍 LISTnFOR.py ×
1
2    Pro_Lang_List = ['C', 'C++', 'Java', 'R script', 'Python'] ;
3
4    for i in Pro_Lang_List:
5        print (i) ;
6
```

```
Run:    LISTnFOR ×
   ↑    C:\Python\Control_Practice\venv\Scripts\python.exe
        C
   ↓    C++
  ⇥     Java
  ⇥     R script
  📌    Python

        Process finished with exit code 0
```

<그림 03_2_6 LIST 객체를 활용한 FOR문>

반복문이 작성된 코드를 유심히 봐주세요. 자동 증가 변수 i의 구간(range)이 설정되지 않았습니다. 선언된 LIST의 크기만큼 반복됩니다. LIST가 선언되면 그 크기만큼 반복문 실행이 가능하다는 점이죠. 출력을 할 때는 LIST를 명시하지 않고 자동 증가 변수 i를 입력하면 됩니다.

여기까지 해서 FOR문에 대한 기초적인 설명을 마무리하겠습니다.

③ 조건 반복 WHILE

Python에서 제공되는 반복문은 FOR문만 있지 않습니다. Python에 반복문에는 WHILE도 있는데요 잠깐 살펴보겠습니다. 대부분의 프로그래밍 언어에서 제공되는 반복문은 다음과 같이 크게 두 가지로 구분할 수 있습니다.

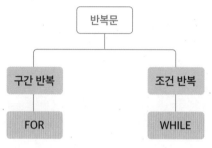

<그림 03_3_1 반복문의 구분>

이번에는 조건 반복문인 WHILE에 대해 알아보겠습니다. WHILE은 앞서 학습했던 조건문 IF를 떠올리면 큰 어려움이 없습니다. FOR문의 경우 시작 지점과 종료 지점이 명시되어 해당 구간을 반복하지만 WHILE의 경우에는 조건에 만족할 경우 반복이 수행됩니다.

WHILE문의 기본 구조
WHILE 조건 : 　결과 ;

WHILE 뒤에 반복될 조건을 명시하고 해당 조건에 부합되면 반복되는 결과를 처리합니다. 실습으로 확인해 봅니다.

```
T_SUM = 0
I = 1

while I < 101:

    T_SUM = T_SUM + I

    I = I + 1

print(T_SUM)
```

```
WHILE_EXAM.py ×
1
2        T_SUM = 0
3        I = 1
4
5      ⊖while I < 101:
6
7            T_SUM = T_SUM + I
8
9     ⊖      I = I + 1
10
11       print(T_SUM)
```

```
Run:    WHILE_EXAM ×
 ▶   ↑   C:\Python\Control_Practice\venv\Scripts\python.exe
 ■   ↓   5050
 ⊞  ⇥
 ★  ⇥    Process finished with exit code 0
     🖶
     🗑
```

<그림 03_3_1 조건 반복 WHILE을 이용한 1부터 100까지 모두 더하기>

코드를 살펴봅니다. 먼저 두 개의 변수를 선언했습니다. T_SUM과 I에 각각 0과 1을 입력해 두었습니다. 그리고 조건 반복이 수행됩니다. 1이 입력된 I값이 101보다 작으면 반복이 수행됩니다. 반복 결과는 T_SUM에 I값을 계속 더해줍니다. 그리고 I값에 1을 더해 주게 되죠. 그리고 다시 조건을 묻습니다. 이렇게 계속 반복되며 I값이 101보다 크거나 같아지면 반복이 중단됩니다. 마지막에 I값을 모두 더한 T_SUM을 출력해 주는 코드입니다. 즉, 1부터 100까지 모두 더한 결과입니다. 이 코드에서 I값이 한번 반복될 때마다 1씩 더해주는 부분이 가장 중요합니다. 만약 I값에 변화가 없다면 계속 1의 값을 가지므로 무한 반복이 됩니다.

충분히 이해가 되시죠? WHILE은 조건 반복으로 조건이 충족되면 반복문이 수행됩니다. 그러면 다음 연습 문제를 풀어 볼까요?

연습 문제 ▶

WHILE문을 활용하여 1에서 100까지 3의 배수에 대한 총합을 구하세요.

```
T_SUM = 0
I = 1
```

```
while I < 101:

    if I % 3 == 0:
        T_SUM = T_SUM + I

    I = I + 1

print(T_SUM)
```

```
WHILE_EXAM.py ×
1
2       T_SUM = 0
3       I = 1
4
5    ⊟while I < 101:
6
7           if I % 3 == 0:
8               T_SUM = T_SUM + I
9
10     ⊙    I = I + 1
11
12      print(T_SUM)
```

```
WHILE_EXAM ×
C:\Python\Control_Practice\venv\Scripts\python.exe
1683

Process finished with exit code 0
```

<그림 03_3_2 조건 반복 WHILE을 이용한 1부터 100까지 3의 배수 모두 더하기>

앞서 FOR문의 연습 문제와 유사합니다. FOR문을 WHILE문으로 변경한 것뿐이죠. T_SUM에 I값을 더해 줄 때 조건이 추가되었습니다. 해당 조건은 I값이 3의 배수인 경우에만 계속 더해주도록 한 코드입니다. 3의 배수는 결국 3으로 나누어 0이 되는 값이므로 자투리 연산자인 %를 사용하여 구했습니다. 또 한 가지 중요한 부분은 I값이 반복되며 1씩 증가하는 코드인데요. 3의 배수인 경우에만 1씩 증가하는 것이 아니죠. 따라서 조건문에 포함되는 게 아니고 조건 반복문 내에 포함되어야 합니다. 들여쓰기를 유심히 살펴보시기 바랍니다.

FOR문과 WHILE문의 차이점도 알아 두면 좋습니다. I값(변수가 꼭 I가 아닐 수도 있습니다.)의 변화인데요. FOR문의 경우 범위 내에서 자동 증가하지만 WHILE문의 경우 자동 증가하지 않습니다. 이점이 큰 차이점입니다.

④ 종합 실습 1

지금까지 학습했던 모든 내용을 종합하여 실습문제를 풀어 봅니다.

실습 문제 1 ▶

1에서 100까지 수를 10씩 나누어 10X10의 행렬로 아래와 같은 결과가 나오도록 출력하세요.

정답 내용을 보기 전에 충분히 고민해 보고 직접 코드를 만들어 보세요. 그리고 작성한 내용과 풀이 과정을 비교하며 실력을 쌓아 가세요.

```
Run:    Total_Test ×
▶  ↑     1  2  3  4  5  6  7  8  9  10
■  ↓     11 12 13 14 15 16 17 18 19 20
         21 22 23 24 25 26 27 28 29 30
         31 32 33 34 35 36 37 38 39 40
         41 42 43 44 45 46 47 48 49 50
🖈 🖨     51 52 53 54 55 56 57 58 59 60
         61 62 63 64 65 66 67 68 69 70
         71 72 73 74 75 76 77 78 79 80
         81 82 83 84 85 86 87 88 89 90
         91 92 93 94 95 96 97 98 99 100

Process finished with exit code 0
```

<그림 03_4_1 실습 문제 1의 결과>

FOR문을 사용한 경우	WHILE문을 사용한 경우

for i in range(1, 101):
 	
  if i % 10 == 0:
    print(i)
  else:
    print(i, ' ', end='')
	i = 1
	
	while i < 101:
	
	  if i % 10 == 0:
	    print(i)
	  else:
	    print(i, ' ', end='')
	
	  i = i + 1

FOR문과 WHILE문 두 가지 경우로 접근이 가능합니다. 단 WHILE문을 사용할 때 조건이 증가하도록 처리하는 부분(i = i + 1)은 놓치지 마세요. 그 외 반복 결과를 출력하는 부분은 동일하게 구성됩니다. 모든 코드는 단계적으로 작성하는 것이 좋습니다. FOR문을 기준으로 설명하겠습니다.

STEP 1

```
for i in range(1, 101):

    print(i)
```

가장 먼저 1에서 100까지 수가 반복하며 출력되는 가장 기본적인 코드를 완성합니다.

STEP 2

```
for i in range(1, 101):

    print(i, ' ', end='')
```

STEP 1의 기본 코드는 결과가 세로로 출력이 됩니다. 이를 가로로 출력되도록 end=''를 사용해서 코드를 수정해 줍니다.

STEP 3

```
for i in range(1, 101):

    if i % 10 == 0:
        print(i)
    else:
      print(i, ' ', end='')
```

마지막으로 10개씩 끊어서 다음 줄에서 출력되도록 합니다. 10의 배수일 경우 다음 줄로 이동하는 것이죠. 10의 배수는 결국 10으로 나누었을 때 나머지가 0인 값이죠. 조건에 따라 print 코드가 달라집니다.

FOR문을 이용한 경우

```
1
2  for i in range(1, 101):
3
4      if i % 10 == 0:
5          print(i)
6      else:
7          print(i, ' ', end='')
```

WHILE문을 이용한 경우

```
1
2  while i < 101:
3
4      if i % 10 == 0:
5          print(i)
6      else:
7          print(i, ' ', end='')
8
9      i = i + 1
```

<그림 03_4_2 FOR문과 WHILE문을 활용한 실습 문제 1 파이썬 코드>

실습 문제 2 ·

실습 문제 1을 확장하여 3의 배수가 나올 경우 0으로 바꿔 출력하세요.

```
Run:    Total_Test ×
  1  2  0  4  5  0  7  8  0  10
  11  0  13  14  0  16  17  0  19  20
  0  22  23  0  25  26  0  28  29  0
  31  32  0  34  35  0  37  38  0  40
  41  0  43  44  0  46  47  0  49  50
  0  52  53  0  55  56  0  58  59  0
  61  62  0  64  65  0  67  68  0  70
  71  0  73  74  0  76  77  0  79  80
  0  82  83  0  85  86  0  88  89  0
  91  92  0  94  95  0  97  98  0  100

Process finished with exit code 0
```

<그림 03_4_3 실습 문제 2의 결과>

```
for i in range(1, 101):

    output = i

    if output % 3 == 0:
        output = 0

    if i % 10 == 0:
        print(output)
    else:
        print(output, ' ', end='')
```

Total_Test.py ×

```python
1
2    for i in range(1, 101):
3
4        output = i
5
6        if output % 3 == 0:
7            output = 0
8
9        if i % 10 == 0:
10           print(output)
11       else:
12           print(output, ' ', end='')
```

<그림 03_4_4 실습 문제 2의 파이썬 코드>

실습 문제 1과 달라진 부분은 출력 값이 기존 i에서 output으로 변경된 부분입니다. output을 선언하고 i값을 저장한 후 해당 output이 3으로 나누어 나머지가 0일 경우 출력 값을 0으로 처리하는 코드가 추가되었습니다. WHILE문을 사용한 코드는 여러분이 직접 작성해 보세요.

⑤ 종합 실습 2

다음 표는 '가나다' 기업의 각 사업부별 이번 달 판매 목표와 20일까지의 현 판매 금액입니다.

사업부	판매 금액 (20일차) *KRW 백만원*	
	현 판매	판매 목표
A사업부	27,683	32,577
B사업부	24,382	39,997
C사업부	18,335	21,471
D사업부	6,904	10,818

<표 03_5_1 '가나다' 기업의 각 사업부별 현 판매 금액과 목표 판매 금액>

표 내용을 바탕으로 다음의 실습 문제를 풀어보세요.

실습 문제 3

표 03_5_1의 각 사업부별 이름과 현 판매 그리고 판매 목표를 리스트로 선언하여 출력하세요. (총 4 개의 리스트)

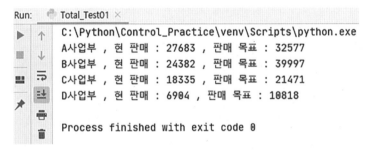

```
Run:    Total_Test01 ×
        C:\Python\Control_Practice\venv\Scripts\python.exe
        A사업부 , 현 판매 : 27683 , 판매 목표 : 32577
        B사업부 , 현 판매 : 24382 , 판매 목표 : 39997
        C사업부 , 현 판매 : 18335 , 판매 목표 : 21471
        D사업부 , 현 판매 : 6904 , 판매 목표 : 10818

        Process finished with exit code 0
```

<그림 03_5_1 실습 문제 3의 결과>

```
DIV_A = ['A사업부', 27683, 32577]
DIV_B = ['B사업부', 24382, 39997]
DIV_C = ['C사업부', 18335, 21471]
DIV_D = ['D사업부', 6904, 10818]

print (DIV_A[0], ", 현 판매 :", DIV_A[1], ", 판매 목표 :", DIV_A[2])
print (DIV_B[0], ", 현 판매 :", DIV_B[1], ", 판매 목표 :", DIV_B[2])
```

```
print (DIV_C[0], ", 현 판매 :", DIV_C[1], ", 판매 목표 :", DIV_C[2])
print (DIV_D[0], ", 현 판매 :", DIV_D[1], ", 판매 목표 :", DIV_D[2])
```

```
📄 Total_Test01.py ×
1
2      DIV_A = ['A사업부', 27683, 32577]
3      DIV_B = ['B사업부', 24382, 39997]
4      DIV_C = ['C사업부', 18335, 21471]
5      DIV_D = ['D사업부', 6904, 10818]
6
7      print (DIV_A[0], ", 현 판매 :", DIV_A[1], ", 판매 목표 :", DIV_A[2])
8      print (DIV_B[0], ", 현 판매 :", DIV_B[1], ", 판매 목표 :", DIV_B[2])
9      print (DIV_C[0], ", 현 판매 :", DIV_C[1], ", 판매 목표 :", DIV_C[2])
10     print (DIV_D[0], ", 현 판매 :", DIV_D[1], ", 판매 목표 :", DIV_D[2])
```

<그림 03_5_2 실습 문제 3의 코드>

너무 쉬운 문제죠? 리스트는 일반 변수처럼 선언하되 양 끝에 대 괄호([ ])을 입력하고 각 변수 사이에 쉼표(,)로 구분합니다. 그리고 리스트는 '0'번부터 시작인 것도 꼭 기억하세요. 혹시 기억이 안 나시면 '기초 다지기' LIST를 다시 학습하셔도 좋습니다.

실습 문제 4 •

각 사업부의 현 판매 금액을 기준으로 30일까지의 최종 판매 금액을 산출하세요.

```
Run:   📄 Total_Test01 (1) ×
▶  ↑   C:\Python\Control_Practice\venv\Scripts\python.exe C:/Python/Control_Practice/Total_Test01.py
■  ↓   A사업부 , 현 판매 : 27683 , 판매 목표 : 32577 , 최종 판매 : 41524.5
       B사업부 , 현 판매 : 24382 , 판매 목표 : 39997 , 최종 판매 : 36573.0
   ↔   C사업부 , 현 판매 : 18335 , 판매 목표 : 21471 , 최종 판매 : 27502.5
   ↴   D사업부 , 현 판매 : 6904 , 판매 목표 : 10818 , 최종 판매 : 10356.0
📌 🖨
   🗑   Process finished with exit code 0
```

<그림 03_5_3 실습 문제 4의 결과>

```
DIV_A = ['A사업부', 27683, 32577]
DIV_B = ['B사업부', 24382, 39997]
DIV_C = ['C사업부', 18335, 21471]
DIV_D = ['D사업부', 6904, 10818]
```

```
F_SALES_A = (DIV_A[1]*30)/20
DIV_A.append(F_SALES_A)
F_SALES_B = (DIV_B[1]*30)/20
DIV_B.append(F_SALES_B)
F_SALES_C = (DIV_C[1]*30)/20
DIV_C.append(F_SALES_C)
F_SALES_D = (DIV_D[1]*30)/20
DIV_D.append(F_SALES_D)

print (DIV_A[0], ", 현 판매 :", DIV_A[1], ", 판매 목표 :", DIV_A[2], ", 최종 판매 :", DIV_A[3])
print (DIV_B[0], ", 현 판매 :", DIV_B[1], ", 판매 목표 :", DIV_B[2], ", 최종 판매 :", DIV_B[3])
print (DIV_C[0], ", 현 판매 :", DIV_C[1], ", 판매 목표 :", DIV_C[2], ", 최종 판매 :", DIV_C[3])
print (DIV_D[0], ", 현 판매 :", DIV_D[1], ", 판매 목표 :", DIV_D[2], ", 최종 판매 :", DIV_D[3])
```

```
Total_Test01.py

1
2     DIV_A = ['A사업부', 27683, 32577]
3     DIV_B = ['B사업부', 24382, 39997]
4     DIV_C = ['C사업부', 18335, 21471]
5     DIV_D = ['D사업부', 6904, 10818]
6
7     F_SALES_A = (DIV_A[1]*30)/20
8     DIV_A.append(F_SALES_A)
9     F_SALES_B = (DIV_B[1]*30)/20
10    DIV_B.append(F_SALES_B)
11    F_SALES_C = (DIV_C[1]*30)/20
12    DIV_C.append(F_SALES_C)
13    F_SALES_D = (DIV_D[1]*30)/20
14    DIV_D.append(F_SALES_D)
15
16    print (DIV_A[0], ", 현 판매 :", DIV_A[1], ", 판매 목표 :", DIV_A[2], ", 최종 판매 :", DIV_A[3])
17    print (DIV_B[0], ", 현 판매 :", DIV_B[1], ", 판매 목표 :", DIV_B[2], ", 최종 판매 :", DIV_B[3])
18    print (DIV_C[0], ", 현 판매 :", DIV_C[1], ", 판매 목표 :", DIV_C[2], ", 최종 판매 :", DIV_C[3])
19    print (DIV_D[0], ", 현 판매 :", DIV_D[1], ", 판매 목표 :", DIV_D[2], ", 최종 판매 :", DIV_D[3])
```

<그림 03_5_4 실습 문제 4의 코드>

자, 이번엔 연산자를 활용하여 최종 판매 금액을 산출했습니다. 현 판매 금액을 30일로 곱하고 현재
일자가 20일이므로 다시 20으로 나누어 구했습니다.

최종 판매 금액 = (현 판매 금액 X 30) / 20

그리고 'append' 명령을 통해 각 사업부의 리스에 최종 판매 금액을 추가했습니다.

각 사업부의 최종 판매 금액의 판매 목표 대비 달성율을 산출하고 실습 문제 4와 같이 출력하세요.

```
Run:    Total_Test01 (1) ×
▶  ↑    C:\Python\Control_Practice\venv\Scripts\python.exe C:/Python/Control_Practice/Total_Test01.py
■  ↓    A사업부 , 현 판매 : 27683 , 판매 목표 : 32577 , 최종 판매 : 41524.5 , 달성률 : 127 %
        B사업부 , 현 판매 : 24382 , 판매 목표 : 39997 , 최종 판매 : 36573.0 , 달성률 : 91 %
⊞  ⇥    C사업부 , 현 판매 : 18335 , 판매 목표 : 21471 , 최종 판매 : 27502.5 , 달성률 : 128 %
   ⇟    D사업부 , 현 판매 : 6904 , 판매 목표 : 10818 , 최종 판매 : 10356.0 , 달성률 : 96 %
📌 
   🖶   Process finished with exit code 0
   🗑
```

<그림 03_5_5 실습 문제 5의 결과>

달성율은 간단하게 구할 수 있습니다. 최종 판매 금액을 목표 금액으로 나누고 100을 곱하면 됩니다.

달성율 = (목표 판매 금액 / 최종 판매 금액) X 100

```
DIV_A = ['A사업부', 27683, 32577]
DIV_B = ['B사업부', 24382, 39997]
DIV_C = ['C사업부', 18335, 21471]
DIV_D = ['D사업부', 6904, 10818]


F_SALES_A = (DIV_A[1]*30)/20
RATE_A = round((F_SALES_A / DIV_A[2])*100)
DIV_A.extend([F_SALES_A, RATE_A])


F_SALES_B = (DIV_B[1]*30)/20
RATE_B = round((F_SALES_B / DIV_B[2])*100)
DIV_B.extend([F_SALES_B, RATE_B])


F_SALES_C = (DIV_C[1]*30)/20
RATE_C = round((F_SALES_C / DIV_C[2])*100)
DIV_C.extend([F_SALES_C, RATE_C])


F_SALES_D = (DIV_D[1]*30)/20
RATE_D= round((F_SALES_D / DIV_D[2])*100)
DIV_D.extend([F_SALES_D, RATE_D])
```

```
print (DIV_A[0], ", 현 판매 :", DIV_A[1], ", 판매 목표 :", DIV_A[2], ", 최종 판매 :", DIV_A[3], ", 달성률 :", DIV_
A[4],"%")
print (DIV_B[0], ", 현 판매 :", DIV_B[1], ", 판매 목표 :", DIV_B[2], ", 최종 판매 :", DIV_B[3], ", 달성률 :", DIV_
B[4],"%")
print (DIV_C[0], ", 현 판매 :", DIV_C[1], ", 판매 목표 :", DIV_C[2], ", 최종 판매 :", DIV_C[3], ", 달성률 :", DIV_
C[4],"%")
print (DIV_D[0], ", 현 판매 :", DIV_D[1], ", 판매 목표 :", DIV_D[2], ", 최종 판매 :", DIV_D[3], ", 달성률 :", DIV_
D[4],"%")
```

```
Total_Test01.py ×
1    DIV_A = ['A사업부', 27683, 32577]
2    DIV_B = ['B사업부', 24382, 39997]
3    DIV_C = ['C사업부', 18335, 21471]
4    DIV_D = ['D사업부', 6904, 10818]
5
6    F_SALES_A = (DIV_A[1]*30)/20
7    RATE_A = round((F_SALES_A / DIV_A[2])*100)
8    DIV_A.extend([F_SALES_A, RATE_A])
9
10   F_SALES_B = (DIV_B[1]*30)/20
11   RATE_B = round((F_SALES_B / DIV_B[2])*100)
12   DIV_B.extend([F_SALES_B, RATE_B])
13
14   F_SALES_C = (DIV_C[1]*30)/20
15   RATE_C = round((F_SALES_C / DIV_C[2])*100)
16   DIV_C.extend([F_SALES_C, RATE_C])
17
18   F_SALES_D = (DIV_D[1]*30)/20
19   RATE_D= round((F_SALES_D / DIV_D[2])*100)
20   DIV_D.extend([F_SALES_D, RATE_D])
21
22   print (DIV_A[0], ", 현 판매 :", DIV_A[1], ", 판매 목표 :", DIV_A[2], ", 최종 판매 :", DIV_A[3], ", 달성률 :", DIV_A[4],"%")
23   print (DIV_B[0], ", 현 판매 :", DIV_B[1], ", 판매 목표 :", DIV_B[2], ", 최종 판매 :", DIV_B[3], ", 달성률 :", DIV_B[4],"%")
24   print (DIV_C[0], ", 현 판매 :", DIV_C[1], ", 판매 목표 :", DIV_C[2], ", 최종 판매 :", DIV_C[3], ", 달성률 :", DIV_C[4],"%")
25   print (DIV_D[0], ", 현 판매 :", DIV_D[1], ", 판매 목표 :", DIV_D[2], ", 최종 판매 :", DIV_D[3], ", 달성률 :", DIV_D[4],"%")
```

<그림 03_5_6 실습 문제 5의 파이썬 코드>

ROUND함수가 등장했습니다. ROUND 함수는 반올림 함수입니다. 함수 파트에서 설명 드릴 예정입니다. 또 하나 주목할 만한 코드는 'extend'입니다. 기존 LIST에 값을 추가하는 코드는 'append'인데요, append는 하나의 값을 추가하는 코드입니다. 두 개 이상의 값은 LIST에 추가하기 위해 'extend' 명령을 사용합니다. 단, 주의할 점은 append의 경우 단순히 값만 그대로 입력하지만 extend의 경우 추가될 값들 양 끝에 대괄호([ ])가 입력 된다는 점 기억해 두셔야 합니다. 예를 들어 LIST_A라는 리스트가 존재할 때 append와 extend를 이용해 값을 추가하는 코드는 다음과 같이 표현됩니다.

LIST_A.append("A")
LIST_A.extend (["A", "B"])

⑥ 종합 실습 3

이번엔 조금 복잡하고 약간 어렵습니다. 잘 고민해서 풀어 보세요.

실습 문제 6 ·

종합 실습 2에서 산출된 달성율을 기준으로 성과를 다음과 같이 산출하고 출력하세요.

100% 이상 -> A, 95-99% -> B, 91-94% -> C, 80-89% -> D, 나머지 F

```
Run:    Total_Test01 (1) ×
   ▶ ↑    C:\Python\Control_Practice\venv\Scripts\python.exe C:/Python/Control_Practice/Total_Test01.py
   ■ ↓    A사업부 , 현 판매 : 27683 , 판매 목표 : 32577 , 최종 판매 : 41524.5 , 달성률 : 127 %, 성과 : A
            B사업부 , 현 판매 : 24382 , 판매 목표 : 39997 , 최종 판매 : 36573.0 , 달성률 : 91 %, 성과 : C
   ≡ ⇥    C사업부 , 현 판매 : 18335 , 판매 목표 : 21471 , 최종 판매 : 27502.5 , 달성률 : 128 %, 성과 : A
   ⇟ ⇟    D사업부 , 현 판매 : 6904 , 판매 목표 : 10818 , 최종 판매 : 10356.0 , 달성률 : 96 %, 성과 : B
   📌 🖶
            Process finished with exit code 0
      »
```

<그림 03_6_1 실습 문제 6의 결과>

조건문을 각 사업부별로 처리하여 아래와 같이 코드를 작성해도 무방합니다.

```python
DIV_A = ['A사업부', 27683, 32577]
DIV_B = ['B사업부', 24382, 39997]
DIV_C = ['C사업부', 18335, 21471]
DIV_D = ['D사업부', 6904, 10818]

F_SALES_A = (DIV_A[1]*30)/20
RATE_A = round((F_SALES_A / DIV_A[2])*100)
if RATE_A > 99:
    PERFORM_A = "A"
elif RATE_A > 94 and RATE_A < 100:
    PERFORM_A = "B"
elif RATE_A > 90 and RATE_A < 95:
    PERFORM_A = "C"
elif RATE_A > 79 and RATE_A < 90:
    PERFORM_A = "D"
else:
    PERFORM_A = "F"
DIV_A.extend([F_SALES_A, RATE_A, PERFORM_A])
```

```python
F_SALES_B = (DIV_B[1]*30)/20
RATE_B = round((F_SALES_B / DIV_B[2])*100)
if RATE_B > 99:
    PERFORM_B = "A"
elif RATE_B > 94 and RATE_B < 100:
    PERFORM_B = "B"
elif RATE_B > 90 and RATE_B < 95:
    PERFORM_B = "C"
elif RATE_B > 79 and RATE_B < 90:
    PERFORM_B = "D"
else:
    PERFORM_B = "F"
DIV_B.extend([F_SALES_B, RATE_B, PERFORM_B])

F_SALES_C = (DIV_C[1]*30)/20
RATE_C = round((F_SALES_C / DIV_C[2])*100)
if RATE_C > 99:
    PERFORM_C = "A"
elif RATE_C > 94 and RATE_C < 100:
    PERFORM_C = "B"
elif RATE_C > 90 and RATE_C < 95:
    PERFORM_C = "C"
elif RATE_C > 79 and RATE_C < 90:
    PERFORM_C = "D"
else:
    PERFORM_C = "F"
DIV_C.extend([F_SALES_C, RATE_C, PERFORM_C])

F_SALES_D = (DIV_D[1]*30)/20
RATE_D= round((F_SALES_D / DIV_D[2])*100)
if RATE_D > 99:
    PERFORM_D = "A"
elif RATE_D > 94 and RATE_D < 100:
    PERFORM_D = "B"
elif RATE_D > 90 and RATE_D < 95:
    PERFORM_D = "C"
```

```
elif RATE_D > 79 and RATE_D < 90:
    PERFORM_D = "D"
else:
    PERFORM_D = "F"
DIV_D.extend([F_SALES_D, RATE_D, PERFORM_D])

print (DIV_A[0], ", 현 판매 :", DIV_A[1], ", 판매 목표 :", DIV_A[2], ", 최종 판매 :", DIV_A[3], ", 달성률 :", DIV_
A[4],"%, 성과 :", DIV_A[5])
print (DIV_B[0], ", 현 판매 :", DIV_B[1], ", 판매 목표 :", DIV_B[2], ", 최종 판매 :", DIV_B[3], ", 달성률 :", DIV_
B[4],"%, 성과 :", DIV_B[5])
print (DIV_C[0], ", 현 판매 :", DIV_C[1], ", 판매 목표 :", DIV_C[2], ", 최종 판매 :", DIV_C[3], ", 달성률 :", DIV_
C[4],"%, 성과 :", DIV_C[5])
print (DIV_D[0], ", 현 판매 :", DIV_D[1], ", 판매 목표 :", DIV_D[2], ", 최종 판매 :", DIV_D[3], ", 달성률 :", DIV_
D[4],"%, 성과 :", DIV_D[5])
```

하지만 각 사업부별로 성과를 산출하기 위해 각각의 조건문이 비슷하게 반복됩니다. 그래서 반복되
는 코드를 줄이고 가독성을 높이기 위해 코드를 변경했습니다. 앞서의 코드 진행과 많이 다릅니다.
조금 어렵게 느껴질 수 있습니다. 반복문과 조건문을 적절히 배치해서 처리했습니다.

```
DIV_A = ['A사업부', 27683, 32577]
DIV_B = ['B사업부', 24382, 39997]
DIV_C = ['C사업부', 18335, 21471]
DIV_D = ['D사업부', 6904, 10818]
F_SALES = []
G_RATE = []
PERFORM = []

for i in range(1, 5):

    if i == 1:
        LIST_NAME = DIV_A
    elif i == 2:
        LIST_NAME = DIV_B
    elif i == 3:
        LIST_NAME = DIV_C
    elif i == 4:
        LIST_NAME = DIV_D
```

```
    F_SALES_V = (LIST_NAME[1]*30)/20
    RATE_V = round((F_SALES_V / LIST_NAME[2]) * 100)
    F_SALES.append(F_SALES_V)
    G_RATE.append(RATE_V)

    if RATE_V > 99:
        PERFORM_V = "A"
    elif RATE_V > 94 and RATE_V < 100:
        PERFORM_V = "B"
    elif RATE_V > 90 and RATE_V < 95:
        PERFORM_V = "C"
    elif RATE_V > 79 and RATE_V < 90:
        PERFORM_V = "D"
    else:
        PERFORM_V = "F"

    PERFORM.append(PERFORM_V)

print (DIV_A[0], ", 현 판매 :", DIV_A[1], ", 판매 목표 :", DIV_A[2], ", 최종 판매 :", F_SALES[0], ", 달성률 :", G_
RATE[0],"%, 성과 :", PERFORM[0])
print (DIV_B[0], ", 현 판매 :", DIV_B[1], ", 판매 목표 :", DIV_B[2], ", 최종 판매 :", F_SALES[1], ", 달성률 :", G_
RATE[1],"%, 성과 :", PERFORM[1])
print (DIV_C[0], ", 현 판매 :", DIV_C[1], ", 판매 목표 :", DIV_C[2], ", 최종 판매 :", F_SALES[2], ", 달성률 :", G_
RATE[2],"%, 성과 :", PERFORM[2])
print (DIV_D[0], ", 현 판매 :", DIV_D[1], ", 판매 목표 :", DIV_D[2], ", 최종 판매 :", F_SALES[3], ", 달성률 :", G_
RATE[3],"%, 성과 :", PERFORM[3])
```

코드가 많이 간결해졌습니다. 하나씩 부분적으로 끊어서 설명 드리겠습니다.

CODE 1
F_SALES = [] G_RATE = [] PERFORM = []

최종판매, 달성율 그리고 성과를 별도로 저장하기 위한 LIST를 선언했습니다. 기존의 각 사업부별 LIST에 추가되는 것이 아닌 별도의 저장이 이루어집니다.

```
CODE 2
for i in range(1, 5):
```

총 4개의 사업부이므로 1부터 4까지 4번 반복되는 FOR문을 실행합니다. Range(1, 5)는 5가 되면 반복이 멈추므로 4번 반복됩니다.

```
CODE 3
if i == 1:
    LIST_NAME = DIV_A
elif i == 2:
    LIST_NAME = DIV_B
elif i == 3:
    LIST_NAME = DIV_C
elif i == 4:
  LIST_NAME = DIV_D
```

반복이 수행될 때 각 번호별로 지정된 사업부를 선정합니다. 1일 경우 A사업부가 4일 경우 D사업부가 됩니다. 이렇게 되면 반복이 수행되며 사업부별 LIST가 자동으로 변경되며 적용됩니다.

```
CODE 4
F_SALES_V = (LIST_NAME[1]*30)/20
RATE_V = round((F_SALES_V / LIST_NAME[2]) * 100)
F_SALES.append(F_SALES_V)
G_RATE.append(RATE_V)
```

자동으로 적용되는 사업부 별 LIST를 기준으로 최종판매, 달성율을 구해 줍니다. 그리고 앞서 CODE 1에서 선언한 최종 판매와 달성율 LIST(F_SALES, G_RATE)에 값을 추가해 줍니다.

```
CODE 5

if RATE_V > 99:
    PERFORM_V = "A"
elif RATE_V > 94 and RATE_V < 100:
    PERFORM_V = "B"
elif RATE_V > 90 and RATE_V < 95:
    PERFORM_V = "C"
elif RATE_V > 79 and RATE_V < 90:
    PERFORM_V = "D"
else:
  PERFORM_V = "F"


PERFORM.append(PERFORM_V)
```

이제 마지막으로 달성율의 조건에 따라 성과를 도출하고 역시 앞서 CODE 1에서 성과를 저장하기 위해 선언한 PERFORM LIST에 값을 추가해 줍니다.

```
CODE 6

print (DIV_A[0], ", 현 판매 :", DIV_A[1], ", 판매 목표 :", DIV_A[2], ", 최종 판매 :", F_SALES[0], ", 달성률 :", G_RATE[0],"%, 성과 :", PERFORM[0])
print (DIV_B[0], ", 현 판매 :", DIV_B[1], ", 판매 목표 :", DIV_B[2], ", 최종 판매 :", F_SALES[1], ", 달성률 :", G_RATE[1],"%, 성과 :", PERFORM[1])
print (DIV_C[0], ", 현 판매 :", DIV_C[1], ", 판매 목표 :", DIV_C[2], ", 최종 판매 :", F_SALES[2], ", 달성률 :", G_RATE[2],"%, 성과 :", PERFORM[2])
print (DIV_D[0], ", 현 판매 :", DIV_D[1], ", 판매 목표 :", DIV_D[2], ", 최종 판매 :", F_SALES[3], ", 달성률 :", G_RATE[3],"%, 성과 :", PERFORM[3])
```

출력할 때 기존 코드와 다르게 각각의 LIST 값을 해당 위치에 출력해 주면 됩니다.

```python
2    DIV_A = ['A사업부', 27683, 32577]
3    DIV_B = ['B사업부', 24382, 39997]
4    DIV_C = ['C사업부', 18335, 21471]
5    DIV_D = ['D사업부', 6904, 10818]
6    F_SALES = []
7    G_RATE = []
8    PERFORM = []

10   for i in range(1, 5):

12       if i == 1:
13           LIST_NAME = DIV_A
14       elif i == 2:
15           LIST_NAME = DIV_B
16       elif i == 3:
17           LIST_NAME = DIV_C
18       elif i == 4:
19           LIST_NAME = DIV_D

21       F_SALES_V = (LIST_NAME[1]*30)/20
22       RATE_V = round((F_SALES_V / LIST_NAME[2]) * 100)
23       F_SALES.append(F_SALES_V)
24       G_RATE.append(RATE_V)

26       if RATE_V > 99:
27           PERFORM_V = "A"
28       elif RATE_V > 94 and RATE_V < 100:
29           PERFORM_V = "B"
30       elif RATE_V > 90 and RATE_V < 95:
31           PERFORM_V = "C"
32       elif RATE_V > 79 and RATE_V < 90:
33           PERFORM_V = "D"
34       else:
35           PERFORM_V = "F"

37       PERFORM.append(PERFORM_V)

39   print (DIV_A[0], ", 현 판매 :", DIV_A[1], ", 판매 목표 :", DIV_A[2], ", 최종 판매 :", F_SALES[0], ", 달성률 :", G_RATE[0],"%, 성과 :", PERFORM[0])
40   print (DIV_B[0], ", 현 판매 :", DIV_B[1], ", 판매 목표 :", DIV_B[2], ", 최종 판매 :", F_SALES[1], ", 달성률 :", G_RATE[1],"%, 성과 :", PERFORM[1])
41   print (DIV_C[0], ", 현 판매 :", DIV_C[1], ", 판매 목표 :", DIV_C[2], ", 최종 판매 :", F_SALES[2], ", 달성률 :", G_RATE[2],"%, 성과 :", PERFORM[2])
42   print (DIV_D[0], ", 현 판매 :", DIV_D[1], ", 판매 목표 :", DIV_D[2], ", 최종 판매 :", F_SALES[3], ", 달성률 :", G_RATE[3],"%, 성과 :", PERFORM[3])
```

<그림 03_6_2 실습 문제 6의 파이썬 코드>

조금 어려웠나요? 이번 실습문제는 현재까지 학습한 내용을 전반적으로 모두 포함한 코드입니다. 완벽하게 내 것이 되도록 반복해서 풀고 학습해 주세요.

여기까지 전반적인 파이썬의 기본적인 설명을 모두 드렸습니다. 자료의 구조, 연산 그리고 제어문까지입니다. 늘 강조하지만 이 세가지는 어느 프로그래밍 언어를 학습하여도 가장 기본이 되는 이론입니다. 꼭, 아니 반드시 알아 두시고 반복 훈련해 주세요.

04
유용한 함수 이야기

04 유용한 함수 이야기

함수가 무엇인가요?

제어문까지 완벽하게 이해한 여러분은 이제 원하는 프로그램을 만들 준비가 완료되었습니다. 지금까지 과정만으로도 여러분은 충분히 프로그램을 만들 수 있습니다. 이제 파이썬 프로그래밍을 위한 보너스 이야기를 들려 드리겠습니다. 이번에는 프로그래밍이 좀 더 유연하게 진행되도록 도움을 주는 함수와 라이브러리에 관한 이야기를 시작합니다.

먼저 함수입니다. 함수는 반복적으로 자주 사용되는 코드를 사용자가 직접 프로그래밍 하지 않아도 쉽고 간단하게 활용하도록 도움을 주는 매우 유용한 수식입니다. 함수를 몰라도 프로그래밍을 하는 데 큰 문제는 없습니다. 다만 좀 더 고생을 할 뿐이죠. 모르면 힘들고 알면 유용한 함수의 정의부터 살펴보겠습니다.

함수는 영어로 'Function'입니다. 그래서 보통 함수식을 F(x)로 표현합니다. 수학 시간에 다들 배우셨죠? 함수의 역할은 명확합니다. 인자(x)를 전달받아(혹은 인자가 없는 경우도 있습니다.) 문제를 해결하고 결과를 반환하는 역할입니다. 함수가 모든 문제를 해결할 수 있는 것이 아닙니다. 이미 자신이 해야 할 일이 정해져 있습니다. 그때그때 수행될 임무가 변경되지는 않습니다. 정해진 규칙에 의해서 문제를 해결하는 수식입니다. 그래서 저는 함수는 '특정한 임무'를 수행한다고 설명합니다. 단체 운동으로 비유하자면 일명 '약속된 플레이'를 하는 것이죠.

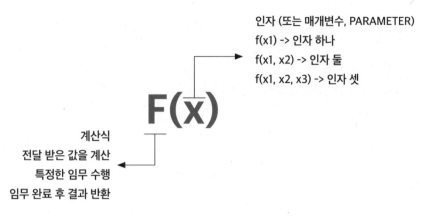

인자 (또는 매개변수, PARAMETER)
f(x1) -> 인자 하나
f(x1, x2) -> 인자 둘
f(x1, x2, x3) -> 인자 셋

F(x)

계산식
전달 받은 값을 계산
특정한 임무 수행
임무 완료 후 결과 반환

<그림 04_1_1 함수의 역할>

대부분의 프로그래밍 언어는 미처 다 써보지도 못할 만큼 꽤 많은 함수를 제공해 줍니다. 사용자는 필요에 따라 제공된 함수를 손쉽게 사용하면 그 뿐입니다. 각 언어마다 제공되는 함수는 어떤 기준으로 만들어 졌을까요? 당연히 누구나 자주 사용할 법한 코드를 미리 만들어 제공하는 것이죠. 프로그래머들은 손쉽게 함수를 사용하고 결과를 얻을 수 있지만 그 결과를 전달하는 함수 속에는 복잡한 코드가 작성되어 있습니다. 복잡한 코드를 작성해서 결과를 얻어야 하는 수고로움을 덜어주는 역할을 함수가 담당하게 되는 것이죠. 예를 들어 설명을 드리겠습니다. 다음과 같이 총 10개의 수를 리스트 객체를 이용해 변수 선언했다고 가정합니다.

LIST_NUM = [10, 2, 31, 14, 52, 6, 17, 81, 9, 11];

선언된 LIST_NUM에서 가장 큰 수를 찾는 프로그램을 작성해 봅니다.

```
LIST_NUM = [10, 2, 31, 14, 52, 6, 17, 81, 9, 11];

Max_num = 0;

for i in LIST_NUM:
  if i > Max_num:
    Max_num = i;

print(Max_num);
```

```
Function_Test.py ×
1       LIST_NUM = [10, 2, 31, 14, 52, 6, 17, 81, 9, 11];
2
3       Max_num = 0;
4
5     for i in LIST_NUM:
6           if i > Max_num:
7               Max_num = i;
8
9       print(Max_num);
```

```
Run:    Function_Test ×
▶   ↑   C:\Python\Function_Practice\venv\Scripts\python.exe
        81
■   ↓
        Process finished with exit code 0
```

<그림 04_1_2 가장 큰 수 찾기>

LIST_NUM의 길이만큼 반복을 진행하며 가장 큰 수를 찾는 내용입니다. 가장 큰 수를 저장하기 위
해 Max_num을 선언하고 최초 0을 입력합니다. 그리고 반복하며 i값과 비교하고 i값이 기존 Max_
num값 보다 클 경우 Max_num에 i값을 대입해 줍니다. 반복이 완료되면 Max_num에 담긴 마지막
값이 출력되는데 가장 큰 수가 되겠죠. 프로그래밍이 익숙하지 않은 분들에게 다소 복잡하게 보이
는 코드입니다. 그런데 이 내용을 단 한 줄로 해결할 수가 있습니다.

```
LIST_NUM = [10, 2, 31, 14, 52, 6, 17, 81, 9, 11];

print(max(LIST_NUM));
```

```
Function_Test.py ×
1       LIST_NUM = [10, 2, 31, 14, 52, 6, 17, 81, 9, 11];
2
3       print(max(LIST_NUM));
4
```

```
Run:    Function_Test ×
▶   ↑   C:\Python\Function_Practice\venv\Scripts\python.exe
        81
■   ↓
        Process finished with exit code 0
```

<그림 04_1_3 함수를 이용하여 가장 큰 수 찾기>

제공된 함수 max()를 활용하면 정말 쉽게 결과를 얻을 수 있습니다. 다소 복잡하고 길어 질 수 있는
코드가 함수 하나로 간단하게 구현됩니다. 왜 함수를 이용하면 유용한지 충분히 설명이 되었죠? 파
이썬에서 제공되는 유용한 함수는 어떤 것들이 있는지 알아보겠습니다.

② 반올림과 난수 그리고 모듈(Module)

함수는 자주 쓰이고 많이 활용될 법한 코드를 사용자가 직접 프로그래밍 하지 않도록 도움을 주는 매우 유용한 수식이라 말씀드렸습니다. 그 중에서도 가장 많이 활용되는 수학, 문자 그리고 날짜 함수에 대해 학습해 보겠습니다. 여기서는 당연히 파이썬에서 제공하는 모든 함수를 담고 있지는 않습니다. 다만, 어떤 프로그래밍 언어에서든 정말 많이 유용하게 활용되는 함수들입니다. 되도록이면 함수 이름만이라도 외워 두시면 많은 도움을 받을 수 있습니다.

수학 함수부터 확인하겠습니다. 모든 프로그래밍 언어에서는 참 많은 수학 함수를 제공합니다. 그래서 그들을 모두 소개하고 무엇을 의미하는지 설명하기는 곤란하죠. 더욱이 수학적 의미는 더욱 그렇습니다. 이번 장에서 소개할 수학 함수는 딱 두 가지입니다. 반올림 함수와 난수 발생 함수입니다. 반올림 함수는 Part 04의 종합 문제를 풀며 잠시 다루었습니다. 반올림 함수인 ROUND는 2개의 인자를 필요로 합니다. 인자가 무엇인지는 알고 계시죠? 함수를 학습하며 인자가 무엇인지 모른다면 곤란합니다. 혹시 기억이 안 나시면 1장 '함수가 무엇인가요'를 다시 점검하고 학습해 주세요.

ROUND 함수
ROUND(x1, x2)

첫 번째 인자인 x1은 반올림 처리될 실수를 의미합니다. 그리고 두 번째 인자인 x2는 해당 실수를 소수점 아래 몇 번째 자리까지 반올림 진행할 것인지를 나타냅니다. 두 번째 인자는 생략이 가능하죠. 바로 실습을 통해 확인해 보겠습니다.

```
Num = 123.456

RODUN_T01 = round(Num)
RODUN_T02 = round(Num, 1)
RODUN_T03 = round(Num, 2)

print("RODUN_T01 =", RODUN_T01,": RODUN_T02 =", RODUN_T02,": RODUN_T03 =", RODUN_T03)
```

```
🐍 Round.py ×
1
2       Num = 123.456
3
4       RODUN_T01 = round(Num)
5       RODUN_T02 = round(Num, 1)
6       RODUN_T03 = round(Num, 2)
7
8       print("RODUN_T01 =", RODUN_T01,": RODUN_T02 =", RODUN_T02,": RODUN_T03 =", RODUN_T03)
```

```
Run:    🐍 Round ×
▶   ↑    C:\Python\Function_Practice\venv\Scripts\python.exe C:/Python/Function_Practice/Round.py
■   ↓    RODUN_T01 = 123 : RODUN_T02 = 123.5 : RODUN_T03 = 123.46

         Process finished with exit code 0
```

<그림 04_2_1 ROUND 함수>

변수 Num에 실수 123.456을 저장했습니다. 변수 RODUN_T01의 첫 번째 결과는 반올림된 결과를 정수형으로 출력하는 것입니다. 두 번째 결과 RODUN_T02는 소수점 첫 번째 자리까지 출력되도록 했으니 0.456이 0.5가 된 것이죠. 세 번째 결과 RODUN_T03은 소수점 두 번째 자리까지 반올림된 결과가 출력되니 0.456이 0.46으로 출력된 것입니다. 반올림 함수 너무 쉽죠? 하지만 사용 범위가 매우 넓고 자주 활용되는 함수입니다. 계속해서 난수 발생 함수를 알아보겠습니다.

난수를 발생시키는 함수를 활용하기 위해서는 일단 random 모듈을 호출해야 합니다. 모듈이라는 새로운 용어가 등장했습니다. 모듈은 유사한 기능을 묶어 언제나 쉽게, 반복해서 사용 가능하도록 처리된 구성 요소의 집합체를 의미합니다. 다시 말하면 기능별 묶음을 의미하게 되죠. 객체 지향 언어의 핵심이라 할 수 있는 특징 중에 하나인데요. 객체 지향 언어에 대한 설명 기억 나시죠? 객체를 구성하는 단위 중에 하나가 바로 이 모듈입니다. 여러 모듈이 결합되어 하나의 객체를 이루게 되는 것이죠.

<그림 04_2_2 다양한 모듈로 구성된 자동차 객체>

그런데 가만히 생각해보면 모듈도 또 다른 모듈이 결합되어 구성될 수 있습니다. 자동차를 구성했던 모듈 중 예를 들자면 엔진 모듈처럼 말이죠.

<그림 04_2_3 또 다른 모듈로 구성된 엔진 모듈>

이렇게 엔진을 구성한 모듈은 또 다시 세부 모듈이 결합되어 만들어 지게 되겠죠? 그래서 결국 모듈도 하나 하나의 객체라 볼 수 있습니다. 이제 우리는 혼란을 최소화하기 위해 모듈이라는 용어대신 모두 객체라는 용어로 사용하겠습니다. 늘 강조하지만 용어에 너무 민감하게 반응하고 많은 시간을 투자하지 마세요. 용어야말로 시간이 약입니다. 자연스럽게 알게 되는 날이 옵니다.

자, 그럼 우린 약속대로 난수를 발생시키기 위해 random 객체를 활용해 보도록 하겠습니다.

RANDOM 객체의 호출
import random

Random 객체를 파이썬에서 활용하기 위해서는 위와 같이 import 명령을 통해 호출합니다. 이후 객체, 인터프리터(interpreter), 라이브러리(library) 등을 호출할 때는 주로 import 명령이 사용됩니다. 중요하니까 꼭 외워 두세요. 그리고 난수를 발생시키는 함수는 random( )입니다. random 객체에서 random 함수, 즉 메서드를 사용하므로 다음과 같은 코드로 작성하면 됩니다.

RANDOM 객체의 호출과 RANDOM 함수
import random random.random()

객체 명 뒤에 점(.)을 찍고 메서드나 속성을 명시하는 방법에 대해서는 객체를 설명하며 충분히 말씀드렸습니다. import random에서 특별한 별칭을 사용하지 않았기 때문에 객체 이름은 그대로 random입니다. 만약 별칭을 사용하여 객체를 이용한다면 다음과 같이 코드가 작성됩니다.

RANDOM 객체의 별칭과 별칭을 활용한 RANDOM 함수
import random as RD RD.random()

RD라는 별칭, 즉 인스턴스 객체를 생성하고 random 객체의 권한을 모두 위임 받았습니다.

import random as RD RD_Num = RD.random() print (RD_Num)

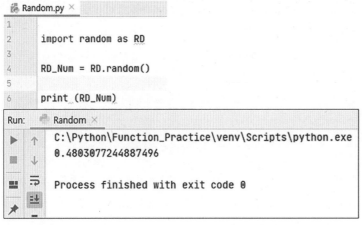

<그림 04_2_4 RANDOM 함수>

random 함수는 0에서 1사이의 값을 무작위로 추출해서 출력합니다.

이쯤에서 또 한가지 생각해 볼 부분이 있습니다. 앞서 함수를 설명 드리며 함수는 f(x)라고 말씀 드렸습니다. 여기서 x는 인자가 되겠죠. round함수의 경우도 전달된 인자를 받아 처리 후 결과를 전달해 줍니다. 그런데 random 함수의 경우 f(x)가 아닌 f()입니다. 인자가 없습니다. 따라서 함수는 반드시 인자를 전달받아 처리한 결과만 전달하는 것은 아니라는 점이죠. 인자가 없는 함수도 존재합니다. 이점도 꼭 기억해 주세요.

이제 반올림 함수와 난수 발생 함수를 활용하여 다음 실습 문제를 풀어 보겠습니다. 충분히 고민하시며 풀어 보세요.

실습 문제 1 ·

총 6개의 난수를 생성하여 로또(Lotto)번호를 출력하세요.

```
Run:    Lotto ×
        C:\Python\Function_Practice\venv\Scripts\python.exe C:/Python/Function_Practice/Lotto.py
        4
        14
        31
        28
        37
        51

        Process finished with exit code 0
```

<그림 04_2_5 Lotto번호 생성 결과>

```
import random as RD

for i in range(1,7):

    RD_Num = RD.random()
    Lotto_Num = round(RD_Num * 100)

    if Lotto_Num > 45:
        Lotto_Num = 100 - Lotto_Num

    print(Lotto_Num)
```

```
 Lotto.py ×
1
2     import random as RD
3
4     for i in range(1,7):
5
6         RD_Num = RD.random()
7         Lotto_Num = round(RD_Num * 100)
8
9         if Lotto_Num > 45:
10            Lotto_Num = 100 - Lotto_Num
11
12        print(Lotto_Num)
```

<그림 04_2_6 Lotto번호 생성 파이썬 코드>

코드를 설명 드리겠습니다. 가장 먼저 import 명령을 통해 random 객체를 RD라는 별칭으로 호출했습니다. 총 6개의 난수가 생성되어야 합니다. 따라서 반복문(for)을 수행합니다. i값이 1부터 7이 되면 중단되도록 구현합니다. 총 6번이 반복됩니다. 난수는 RD_Num이라는 변수에 저장합니다. 난수는 0에서 1사이의 무작위 값이므로 이를 1에서 100사이의 값으로 변경하기 위해 RD_Num에 100을 곱해줍니다. 그리고 round함수를 이용하여 소수점을 제거하고 Lotto_Num에 저장합니다. Lotto 번호는 1부터 45사이의 값이므로, 만약 Lotto_Num이 45보다 클 경우 100에서 Lotto_Num을 빼서 45이하의 값으로 만들어 주는 코드를, 조건문을 통해 작성했습니다.

③ 문자열 길이조절과 문자 변경

프로그래밍을 진행하다 보면 의외로 문자열의 길이를 조절할 경우가 꽤 많이 발생합니다. 그렇기 때문에 대부분의 프로그래밍 언어에서는 문자열의 길이를 조절하도록 함수를 제공하게 됩니다. 엑셀 사용해 보신 분들도 알고 계신 left, right 등이 바로 문자열 길이 조절 함수에 해당합니다. 날짜 함수와 함께 그 사용 빈도가 꽤 높은 함수들입니다. 하지만 파이썬에서는 문자열의 길이를 조절하는 방법이 함수를 이용하는 것보다 더 쉽고 간단합니다. 바로 확인해 보겠습니다.

```
Str = '문자열 길이 조절 하기'

C_Str = Str[0:3]

print(C_Str)
```

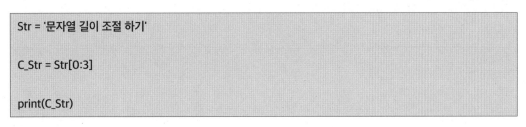

```
String_F.py ×
1
2       Str = '문자열 길이 조절 하기'
3
4       C_Str = Str[0:3]
5
6       print(C_Str)
Run:       String_F ×
▶   ↑   C:\Python\Function_Practice\venv\Scripts\python.exe
■   ↓   문자열
            Process finished with exit code 0
```

<그림 04_3_1 문자열 길이 조절 파이썬 코드>

너무 간단하지 않나요? 파이썬에서는 left, right, substring등 별도의 함수가 필요 없습니다. 대괄호 ([ ])를 통해 간단하게 해결됩니다.

문자열[시작지점 : 종료지점]

<그림 04_3_2 문자열 길이 조절>

대괄호에 전달되는 숫자(인덱스, index)는 콜론(:)을 중심으로 앞에 숫자가 조절될 문자열의 시작 위치, 뒤에 숫자가 시작 위치부터 출력될 문자의 종료 위치를 의미합니다. 시작이 1이 아닌 0부터라는 점만 유의하시면 됩니다. 위 코드는 Str에 저장된 문자열에서 0번째 자리에서 시작해서 3번째 자

리까지 문자를 끊어서 C_Str에 저장하고 출력하는 코드가 됩니다.

```
Str = '문자열 길이 조절 하기'

C_Str = Str[:3]
C_Str2 = Str[4:6]
C_Str3 = Str[7:]

print(C_Str)
print(C_Str2)
print(C_Str3)
```

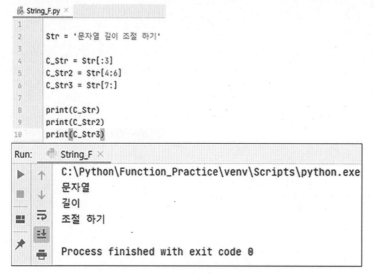

<그림 04_3_3 문자열 길이조절 파이썬 코드2>

시작 지점과 종료 지점은 각각 생략이 가능합니다. 시작 시점이 생략되면 무조건 0번째 자리부터, 종료 지점이 생략되면 시작 지점부터 끝까지 출력되는 것이죠. 왠지 문자열이 앞서 학습한 LIST객체와 비슷하다는 생각이 드시나요? 만약 글자를 하나씩 출력하고자 할 때는 해당 문자의 위치 번호만 대괄호에 입력해 주면 끝입니다.

```
Str = '문자열 길이 조절 하기'

C_Str = Str[4]

print(C_Str)
```

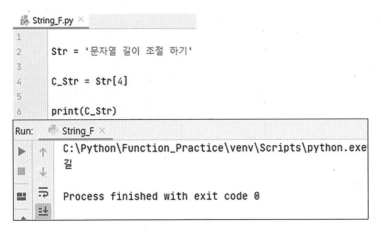

```
String_F.py ×
1
2      Str = '문자열 길이 조절 하기'
3
4      C_Str = Str[4]
5
6      print(C_Str)
```

```
Run:    String_F ×
▶   ↑   C:\Python\Function_Practice\venv\Scripts\python.exe
■   ↓   길
            
🖥  ⥮   Process finished with exit code 0
    ⬇
```

<그림 04_3_4 문자열 길이 조절 파이썬 코드3>

이번에는 전체 문자열의 길이와 찾는 문자의 위치를 반환하는 함수입니다.

문자열 길이와 위치 반환 함수
Len(x1)
문자열 변수.Find(x1)

len은 문자열의 길이를, find는 찾는 문자열의 위치를 숫자(index)로 반환합니다. 단, find 함수를 사용할 때 찾을 문자가 포함된 문자열 변수가 객체처럼 활용되어 처리됩니다.

```
Str = '문자열 길이 조절 하기'

Str_Len = len(Str)
F_Str = Str.find("길")

print(Str_Len)
print(F_Str)
```

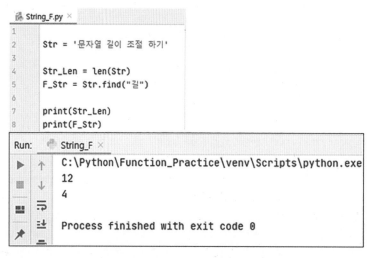

```
String_F.py
1
2      Str = '문자열 길이 조절 하기'
3
4      Str_Len = len(Str)
5      F_Str = Str.find("길")
6
7      print(Str_Len)
8      print(F_Str)
```

```
Run:    String_F
▶   ↑    C:\Python\Function_Practice\venv\Scripts\python.exe
■   ↓    12
        4
⊞   ⇥
        Process finished with exit code 0
✦   ⇟
```

<그림 04_3_5 문자열 길이와 위치 반환 함수 파이썬 코드>

마지막으로 특정 문자를 찾아 우리가 원하는 문자로 변경하여 출력해 주는 매우 유용한 함수에 대해 설명 드리겠습니다. 특정 문자를 변경해 주는 함수는 모든 프로그래밍 언어에서 매우 폭넓게 활용되는 중요한 함수입니다.

특정 문자 변경 함수
문자열 변수. replace(x1, x2, [x3])

주어진 문자열에서 특정 문자를 찾아 변경해 주는 함수는 replace입니다. 총 3개의 인자를 전달받아 처리 후 반환합니다. x1은 문자열에서 찾을 대상문자, 즉 변경하고자 하는 대상 문자가 되고 x2는 변경할 문자를 의미합니다. x3는 변경 대상 문자가 해당 문자열에 반복해서 등장할 경우 앞에서부터 몇 번을 변경할 것인가를 나타내는 숫자형 인자입니다. 인자 x3는 생략이 가능합니다.

```
B_Text = '''파이썬을 학습하고 있습니다.
파이썬의 문자 함수 학습 중입니다.
파이썬의 문자 함수 중에서 Replace 함수입니다.'''

R_Text1 = B_Text.replace("파이썬","Python")
R_Text2 = B_Text.replace("파이썬","Python",2)

print(R_Text1)
print("-------------")
print(R_Text2)
```

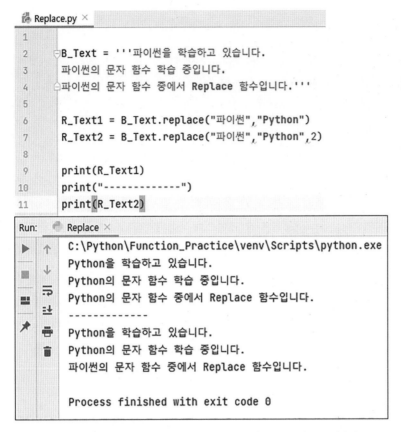

```
Replace.py ×
1
2    ⊟B_Text = '''파이썬을 학습하고 있습니다.
3     파이썬의 문자 함수 학습 중입니다.
4    ⊟파이썬의 문자 함수 중에서 Replace 함수입니다.'''
5
6     R_Text1 = B_Text.replace("파이썬","Python")
7     R_Text2 = B_Text.replace("파이썬","Python",2)
8
9     print(R_Text1)
10    print("-------------")
11    print(R_Text2)
```

```
Run:    Replace ×
    C:\Python\Function_Practice\venv\Scripts\python.exe
    Python을 학습하고 있습니다.
    Python의 문자 함수 학습 중입니다.
    Python의 문자 함수 중에서 Replace 함수입니다.
    -------------
    Python을 학습하고 있습니다.
    Python의 문자 함수 학습 중입니다.
    파이썬의 문자 함수 중에서 Replace 함수입니다.

    Process finished with exit code 0
```

<그림 04_3_6 문자열 길이와 위치 반환 함수 파이썬 코드>

첫번째 R_Text1의 출력 결과는 replace 함수에 2개의 인자를 전달하여 처리한 결과입니다. x1인 변경 대상 문자는 "파이썬"이고, x2인자인 변경할 문자는 "Python"이 됩니다. x3인자를 생략했기 때문에 대상 문자열에서 "파이썬"을 모두 찾아 변경하고 반환합니다. R_Text2의 경우는 x3인자가 "2"입니다. 따라서 대상 문자열에서 앞에서부터 "파이썬"을 2회 찾아 변경 후 반환합니다. 매우 쉽습니다. 그리고 매우 중요합니다. 쉬운 만큼 반드시 기억해 주세요.

④ 날짜 함수

이제 함수 중에서 그 중요성에서 둘째가라면 서러운 날짜 함수에 대해서 알아보겠습니다. 가장 먼저 시스템으로부터 현재의 날짜와 시간을 확인하는 함수입니다.

날짜관련 객체 호출과 시스템 날짜 함수
from datetime import datetime datetime.now()

객체(모듈) 호출 방법이 앞서의 학습 내용과 조금 다른 표현으로 작성되었습니다. Import 객체 방식은 문자 함수를 학습하며 설명 드렸습니다. 그런데 이번엔 import가 아닌 from으로 시작합니다. 일단 두 방식 모두 객체를 호출하는 방식은 맞습니다. 그러면 간단하게 import를 사용하면 될 것을 왜 굳이 from을 또 추가했을까요? 크게 보면 두 가지 이유가 있습니다.

첫 번째 이유는 datetime이라는 객체 이름 혹은 메서드(함수 등)가 다양한 객체에서 활용되기 때문입니다. 그래서 단순히 import datetime하게 되면 어느 객체 혹은 메서드를 지칭하는지 구분하기 힘들기 때문에 from 명령을 추가 삽입하게 됩니다. 이럴 경우 일반적으로 from 뒤에 명시된 이름이 객체(모듈)가 되고 import 뒤에 나오는 이름이 메서드(함수 등)가 됩니다.

두 번째는 보통 import만 사용할 경우 해당 객체의 모든 권한을 호출합니다. 이때 모든 권한이 아닌 특정한 권한을 원하는 경우 from을 사용하여 객체를 호출하고 import 뒤에 특정 권한(메서드)만 호출하는 방법으로 사용하는 것이죠. 조금 이해가 되나요? 이부분은 용어가 아닙니다. 이해가 필요한 부분입니다. 이해하려 노력해 보세요.

날짜와 관련된 함수를 다루기 위해서는 datetime 객체가 필요합니다. 그리고 시스템의 날짜와 시간을 호출하는 함수는 now( )가 됩니다.

```
from datetime import datetime as DT

Now_date_time = DT.now()

print(Now_date_time)
```

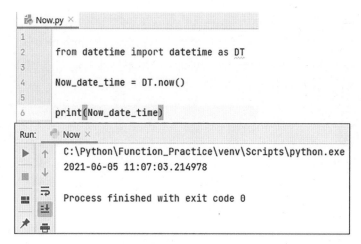

```
Now.py ×
1
2    from datetime import datetime as DT
3
4    Now_date_time = DT.now()
5
6    print(Now_date_time)
```

```
Run:    Now ×
        C:\Python\Function_Practice\venv\Scripts\python.exe
        2021-06-05 11:07:03.214978

        Process finished with exit code 0
```

<그림 04_4_1 from 명령을 통한 datetime 객체의 now함수의 파이썬 코드>

datetime 객체는 다양한 객체와 라이브러리에서 활용되고 있기 때문엔 form 명령을 통해 권한을 받아왔습니다. DT라는 별칭을 활용하였고 now 함수를 통해 시스템의 현재 날짜와 시간을 호출했습니다. datetime은 객체 이름이자 메서드이기도 합니다. 따라서 from datetime에서는 객체명이 되고 import 뒤에서는 메서드가 되는 것이죠. 그래서 단순히 import datetime으로 처리하면 구분이 힘들어 집니다. 만약 import 만으로 객체의 권한을 받아와 처리한다면 다음과 같이 작성되어야 합니다.

```
import datetime as DT

Now_date_time = DT.datetime.now()

print(Now_date_time)
```

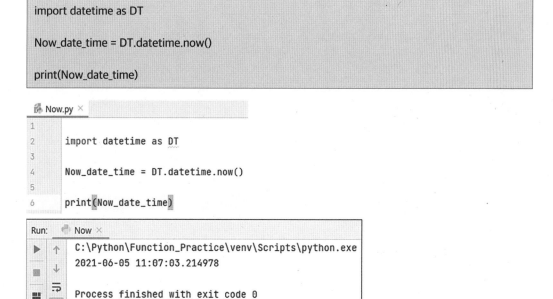

```
Now.py ×
1
2    import datetime as DT
3
4    Now_date_time = DT.datetime.now()
5
6    print(Now_date_time)
```

```
Run:    Now ×
        C:\Python\Function_Practice\venv\Scripts\python.exe
        2021-06-05 11:07:03.214978

        Process finished with exit code 0
```

<그림 04_4_2 import 명령을 통한 datetime 객체의 now함수의 파이썬 코드>

인스턴스 객체인 DT는 datetime 객체의 권한을 가집니다. 그리고 동일한 이름의 datetime이라는 메서드를 한 번 더 표현해 명확하게 구분해 줌으로써 코드가 완성됩니다. from과 import의 차이가 어느정도 이해가 되셨을 것으로 생각됩니다. 시스템 날짜를 받아오는 또 한가지. now 함수 대신 today 함수를 사용해도 동일한 결과를 얻을 수 있습니다.

```
from datetime import datetime as DT

Now_date_time = DT.today()

print(Now_date_time)
```

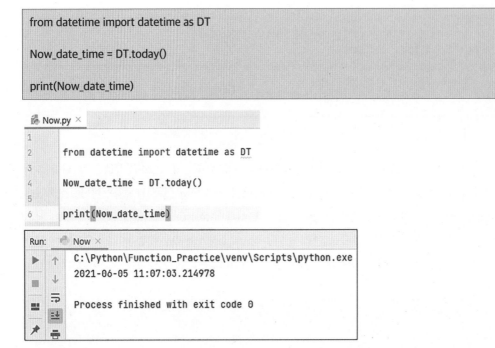

<그림 04_4_3 today함수의 파이썬 코드>

이제 날짜와 시간을 분리하여 표현하는 방법도 확인해 보겠습니다.

년	월	일	시	분	초
year	month	day	hour	minute	second

<표 04_4_1 날짜와 시간 속성>

```
from datetime import datetime as DT

Now_date = [DT.now().year, DT.today().month, DT.now().day]
Now_time = [DT.today().hour, DT.now().minute, DT.today().second]

print(Now_date)
print(Now_time)
```

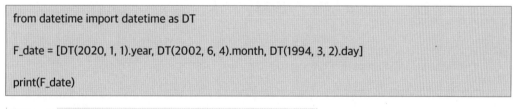

```
1
2    from datetime import datetime as DT
3
4    Now_date = [DT.now().year, DT.today().month, DT.now().day]
5    Now_time = [DT.today().hour, DT.now().minute, DT.today().second]
6
7    print(Now_date)
8    print(Now_time)
```

```
Run:    Now ×
    C:\Python\Function_Practice\venv\Scripts\python.exe
    [2021, 6, 5]
    [13, 55, 20]

    Process finished with exit code 0
```

<그림 04_4_4 날짜와 시간 분리 파이썬 코드>

now와 today 함수를 적절히 사용하여 표현했습니다. 현재의 시간에서 날짜와 시간을 년, 월, 일 그리고 시, 분, 초의 속성으로 분리하여 리스트 객체에 담아 출력하였습니다. 이번에는 시스템에서 전달된 날짜와 시간이 아닌 지정된 특정 일자를 받아 년, 월, 일로 처리한 결과를 확인해 보겠습니다.

```
from datetime import datetime as DT

F_date = [DT(2020, 1, 1).year, DT(2002, 6, 4).month, DT(1994, 3, 2).day]

print(F_date)
```

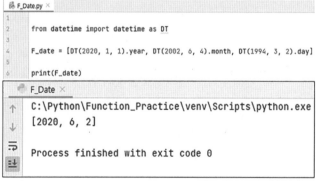

```
1
2    from datetime import datetime as DT
3
4    F_date = [DT(2020, 1, 1).year, DT(2002, 6, 4).month, DT(1994, 3, 2).day]
5
6    print(F_date)
```

```
    F_Date ×
    C:\Python\Function_Practice\venv\Scripts\python.exe
    [2020, 6, 2]

    Process finished with exit code 0
```

<그림 04_4_5 특정 일자의 년, 월, 일 확인 파이썬 코드>

별칭 DT로 선언된 datetime에 년, 월, 일 3개의 인자를 쉼표(,)로 구분하여 전달해 주면 됩니다. 이때 now와 today 함수는 빠집니다. 특정한 날짜를 전달받고 분리하는 상황은 많이 발생합니다. 그만큼 매우 유용한 표현입니다. 요일을 확인하는 함수도 계속해서 알아보겠습니다.

특정 일자의 요일 확인 함수
datetime.weekday()

```
from datetime import datetime as DT

Now_W = DT.now().weekday()
F_W = DT(2021, 1, 1).weekday()

print(Now_W)
print(F_W)
```

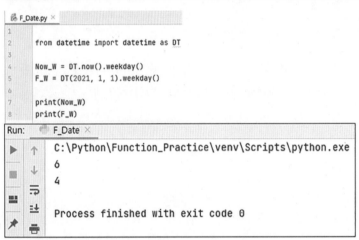

<그림 04_4_6 해당 일자의 요일을 확인하는 파이썬 코드>

변수 Now_W는 now 함수를 통해 현재 시스템 일자를 전달받아 요일을 확인한 것이며, F_W는 사용자가 지정한 특정 일자의 요일을 지장한 변수입니다. 특이한 점은 weekday 함수는 우리가 흔히 알고 있는 '월, 화, 수…'와 같이 특정 문자로 반환되는 것이 아닌 숫자형으로 값이 반환된다는 점입니다. 0이 월요일이 되며 6이 일요일이 됩니다. 위 코드에서 현재 일자, 즉 제가 이 글을 쓰는 시점의 요일은 일요일이 되고, 2021년 1월 1일은 금요일 이었다는 것을 확인할 수 있습니다. 실습문제 하나 풀어 보겠습니다.

실습 문제 2

본인의 생년월일을 각각 입력하고 해당 일자의 요일을 확인하세요. 출력은 '월요일, 화요일' 등의 문자 형태로 변환하여 출력해 주세요.

```
Run:    F_Date ×
    ↑   C:\Python\Function_Practice\venv\Scripts\python.exe
        2020
    ↓   1
    ⇄   1
    ⇊   수요일

    🖨   Process finished with exit code 0
```

<그림 04_4_7 실습 문제 2의 결과 화면>

```
from datetime import datetime as DT

Birth_Y = int(input())
Birth_M = int(input())
Birth_D = int(input())

F_W = DT(Birth_Y, Birth_M, Birth_D).weekday()

if F_W==0:
    P_msg = "월요일"
elif F_W==1:
    P_msg = "화요일"
elif F_W==2:
    P_msg = "수요일"
elif F_W==3:
    P_msg = "목요일"
elif F_W==4:
    P_msg = "금요일"
elif F_W==5:
    P_msg = "토요일"
elif F_W==6:
    P_msg = "일요일"

print(P_msg)
```

```python
1
2    from datetime import datetime as DT
3
4    Birth_Y = int(input())
5    Birth_M = int(input())
6    Birth_D = int(input())
7
8    F_W = DT(Birth_Y, Birth_M, Birth_D).weekday()
9
10   if F_W==0:
11       P_msg = "월요일"
12   elif F_W==1:
13       P_msg = "화요일"
14   elif F_W==2:
15       P_msg = "수요일"
16   elif F_W==3:
17       P_msg = "목요일"
18   elif F_W==4:
19       P_msg = "금요일"
20   elif F_W==5:
21       P_msg = "토요일"
22   elif F_W==6:
23       P_msg = "일요일"
24
25   print(P_msg)
```

<그림 04_4_8 실습 문제 2의 파이썬 코드>

핵심은 반환된 해당 요일을 조건 분기하여 처리한 내용입니다.

날짜와 관련하여 정말 중요한 날짜 계산을 위한 방법들을 확인해 보겠습니다. 먼저 두 날짜간 차이를 확인하는 방법입니다.

두 날짜의 간격 확인
일 -> (Date1 - Date2).days

괄호안에 표기된 Date1, Date2는 전달되는 날짜 유형의 값입니다. 시간과 초 단위 계산도 가능한데요. 가장 많이 활용되는 일자 계산에 대해 학습합니다. 실습 코드로 확인하면 쉽게 이해가 됩니다.

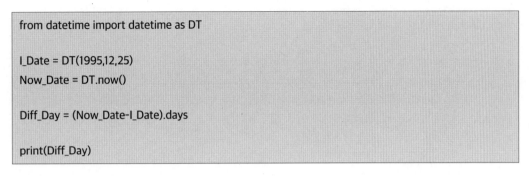

```
from datetime import datetime as DT

I_Date = DT(1995,12,25)
Now_Date = DT.now()

Diff_Day = (Now_Date-I_Date).days

print(Diff_Day)
```

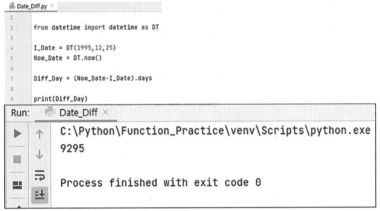

<그림 04_4_9 두 날짜의 일수 계산 파이썬 코드>

datetime 메서드(DT)에 날짜 유형의 값을 년, 월, 일 (1995,12,25)을 전달하여 I_Date 변수에 저장했습니다. 그리고 Now_Date에는 현재의 날짜와 시간을 저장했습니다. 그리고 두 날짜의 일수(.days)를 빼기 연산하여 구하고 출력하는 코드입니다. 두 날짜의 빼기 연산을 괄호로 묶고 .days를 써주는 것이 핵심입니다. 다음의 실습문제를 풀어 보세요.

실습 문제 3

주어진 날짜로부터 현재 나이를 계산하여 출력하세요. (1995,12,25)

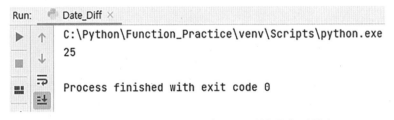

<그림 04_4_10 실습 문제 3의 결과>

```
from datetime import datetime as DT

I_Date = DT(1995,12,25)
Now_Date = DT.now()

Diff_Day = (Now_Date-I_Date).days

Y_OLD = round(Diff_Day/365)

print(Y_OLD)
```

```
Date_Diff.py ×
 1
 2    from datetime import datetime as DT
 3
 4    I_Date = DT(1995,12,25)
 5    Now_Date = DT.now()
 6
 7    Diff_Day = (Now_Date-I_Date).days
 8
 9    Y_OLD = round(Diff_Day/365)
10
11    print(Y_OLD)
```

<그림 04_4_11 실습 문제 3의 파이썬 코드>

실습 문제가 너무 쉬웠습니다. 일수를 계산했으니 365일로 나누어 주고 round 함수를 이용해 출력한 코드입니다.

날짜 관련 함수의 마지막은 내가 원하는 날짜. 그 시점으로 시간을 이동시켜주는 타임머신 함수를 확인합니다.

특정 날짜로 이동

```
from datetime import timedelta as TD
Date1 + timedelta(days=10)
```

날짜의 이동을 위해서는 timedelta라는 새로운 객체 혹은 함수를 호출해야 합니다. 엄밀히 말하면 timedelta는 함수이기보다는 객체(클래스)입니다. 뭐, 제가 늘 강조하듯 용어는 지금 중요하지 않습니다. 우리는 계속해서 편의상 함수라 지칭하도록 합니다. 두 날짜의 차이를 비교할 때는 빼기 연산, 날짜를 이동할 때는 더하기 연산이 적용됩니다. Date1은 날짜유형의 값이 되고 timedelta 함수에 괄호로 묶어 days=일수를 전달해 주면 됩니다. 위 코드는 주어진 날짜를 10일뒤로 이동시키는 코드입니다. 만약 10일 전으로 이동한다면 days=-10이 인자로 전달되면 됩니다. 즉, 더하기는 미래로 이동, 빼기는 과거로 이동이 되겠습니다.

```
from datetime import datetime as DT, timedelta as TD

Now_Date = DT.now()

F_Move_Date = Now_Date + TD(days=10)
L_Move_Date = Now_Date + TD(days=-10)

print(F_Move_Date)
print(L_Move_Date)
```

제가 이 글을 쓰고 있는 시점의 날짜는 2021년 06월 07일입니다. F_Move_Date는 10일 뒤 날짜와 시간을 L_Move_Date는 10일전 날짜와 시간을 timedelta의 권한을 위임받아 선언된 별칭 TD를 활용하여 저장했습니다. 각각 더하기, 빼기 연산자를 적용하여 미래와 과거로 이동합니다.

실습 문제 4

현재 시스템의 날짜로부터 1000년 뒤와 1000년 전의 날짜를 확인하고 해당 요일을 문자형(월요일, 화요일 등)으로 출력하세요.

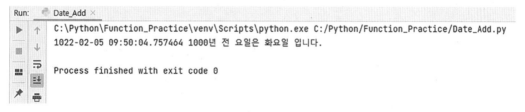

<그림 04_4_12 실습 문제 4의 결과 화면>

```
from datetime import datetime as DT, timedelta as TD

Now_Date = DT.now()

L_Move_Date = Now_Date + TD(days=-1000*365)

F_Week = DT.weekday(L_Move_Date)

if F_Week==0:
    P_msg = "월요일"
elif F_Week==1:
    P_msg = "화요일"
elif F_Week==2:
    P_msg = "수요일"
elif F_Week==3:
    P_msg = "목요일"
elif F_Week==4:
    P_msg = "금요일"
elif F_Week==5:
    P_msg = "토요일"
elif F_Week==6:
    P_msg = "일요일"

print(L_Move_Date, '1000년 전 요일은', P_msg, '입니다.')
```

```
Date_Add.py ×
1
2    from datetime import datetime as DT, timedelta as TD
3
4    Now_Date = DT.now()
5
6    L_Move_Date = Now_Date + TD(days=-1000*365)
7
8    F_Week = DT.weekday(L_Move_Date)
9
10   if F_Week==0:
11       P_msg = "월요일"
12   elif F_Week==1:
13       P_msg = "화요일"
14   elif F_Week==2:
15       P_msg = "수요일"
16   elif F_Week==3:
17       P_msg = "목요일"
18   elif F_Week==4:
19       P_msg = "금요일"
20   elif F_Week==5:
21       P_msg = "토요일"
22   elif F_Week==6:
23       P_msg = "일요일"
24
25   print(L_Move_Date, '1000년 전 요일은', P_msg, '입니다.')
```

<그림 04_4_12 실습 문제 4의 파이썬 코드>

천년 전으로 이동하므로 1000*365일을 하여 빼기 부호를 넣어 timedelta에 전달해 줍니다. 그러면 1000년 전 날짜가 확인되고, 다시 이를 weekday함수에 전달해 해당 요일의 번호를 확인 후 조건 분기하여 처리합니다.

⑤ 함수의 정의와 호출

앞서 소개된 여러 함수들처럼 언어마다 제공되는 함수도 있지만 특별히 제공되지 않지만 반복적으로 사용하는 코드에 대해서는 사용자가 직접 함수를 만들어 사용해도 무관합니다. 이번에는 사용자가 직접 함수를 만들고 호출하는 방법을 확인해 보겠습니다.

함수의 정의

def Function name([x1], [x2], [x3]···) :
    수행 코드
    return 결과

함수의 정의는 'def'명령을 통해 진행합니다. def 뒤에 정의될 함수의 이름을 쓰고 괄호로 묶어 전달받을 인자를 정의합니다. 물론 인자는 생략 가능합니다. 인자를 생략해도 괄호는 꼭 써 주어야합니다. 함수의 이름과 전달받을 인자의 이름은 사용자가 직접 정의합니다. 마지막에 제어문처럼 반드시 콜론(:)을 붙여줍니다. 그리고 다음 줄부터 해당 함수가 처리할 수행 코드를 작성하고 return 명령으로 결과를 전달하면 사용자 정의함수가 완성됩니다. 간단한 실습을 진행해 보겠습니다. 특정한 두 수를 전달받아 더하기 연산이 수행되는 함수를 선언해 보겠습니다.

```
def Func_Test(x, y) :

   z = x + y

   return z

R = Func_Test(10, 10)

print(R)
```

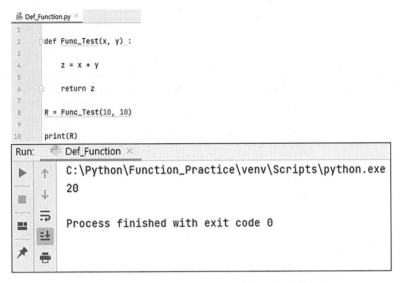

<그림 04_5_1 실습 문제 4의 파이썬 코드>

def 명령을 통해 Func_Test라는 이름의 함수를 정의했습니다. x, y 두 개의 인자를 전달받게 됩니다. 정의된 함수는 두 인자를 전달받아 더하기 연산을 수행하고 변수 z에 저장한 후 return 명령으로 z 값을 반환하는 역할을 수행합니다. 그리고 다음 코드(R = Func_Test(10, 10))는 우리가 함수를 학습하며 봐왔던 익숙한 코드입니다.

함수를 사용자가 정의하여 사용하거나 언어에서 제공된 함수를 사용하는 목적은 말씀드린 것처럼 반복 사용되는 코드를 필요 시 호출해서 사용하기 위해서입니다. 앞서 우리는 실습 문제 2, 4에서 해당 일자의 요일을 확인하는 문제를 풀어 보았습니다. 요일을 확인하는 weekday함수는 0에서 6까지 숫자형으로 값을 반환합니다. 따라서 우리에게 익숙한 문자형으로 표현을 위해 조건 분기를 진행하고 출력했습니다. 만약 요일을 확인하고 문자형으로 출력하는 코드가 반복적으로 사용된다면? 우리는 이를 함수로 만들어 필요할 때마다 호출해 사용하면 매우 편리 해집니다. 실습 문제 4번을 함수를 새롭게 정의하여 다시 풀어보도록 하겠습니다.

```
def WeekDay_Function(x) :

    from datetime import datetime as DT

    WD = DT.weekday(x)

if WD == 0:
    P_msg = "월요일"
```

```
    elif WD == 1:
        P_msg = "화요일"
    elif WD == 2:
        P_msg = "수요일"
    elif WD == 3:
        P_msg = "목요일"
    elif WD == 4:
        P_msg = "금요일"
    elif WD == 5:
        P_msg = "토요일"
    elif WD == 6:
        P_msg = "일요일"


    return P_msg
```

Function_Module.py ✕

```
1
2    def WeekDay_Function(x) :
3
4        from datetime import datetime as DT
5
6        WD = DT.weekday(x)
7
8        if WD == 0:
9            P_msg = "월요일"
10       elif WD == 1:
11           P_msg = "화요일"
12       elif WD == 2:
13           P_msg = "수요일"
14       elif WD == 3:
15           P_msg = "목요일"
16       elif WD == 4:
17           P_msg = "금요일"
18       elif WD == 5:
19           P_msg = "토요일"
20       elif WD == 6:
21           P_msg = "일요일"
22
23       return P_msg
```

<그림 04_5_2 요일 확인 함수의 정의 파이썬 코드>

Function_Module이라는 파이썬 파일을 생성하고 WeekDay_Function이라는 이름으로 함수를 정의했습니다. 해당 함수는 하나의 인자를 전달받아 요일을 확인하고 문자형태로 변경하여 반환하는 임무를 수행합니다.

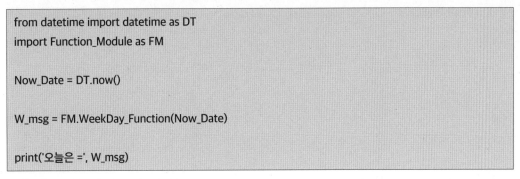

```python
from datetime import datetime as DT
import Function_Module as FM

Now_Date = DT.now()

W_msg = FM.WeekDay_Function(Now_Date)

print('오늘은 =', W_msg)
```

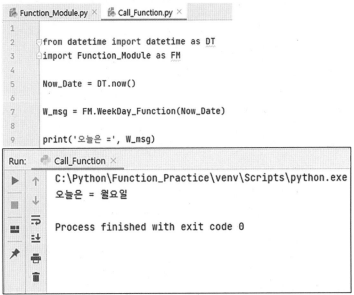

<그림 04_5_3 별도의 파일로 정의된 함수의 호출 파이썬 코드>

Call_Function 파이썬 파일은 WeekDay_Function 함수가 정의된 Function_Module 파일을 호출하고 그 결과를 받아 처리하는 내용입니다. 별도의 파일로 정의된 함수를 사용하기 위해서는 앞서 우리가 반복적으로 수행한 객체 호출 형식과 동일하며 import 명령을 통해 호출(import Function_Module as FM)하고 사용하는 방식(FM.WeekDay_Function)과 동일합니다. 추가적으로 별도의 파일로 객체(모듈)화한 코드에는 반드시 하나의 함수만 정의해야 하는 것은 아닙니다. 복수의 함수를 정의해 사용할 수 있습니다.

Function_Module의 추가 함수 정의

```python
def WeekDay_Function(x) :
from datetime import datetime as DT

WD = DT.weekday(x)

if WD == 0:
    P_msg = "월요일"
elif WD == 1:
    P_msg = "화요일"
elif WD == 2:
    P_msg = "수요일"
elif WD == 3:
    P_msg = "목요일"
elif WD == 4:
    P_msg = "금요일"
elif WD == 5:
    P_msg = "토요일"
elif WD == 6:
    P_msg = "일요일"

return P_msg

def Add_Date(x, y) :

    from datetime import timedelta as TD

    Move_Date = x + TD(days=y)

    return Move_Date
```

Call_Function 파일

```python
from datetime import datetime as DT
import Function_Module as FM

Now_Date = DT.now()

W_msg = FM.WeekDay_Function(Now_Date)

MD_msg = FM.Add_Date(Now_Date, -101)

print('오늘은 =', W_msg)
print('101전 날짜는 =', MD_msg)
```

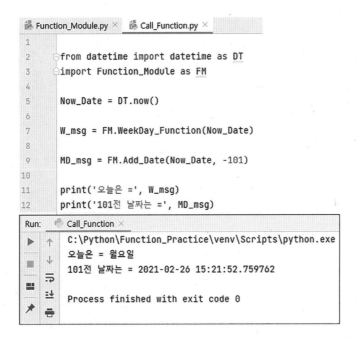

```
 Function_Module.py ×    Call_Function.py ×
24
25     def Add_Date(x, y) :
26
27         from datetime import timedelta as TD
28
29         Move_Date = x + TD(days=y)
30
31         return Move_Date
```

<그림 04_5_4 Function_Module 파일에 추가 함수 정의 파이썬 코드>

```
 Function_Module.py ×    Call_Function.py ×
1
2     from datetime import datetime as DT
3     import Function_Module as FM
4
5     Now_Date = DT.now()
6
7     W_msg = FM.WeekDay_Function(Now_Date)
8
9     MD_msg = FM.Add_Date(Now_Date, -101)
10
11    print('오늘은 =', W_msg)
12    print('101전 날짜는 =', MD_msg)
```

```
Run:    Call_Function ×
    C:\Python\Function_Practice\venv\Scripts\python.exe
    오늘은 = 월요일
    101전 날짜는 = 2021-02-26 15:21:52.759762

    Process finished with exit code 0
```

<그림 04_5_5 추가 함수의 사용 파이썬 코드>

Function_Module 파일에 추가적으로 Add_Date 함수를 추가하였습니다. 인자를 전달받아 원하는 날짜로 이동 처리하는 함수입니다.

05
라이브러리 Library
그리고 오픈 소스
Open Source software

05 라이브러리 Library
그리고
오픈 소스 Open Source software

······
샘플 CSV 파일은 정보와가치연구소 사이트(https://blog.naver.com/plusstar75)의
'누구나 Python' 메뉴에서 다운받을 수 있습니다.

1 열린 도서관

파이썬의 최대 강점을 뽑자면, 제 생각에는 개방성입니다. 누구나 쉽게 접근이 가능하고 다양한 사용자가 서로 의견을 교환합니다. 의견만 교환하는 것에서 그치지 않고 사용자가 직접 만든 다양한 기능을 서로 공유하고, 충분히 유용하다고 판단되면 파이썬에서 적극 수용하여 정식으로 제공하는 프로세스를 가졌습니다. 이렇게 다양한 사용자가 공유하고 유용한 기능들을 묶어 클래스(객체의 집합) 형식으로 제공하게 되는데 이를 라이브러리라고 합니다. 즉, 도서관처럼 다양한 기능이 묶여 있는 객체들의 집합소라고 생각하면 쉽습니다. 이때 객체는 도서가 되는 것이죠.

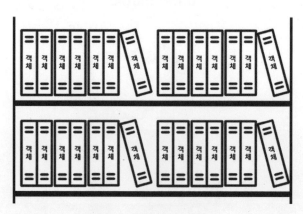

<그림 05_1_1 라이브러리의 의미>

라이브러리는 말한 것처럼 전세계 다양한 사용자가 제공해 주는 경우도 있지만 파이썬에서 제공하는 라이브러리도 충분히 많습니다. 사실 너무 많은 용어가 등장해서 헷갈리는 것도 사실이지만 결국 대부분의 용어들이 객체로 귀결됩니다. 라이브러리, 모듈, 클래스, 함수…. 객체의 의미를 용도에 따라 혹은 범위에 따라 다르게 지칭할 뿐입니다. 따라서 라이브러리라고 해서 특별히 설명 드릴 부분도 없습니다. 사용법도 앞서 객체나 모듈과 유사합니다. 아니 거의 똑같습니다. 그러면 왜 별도의 챕터로 구성을 했을까요? 앞선 챕터의 함수와 같은 의미를 가집니다. 파이썬에서 사용 가능한 그리고 우리가 유용하게 활용할 수 있는 라이브러리를 몇 개 골라 소개하려고 합니다. 그래서 라이브러리에 대한 설명은 여기서 마치겠습니다. 특별히 더 설명 드릴 것도 없습니다. 하지만 라이브러리와 함께 여러분께 꼭 설명 드리고 싶은 용어가 하나 더 있습니다. 바로 '오픈 소스'의 개념입니다.

가끔 영화나 소설 등을 볼 때 열린 결말(open ending)이라는 용어를 종종 듣습니다. 관객과 독자에게 결말의 해석을 각자의 상상에 맡긴다는 의미로 통용됩니다. 컴퓨터와 관련되어서도 비슷한 용어가 있습니다. 바로 오픈 소스 소프트웨어 (Open Source software)라 하는데 흔히 오픈 소스라고 부릅니다. 물론 전자는 생각으로만 담을 수 있을 뿐 재생산이 불가합니다. 그러나 후자의 경우는 생각으로 그치지 않고 수정 반영하여 재생산이 가능합니다.
소프트웨어의 의미는 잘 알고 계시죠? 컴퓨터 내에서 작업을 효율적으로 처리하도록 도움을 주는 프로그램을 일컫는 말입니다. 우리가 잘 알고 있는 소프트웨어의 개념은 잠시 내려 두고, 오픈 소스가 무엇인지에 대해서만 생각해 보겠습니다. 단어의 의미 그대로입니다. 소스를 열어 놓겠다는 의미를 가집니다. 다른 말로 소스를 공개한다는 것이죠. 그럼 왜 소스를 공개할까요?

우리가 집에서 사용하는 PC 혹은 업무용 PC, 그리고 누군가에 서비스를 위해 구성된 서버 컴퓨터까지 모든 컴퓨터(하드웨어, hardware)를 구동시키기 위해서는 많은 프로그램(소프트웨어, software)이 작동하게 됩니다. 이러한 대부분의 프로그램은 특별한 기술을 가진 프로그래머라 불리는 스페셜리스트(special list)들에 의해 만들어 졌습니다. 매우 특별하며 폐쇄적인 그들만의 영역이었죠.
초창기 컴퓨터의 목적은 명확했습니다. 업무의 효율을 극대화하기 위한 수단이었습니다. 하지만 현재의 컴퓨터는 단순 업무의 효율만을 생각하지 않습니다. 스마트폰만 보더라도 분명 알 수 있습니다. 일상의 영역이 되어버린 것이죠. 하다못해 자동차를 사려고 대리점에 방문해도 내가 컴퓨터 매장에 온 것인지 자동차 매장에 온 것인지 구분하기 힘든 세상입니다.
이제 컴퓨터는 대부분의 사람들에게 삶의 일부가 되었습니다. 단 하루도 컴퓨터와 동 떨어진 생활을 하기 힘든 세상입니다. 컴퓨터의 활용 영역 혹은 경계가 허물어 짐에 따라 이를 구동 시키는 프로그램도 정말 다양해졌습니다. 그 수는 헤아릴 수도 없이 많습니다. 세상에 이렇게 많은 App을 누가 다 쓰나, 하는 생각도 듭니다.

수요가 있으니 공급이 늘었을 것으로 생각됩니다. 솔직히 말하면 공급이 있으니 수요가 늘었겠죠? 언제나 공급은 과잉이니까 말이죠. 이유야 어찌 되었던 프로그램의 공급은 어떻게 이처럼 폭발적으로 증가할 수 있었을까요? 또 다른 시각으로 볼 때 공급을 위한 생산자도 함께 늘어났다는 얘기가 됩니다. 이제 컴퓨터를 구동시키는 프로그램은 일부 프로그래머들에 의해서 생산하기엔 시장이 너무나 커졌습니다. 그러면 프로그래밍이라 불리는 기술은 꽤 어렵다고 하던데 그 많은 생산자가 어떻게 등장하게 된 것일까요? 그 원동력은 무엇일까요? 그 해답이 바로 오픈 소스에 있습니다. 이제 세상에 없는 진리를 찾기 힘든 것처럼 세상에 없는 프로그램을 찾기도 힘듭니다. 필요에 따라 오픈 소스를 찾고 적절하게 그리고 용도에 맞게 수정하여 생산하면 그만입니다.

오픈 소스의 역사는 컴퓨터의 발전과 늘 함께했습니다. 아주 오래전부터 선구자적 프로그래머들을 중심으로 오픈 소스에 대한 고민이 있어 왔습니다. 그래도 오픈 소스의 비약적인 발전을 이끌어낸 사건은 바로 리눅스(Linux)의 등장이었습니다.

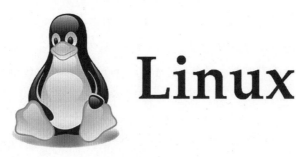

<그림 05_1_2 리눅스의 상징>

리눅스는 스웨덴의 괴짜 프로그래머 라이너스 토발즈(Linus Benedict Torvalds)가 1991년 9월 운영체제(operating system, 시스템과 시스템 내 응용 프로그램을 관리하는 가장 기본이 되는 시스템 소프트웨어. 대표적인 운영 체제가 windows, 이하 OS)의 핵심인 리눅스 커널(kernel, 운영 체제의 핵심이 되는 컴퓨터 프로그램의 하나)을 발표하며 세상에 첫 선을 보이게 됩니다. 중요한 점은 발표와 동시에 커널을 구성하는 코드(라이선스 license)를 공개하는 희대의 사건을 벌였다는 점이죠. 그가 당시 Windows와 Unix로 양분되던 OS 시장에 리눅스 커널을 구성하는 프로그램 소스를 공개한 사건은 어쩌면 혁명과도 같은 일대 반란이었습니다. 그 당시만 해도, 그 누구도 리눅스가 지금의 위치까지 발전할 거란 상상을 못했습니다. 하지만 지금은 리눅스 커널을 기반으로 한 수 없이 많은 종류의 리눅스 OS가 세상에 존재하고 있습니다. 일정 수준의 능력을 갖추면 누구나 OS를 개발할 수

있게 된 것이죠. 쉽게 말하면 MS에서 windows 소스를 공개해 누구나 windows와 유사한 OS를 개발하고 사용한다고 생각하면 쉽습니다.

리눅스의 등장은 비단 OS에 한정된 것이 아니었습니다. 다양한 프로그램 영역에서 오픈 소스 플랫폼을 구축하고 운영하고 있습니다. 여러분이 늘 사용하는 스마트 폰의 OS인 안드로이드도 대표적인 오픈 소스 플랫폼입니다.
오픈 소스는 누구나 사용할 수 있는 소프트웨어라는 아주 단순한 활용도를 넘어 세상의 수많은 프로그래머가 모여 상상하고 협업하면 왠만한 소프트웨어 개발 기업보다 뛰어나다는 것을 증명했습니다. 어쩌면 지금은 누가 더 오픈 소스를 잘 활용할 수 있는 지가 IT기업의 중요한 성장 동력이 된 현실입니다. 그리고 프로그래머를 꿈꾸는 많은 분들도 저마다 필요한 언어의 문법을 익히고 다양하게 제공되는 오픈 소스 소프트웨어의 활용 방법도 충분히 숙지해야 되는 시대입니다.

현재의 오픈 소스 영향력은 데이터 분석은 물론 AI의 기반이 되는 기계 학습과 심화 학습을 비롯한 여러 학습 알고리즘에도 엄청난 영향력을 행사하고 있습니다. 진정한 AI로 가는 길에 다양한 오픈 소스가 동반자가 되어 준 것입니다. 사담이지만, AI 역시 아직까지는 IT의 기술을 빌려 구현하는 방법 외에는 없는 듯합니다. 파이썬도 오픈 소스의 파도에서 순항을 하고 있습니다. 파이썬과 관련한 대표적인 알고리즘 오픈 소스를 소개하면 아래와 같습니다.

<그림 05_1_3 파이썬 관련 오픈소스 플랫폼>

왼쪽부터 텐서 플로우, 파이 토치, 사이키 런 그리고 케라스라고 불리는 오픈소스 플랫폼 들입니다 물론 이들만 존재하는 건 아닙니다. 제 생각에 현재 가장 대표적으로 많이 활용되는 파이썬 오픈 소스를 나열한 것뿐입니다. 오픈 소스의 의미를 개략적이나마 살펴보았습니다.

다른 여타의 프로그래밍 언어도 그렇지만 파이썬에서는 정말 많은 라이브러리를 제공합니다. 그리고 정말 많은 오픈 소스가 존재합니다. 워낙 개방적인 성격이 강한 언어다 보니 앞으로 그 수는 더 늘어날 것이 자명합니다. 이 모든 라이브러리와 오픈 소스를 소개할 수도 없고 모두 반드시 알아야 하는 것은 아닙니다. 정확한 사용 방법을 익히고, 혹 소개되지 못한 라이브러리와 오픈소스가 있다 해도 아마 여러분이 해결하고자 하는 범위에서는 모두 존재한다고 생각해도 됩니다. 따라서 필요할 때마다 잘 찾아 사용하면 그만입니다. 이번 장에서는 제가 개인적으로 유용하다고 생각하는 것들을 중심으로 소개해 보겠습니다.

② OS

OS는 우리가 잘 알다시피 Operating System의 약자입니다. 즉, 운영 체제를 의미하죠. 우리는 주로 개인 PC의 경우 window를 사용합니다. 최근에는 Mac 사용자도 다분히 늘어나는 추세입니다. 모바일의 경우에는 IOS나 Android가 양분을 하고 있습니다.

OS는 정말 중요한 역할을 담당합니다. 우리는 OS없이 컴퓨터를 구동 시킬 수도 없고 지금의 파이썬도 프로그래밍도 할 수 없습니다. 따라서 파이썬 코드가 작동되는 가장 기본적인 공간인 OS에 대한 적절한 제어와 정보의 공유가 필요합니다. 그리고 간혹 필요한 순간이 다가옵니다. 이름마저 너무 단순한 파이썬 라이브러리 OS는 바로 운영 체제의 제어와 자원 활용이 가능하도록 해주는 객체의 집합입니다. 그 중에서도 폴더 및 파일 경로에 대한 제어와 공유가 가장 활발히 사용되는데요. 핵심적인 몇 가지만 살펴보겠습니다.

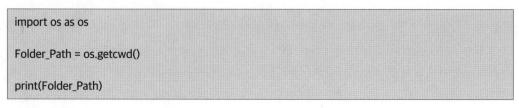

```python
import os as os

Folder_Path = os.getcwd()

print(Folder_Path)
```

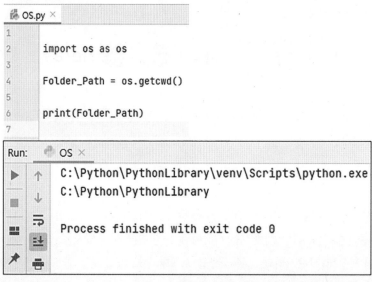

<그림 05_2_1 현재 작업 디렉토리 확인하기>

getcwd는 현재 작업중인, 해당 파이썬 파일이 저장된 경로의 주소를 문자 형태로 반환하는 함수입니다. 이번에는 지정된 경로의 파일 목록을 확인하는 함수입니다.

```
import os as os

Folder_Path = os.getcwd()
File_list = os.listdir(Folder_Path)

print(Folder_Path)
print(File_list)
print(len(File_list))
```

```
OS.py ×
1
2    import os as os
3
4    Folder_Path = os.getcwd()
5    File_list = os.listdir(Folder_Path)
6
7    print(Folder_Path)
8    print(File_list)
9    print(len(File_list))
```

```
Run:    OS ×
    C:\Python\PythonLibrary\venv\Scripts\python.exe
    C:\Python\PythonLibrary
    ['.idea', 'main.py', 'OS.py', 'venv']
    4

    Process finished with exit code 0
```

<그림 05_2_2 전달된 디렉토리의 파일 목록 확인>

listdir 함수는 전달되는 인자가 하나 있습니다. 바로 디렉토리 정보입니다. 전달된 디렉토리의 파일 목록을 리스트로 형태로 반환합니다. 리스트로 반환한다는 점이 매우 중요합니다. 따라서 len 함수를 활용하면 해당 폴더의 파일 개수를 확인할 수 있는 것이죠. OS 라이브러리 마지막은 파일명과 확장자를 분리하여 전달하는 기능입니다.

```
import os as os

Folder_Path = os.getcwd()
File_list = os.listdir(Folder_Path)

File_split = os.path.splitext(File_list[2])

print(File_list)
print(File_split)
print('파일명 :', File_split[0], ' 확장자 :', File_split[1])
```

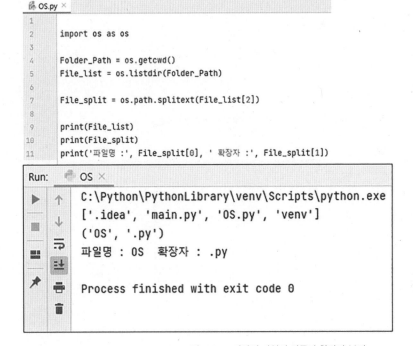

```
OS.py ×
1
2      import os as os
3
4      Folder_Path = os.getcwd()
5      File_list = os.listdir(Folder_Path)
6
7      File_split = os.path.splitext(File_list[2])
8
9      print(File_list)
10     print(File_split)
11     print('파일명 :', File_split[0], ' 확장자 :', File_split[1])
```

```
Run:    OS ×
   ↑    C:\Python\PythonLibrary\venv\Scripts\python.exe
   ↓    ['.idea', 'main.py', 'OS.py', 'venv']
        ('OS', '.py')
        파일명 : OS  확장자 : .py

        Process finished with exit code 0
```

<그림 05_2_3 전달된 파일의 이름과 확장자 분리>

splittext를 활용하여 특정 파일의 파일명과 파일 확장자를 분리하여 전달받았습니다. 그런데 여기서 한가지 체크할 부분이 있습니다. 반환된 결과를 보면 대괄호([ ])가 아닌 일반 괄호( )로 전달되었습니다. 어떤 차이점이 있는지 알아보겠습니다. 우선 대괄호가 리스트라는 건 이미 우리가 알고 있습니다. 그럼 일반 괄호는 무엇일까요? 리스트와 유사한 튜플(tuple)이라는 것입니다. 리스트나 튜플 모두 포함된 요소들을 활용하는 방법은 유사합니다. 거의 동일합니다. 그런데 아주 결정적인 차이가 있습니다. 리스트는 가변적이지만 튜플은 고정적이라는 차이가 있습니다. 쉽게 말씀드리면 리

스트는 변경이 가능하지만 튜플은 한번 선언되면 변경이 불가능 하다는 점이죠. 리스트는 새로운 요소를 추가하거나 삭제하는 등의 변화가 가능하지만 튜플은 이런 변화가 불가능하다는 것입니다. 이 점에 대해서만 기억해 주시면 됩니다. 그래서 튜플의 경우 포함된 요소가 고정적인 상황에서 활용됩니다.

OS 라이브러리에는 이외에도 수없이 많은 함수와 메서드를 제공합니다. 그 중에서 많이 활용됨 직한 몇 개만 소개해 드렸습니다.

③ 데이터 분석과 파이썬

한 가지 질문을 드려보겠습니다. 여러분은 어떤 목적으로 파이썬을 학습하고 계신가요? 아마도 대부분의 사람들은 최근 대세를 이루는 AI를 포함한 데이터 분석을 목적으로 할 것입니다. 네, 맞는 목적입니다. 파이썬은 태생이 어찌되었든 그 어떤 언어보다도 데이터 분석에 최적화되어 있습니다. 분석을 위한 풍부한 라이브러리와 오픈 소스가 제공되는 것은 물론이고 지금도 관련된 정보가 활발하게 공유되고 있으니까요. 우리가 데이터 분석하면 떠오르는 두 언어가 R script와 파이썬인 것은 분명합니다. 저는 개인적으로 이 두 언어의 등장이 데이터 분석 도구의 대 변화를 일으킨 혁명과도 같은 사건이 아니었나 싶습니다. 이 책을 쓴 목적도 역시 누구나 데이터 분석을 하는 세상을 꿈꾸며 시작된 것입니다. 그만큼 파이썬은 데이터 분석 분야에 매우 중요한 위치를 담당하고 있죠.

파이썬은 데이터 분석가에게 정말 유용한 도구입니다. 저 역시도 예외는 아니죠. 저는 필요에 의해 파이썬을 학습했습니다. 지금은 매일같이 활용하는 중요한 도구입니다. 데이터가 다루어지는 공간이 대부분 컴퓨터이다 보니 프로그래밍 언어에 대한 이해가 필요했던 것이죠. 그 중에 하나가 바로 파이썬이었던 것이고요.

파이썬이 데이터 분석 분야에 중요한 자리를 잡게 되면서 이와 관련한 교육 기관과 과정이 우후죽순 생겼습니다. 하지만 여러분들이 꼭 명심해야 할 부분이 있습니다. 파이썬은 데이터 분석에 도움을 주는 도구라는 점입니다. 파이썬은 데이터 분석 능력을 증명해 주는 척도가 아닙니다. '데이터 분석을 잘하면 파이썬을 잘한다.' 또는 '파이썬을 잘하면 데이터 분석을 잘한다.' 두 명제 모두 그럴 수도 있고 아닐 수도 있습니다. 명확한 인과 관계가 성립되지 않습니다. 데이터 분석을 잘하지만 파이썬을 못할 수 있죠. 파이썬 대신 다른 도구를 사용하면 됩니다. 파이썬 못한다고 데이터 분석가가 아닌 것은 아닙니다. 반대로 파이썬 잘하지만 데이터 분석은 못할 수 있습니다. 중요한 건 파이썬 잘한다고 데이터 분석가라고 하지도 않는다는 점이죠. 그런데 파이썬 잘하면 데이터 분석 못한다는 이야기를 잘 안 합니다. 대부분의 사람들이 파이썬=데이터 분석으로 인식하고 있습니다. 이런 생각은 정말 잘못된 것입니다.

제 주변만 봐도 파이썬 좀 한다는 친구들이 저도 이해하기 힘든 분석 기법을 파이썬을 통해 쉽게 쉽게 결과를 뽑아내곤 합니다. 막상 물어보면 평균의 개념도 이해 못한 친구들이 대다수입니다. 굳이 파이썬 하는데 데이터 분석의 개념까지 생각해야 되? 이런 반문을 하시겠지만, 본인 스스로가 데이터 분석가라고 생각하면, 저의 대답은 '네. 매우 중요합니다.'입니다. 이 책을 선택하시고 파이썬을 통해 데이터 분석을 수행하고자 하는 분들, 그리고 데이터 분석가가 되려는 분들이라면 데이터 분석의 개념도 절대 놓치지 마시고 학습을 하셔야 합니다. 파이썬을 잘하는 건 파이썬 프로그래밍을 잘하는 것이지 데이터 분석을 잘하는 것이 절대 아닙니다. 그냥 파이썬 프로그래머일 뿐입니다. 시간이 흐르면 또 어떤 도구가 데이터 분석의 절대 강자로 등장할 지 모릅니다. 데이터 분석 공부를 먼저 할 것인가 파이썬을 먼저 공부할 것인가 순서가 중요하지 않습니다. 주객이 전도된 현실이 안타까워 지금 막 데이터 분석의 세계로 들어오는 후배들에게 드리는 진심 어린 선배의 조언으로 생각해 주세요. 데이터 분석의 주인은 데이터입니다. 파이썬이 절대로 아닙니다.

조금 사설이 길어졌습니다. 이제 파이썬이 주로 활용되는 데이터 분석과 관련한 프로그래밍 기법을 설명 드리려고 합니다. 앞서의 모든 설명은 이후 전개될 내용의 초석입니다. 자, 이제부터 본격적으로 그 목적에 부합된 것들을 하나씩 꺼내 보도록 하겠습니다.

4 데이터 구조

데이터 분석을 위해서는 분석에 활용될 데이터가 필요합니다. 따라서 우리는 파이썬에서 핵심적으로 다루게 되는 데이터 구조에 대해 이해해야 합니다. 굳이 파이썬에 국한된 이야기는 아닙니다. 항상 말씀드리지만 이론적인 부분에 대해서는 많은 시간을 투자할 필요가 없습니다. 어차피 데이터 구조에 대한 이해도 시간이 해결해 줍니다.

우리가 데이터 구조를 이해하고 학습하기 위해서는, 특히 파이썬에서는, 공간에 대한 개념을 확실하게 머리 속에 담아 두어야 합니다. 흔히 1차원, 2차원, 3차원하는 그 공간을 말합니다. 공간이라는 개념은 물리학에서 다루어지는 영역입니다. 물리, 한자로 하면 物理입니다. 즉 사물의 이치를 연구하는 것이죠. 하지만 사물의 이치를 연구해서 표현하는 방법이 애매합니다. 크기, 힘, 높이, 깊이, 속도, 범위, 방향 등등 사물이 가질 수 있는 속성은 실로 다양합니다. 당연히 사물의 속성을 표현하는 가장 좋은 방법은 수(數)를 빌려 표현하는 것입니다. 그래서 물리학은 꽤나 복잡한 수학적 이론을 바탕으로 전개됩니다. 그러면 공간이라는 물리적인 개념도 수로 표현이 가능하겠죠? 선형대수라 불리는 데요 크기와 방향 그리고 깊이에 대한 이야기입니다.

3

숫자 '3'입니다. 별 의미 없습니다. 그냥 생각나는 숫자를 써 본 것입니다. 숫자 '5'를 쓸 수도 있고, '7'을 쓸 수도 있고 그냥 임의의 숫자를 기입해 보았습니다. 예시로 제시한 숫자 '3'은 크기가 있습니다. 3이라는 크기를 갖습니다. 하지만 좌우 상하 어느 쪽으로 그 크기가 3인지 방향은 없습니다. 이런 수의 상태를 우리는 스칼라(scalar)라고 부릅니다. 공간적인 개념으로 0차원입니다.
숫자 5와 7이 서운하지 않도록 3과 함께 두 수를 추가해서 써 보겠습니다.

3   5   7

세 수를 가로로 나열해 본 것입니다. 수의 순서는 의미 없습니다. '735', '537573…' 뭐든 수를 한 줄로 나열할 뿐입니다. 아래와 같이 세로로도 나열 가능합니다.

3
5
7

가로와 세로, 수를 지우고 그림으로 표현을 할 수 있습니다. 바로 직선으로 표현됩니다.

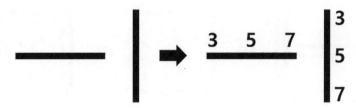

<그림 05_4_1 벡터(배열)의 이해>

단순한 가로선, 세로선입니다. 수가 나열된 형태가 가로인지 세로인지 구분할 수 있습니다. 3에서 출발하든 7에서 출발하든 이렇게 선으로 표현하고 보니 방향이 생겼습니다. 좌우, 상하로 크기와 함께 방향을 확인할 수 있게 됩니다. 이것이 바로 벡터입니다. 크기와 방향을 갖게 된 공간 바로 1차원을 의미합니다. 우리가 흔히 프로그래밍에서 말하는 배열(리스트)의 형태입니다.

홀수가 대표해 예시로 적용되니 짝수 측에서 반발이 일어났습니다. 그래서 짝수 2, 4, 6도 추가해 보겠습니다. 하지만 이번엔 조금 다른 방법으로 수를 기입할 예정입니다. 수를 계속 연결해 쓰는 것이 아니고 다음 줄에 작성해 줍니다. 즉, 일직선으로 수를 나열하지 않고 다음과 같이 추가해 보았습니다.

3	5	7		3	2
2	4	6		5	4
				7	6

결국 좌우, 상하 방향 상관없이 선이 추가된 경우입니다. 선이 꼭 한 개씩만 추가될 수 있는 것은 아니죠. 반복적으로, 연속적으로 추가할 수도 있습니다. 선이 계속 추가되어 누적되면 면이 생기게 됩니다. 다음 그림과 같이 말이죠.

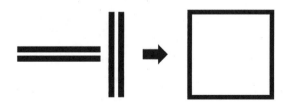

<그림 05_4_2 선과 선의 연결을 통한 면의 생성>

이렇게 선이 계속 추가되어 생긴 공간에도 충분히 수를 나열할 수 있습니다.

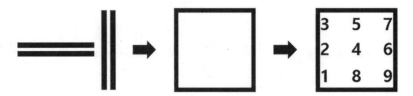

<그림 05_4_3 매트릭스(행과 열)의 이해>

면이 생기고 그 안에 숫자를 입력해 보니 우리가 흔히 보는 형태의 숫자 조합이 이루어 집니다. 바로 행과 열이 구성되었습니다. 즉, 매트릭스(matrix)가 된 것입니다. 2차원 공간입니다. 우리가 현재 살아가는 디지털 세상이 바로 매트릭스 구조의 행과 열(0, 1)입니다. 또한 가장 흔히 다루게 되는 데이터 셋(set)도 역시 행과 열의 테이블 형태입니다. 하지만 방향과 크기만 있을 뿐 2차원 공간에서도 여전히 깊이는 알 수 없습니다.

그런데 직선만 계속 쌓을 수 있을까요? 면이라고 안 될 거 없습니다. 직선을 계속 추가하여 면을 생성한 것처럼 면도 계속 추가하여 새로운 무엇인가를 만들 수 있습니다.

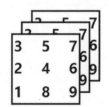

<그림 05_4_4 면과 면의 중첩>

면이 겹쳐 쌓이다 보면 결국 상자가 되겠죠? 상자가 완성되면 크기, 방향은 물론 깊이까지 알 수 있게 됩니다. 우리가 살아가는 진정한 공간인 3차원이 완성됩니다.

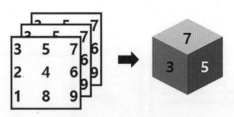

<그림 05_4_5 3차원 공간의 이해>

같은 방법으로 상자도 겹치고 겹쳐 쌓을 수 있게 됩니다. N차원의 공간이 생성되고 이것이 바로 텐서(tensor)가 되는 것이죠.

<그림 05_4_6 4차원 공간이 텐서의 이해>

어떤가요? 이해가 좀 되시나요? 복잡하죠? 공간, 그 중에서도 n차원의 공간을 효율적으로 다루는 기술이 딥 러닝에 핵심 포인트가 됩니다. 그래서 현재 가장 많이 활용되는 딥 러닝 오프 소스(open source)의 명칭도 그런 의미에서 텐서 플로우(tensor flow) 아닐까 싶네요. 일단 모든 데이터 구조를 파악할 필요는 없습니다. 적어도 벡터와 행렬은 가장 기본으로 활용되는 데이터 구조인 만큼 두 개념에 대해서는 꼭 알아 두세요. 여러분 업무 중 엑셀 많이 활용하시죠? 엑셀이 대표적인 행렬의 데이터 구조를 갖습니다.

⑤ Anaconda 패키지

우리는 다음 장에서 Pandas라는 라이브러리를 학습하게 됩니다. 아래와 같이 Pandas 라이브러리를 호출하는 코드를 입력하고 실행해 보겠습니다. 일단 Pandas가 무엇인지는 지금 생각 안 하셔도 됩니다.

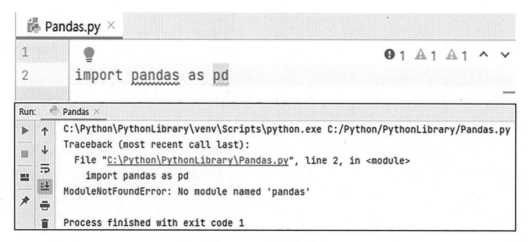

<그림 05_5_1 Pandas 호출, 에러>

그런데 문제가 생겼습니다. 'No module named pandas'라는 에러가 발생했습니다. 의미 그대로 Pandas라는 모듈이 없다고 합니다. 결론부터 말씀드리면 Pandas는 파이썬에서 기본으로 제공되는 라이브러리가 아니라는 것입니다. 기본 제공되는 라이브러리라면 당연히 바로 실행이 가능하겠죠. 그래서 필요하면 사용자가 직접 설치하고 사용하라는 것이죠. 이렇게 중요하지만 기본적으로 제공되지 않는 라이브러리 꽤 많습니다. 파이썬을 꾸준히 사용하다 보면 종종 겪게 됩니다.

여러분들이 어떤 목적에서 파이썬 학습을 진행하는지 모두 파악할 수 없지만 대부분 데이터 분석을 목적으로 학습하시게 됩니다. 데이터 분석을 위해서는 몇 가지 핵심적인 라이브러리를 사용하게 되는데, 앞서 Pandas처럼 파이썬에서 기본적으로 제공되는 라이브러리로 해결하지 못하는 것들이 꽤 많습니다. 그래서 때에 따라 필요로 하는 라이브러리를 설치하고 사용하게 되는데, 다행스럽게도 대용량의 데이터를 처리하고 분석하기 위한 라이브러리를 한데 모아 패키지 형태로 제공하는 고마운 tool이 있습니다. 그것이 바로 아나콘다(Anaconda)입니다. 아나콘다는 파이썬과 R에 최적화된 오픈 소스 패키지입니다. 아나콘다와 관련된 대표적인 라이브러리 및 오픈 소스는 다음과 같습니다.

<그림 05_5_2 아나콘다에서 제공되는 라이브러리와 오픈 소스>

아마도 그 수가 점점 더 늘어날 것으로 생각됩니다. 아나콘다를 설치해 보겠습니다. 크게 어려운 점 없습니다. 클릭 몇 번만으로 설치와 셋팅이 완료됩니다.

Anaconda 웹사이트에 방문합니다. (https://www.anaconda.com)

<그림 05_5_3 아나콘다 설치 시작하기>

상단의 'Get Started' 버튼을 클릭합니다.

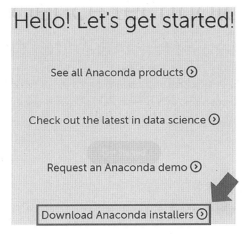

<그림 05_5_4 아나콘다 인스톨러(installers) 선택>

새롭게 열린 화면에서 가장 아래 쪽 'Download Anaconda installers'를 선택합니다.

<그림 05_5_5 버전과 운영 체제 확인 후 선택>

그리고 본인의 운영 체제를 확인하고 설치 파일을 선택합니다. 저는 윈도우 64bit입니다. 그러면 설치 파일 다운로드가 시작됩니다.

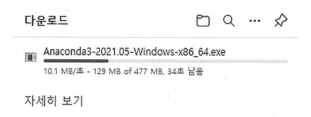

<그림 05_5_6 설치 파일 다운로드>

다운로드 된 설치 파일을 실행하여 설치를 시작합니다. 다음 그림처럼 순차적으로 선택합니다.

<그림 05_5_7 아나콘다 설치 진행 1>

'install for:' 메뉴에 두 가지 선택 옵션이 있습니다. 일단 여러분들은 개인 PC에서 학습을 진행하므로 'Just me (recommended)'를 선택합니다. 그리고 다음 화면에서 아나콘다가 설치될 경로를 선택합니다.

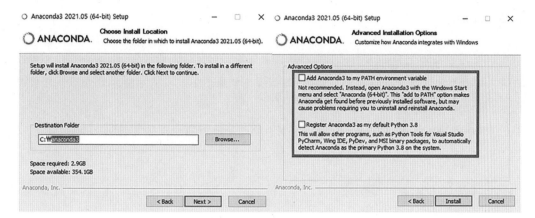

<그림 05_5_8 아나콘다 설치 진행 2>

저는 관리가 쉽도록 C 드라이브 밑에 'anaconda3' 폴더를 생성하여 설치했습니다. 그리고 다음 화면에 추가 선택이 등장합니다. 첫 번째 옵션은 아나콘다 환경 변수 등록 여부를 묻는 것이고 두 번째 옵션은 파이썬 구동 시 아나콘다가 우선 작동하게 할 것인지를 묻는 것이죠. 저는 둘 다 체크하지 않았습니다. 아나콘다가 중요한 패키지이지만 일단 파이썬이 우선이겠죠? 이제 마지막 'install'을 클릭하여 설치를 진행합니다.

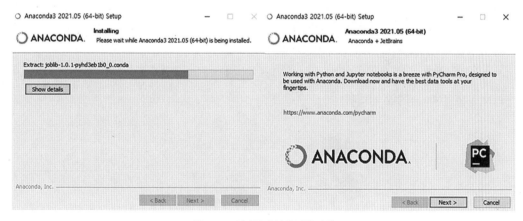

<그림 05_5_9 아나콘다 설치 진행 및 완료>

설치가 정상적으로 완료되었습니다.

6 Pandas

이제 데이터 구조의 기본적인 개념을 확인하고 필요한 라이브러리 패키지 아나콘다까지 설치했습니다. 본격적으로 분석을 위한 핵심 라이브러리를 살펴보겠습니다. 첫 번째는 앞서 잠깐 맛봤던 Pandas(Python Data Analysis Library)입니다. pandas는 분석에 활용될 원천 데이터를 다루는 매우 중요한 라이브러리입니다. 먼저 pandas를 활용하기 위해 import 명령을 통해 호출해 보겠습니다.

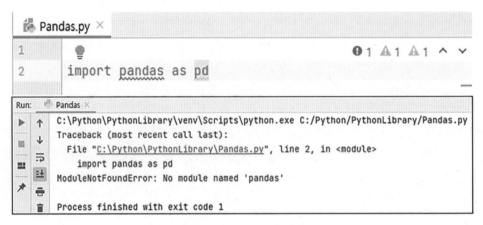

<그림 05_6_1 Pandas 호출, 에러>

아나콘다까지 설치를 했는데 여전히 "No module named pandas'입니다. 이를 해결하기 위해 한 가지 과정이 더 남았습니다. 지금부터 설명드릴 부분은 매우 중요합니다. 파이썬 프로젝트에서 특정 라이브러리를 활용하기 위해 등록하는 과정입니다. pandas는 물론 기본적으로 등록되지 않은 라이브러리는 동일한 과정으로 진행됩니다.

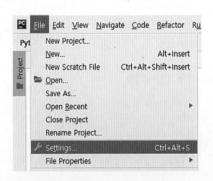

<그림 05_6_2 Settings 메뉴의 호출>

먼저 파이썬 상단의 'File'을 선택하고 'Settings'을 클릭합니다. 그러면 다음과 같은 화면이 등장합니다.

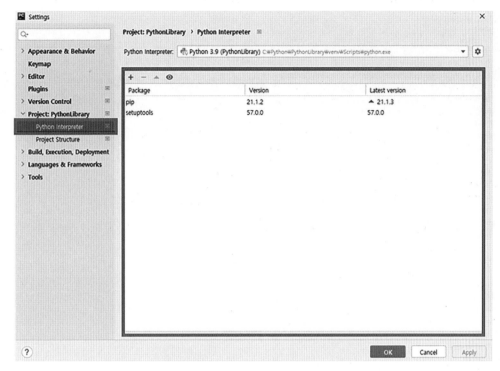

<그림 05_6_3 파이썬 라이브러리 추가 초기 화면>

좌측 'Python:PythonLibrary'를 확장하여 'Python interpreter'를 클릭합니다. 그러면 우측에 현재 파이썬 프로젝트 창에서 활용가능한 라이브러리 목록이 보입니다. 현재 두 개가 등록되어 있습니다. 등록된 라이브러리는 사용자마다 조금 상이할 수 있습니다. 아래 그림처럼 플러스 기호를 클릭해 줍니다.

<그림 05_6_4 파이썬 라이브러리 추가 아이콘>

새로운 창이 열리게 됩니다. 현재 파이썬 프로젝트에 등록되지는 않았지만 활용 가능한 라이브러리 목록이 보여집니다.

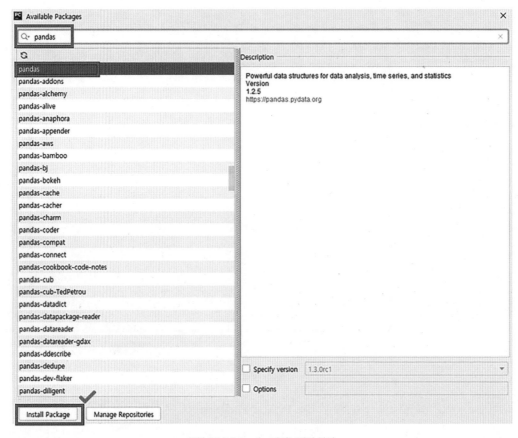

<그림 05_6_5 Pandas 라이브러리 찾기>

검색창에 'pandas'를 입력하여 찾고 선택 후 'install package'를 클릭하여 등록을 진행합니다. 다음과 같이 라이브러리 등록이 진행됩니다.

<그림 05_6_6 Pandas 라이브러리 등록 진행>

완료되면 창을 닫습니다. 그러면 최초 2개이던 라이브러리가 pandas를 포함하여 여럿 등록되어 있는 것이 확인됩니다.

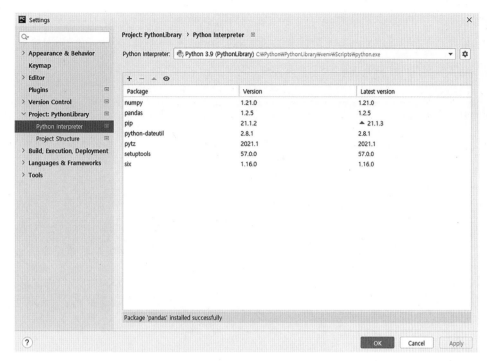

<그림 05_6_7 Pandas 라이브러리 추가 내역>

라이브러리 추가가 완료되었으니 다시 pandas를 호출해 보겠습니다.

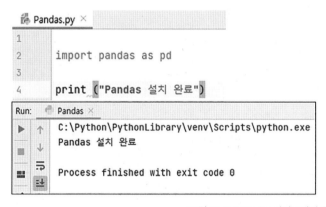

<그림 05_6_8 Pandas 라이브러리 호출>

이번에는 특별한 오류가 없이 정상적으로 호출됩니다. 앞으로도 필요한 라이브러리가 있다면 이와
같이 등록해서 사용합니다. 본격적으로 pandas의 활용법 확인합니다.

pandas에서 제공되는 데이터 구조는 꽤 많습니다. 모두를 설명 드리기도 힘들고 좀더 훈련이 되
고 실력이 쌓이면 그 때 확인하셔도 늦지 않습니다. 가장 기본적으로 두 개의 데이터 구조를 다루

게 됩니다. 벡터(배열) 그리고 매트릭스(행과 열)입니다. pandas에서 벡터, 즉 1차원 배열을 시리즈(Series)라고 부릅니다. Series부터 확인해 보겠습니다. Series는 파이썬의 자료 구조인 list를 생각하시면 쉽게 이해됩니다. list 역시 벡터인 것이죠.

```python
import pandas as pd

pd_S1 = pd.Series([1, 2, 3])
print(pd_S1)
print(pd_S1[0])

print(sep='\n')

List_V = ['가', '나', '다']
pd_S2 = pd.Series(List_V)
print(pd_S2)
print(pd_S2[2])
```

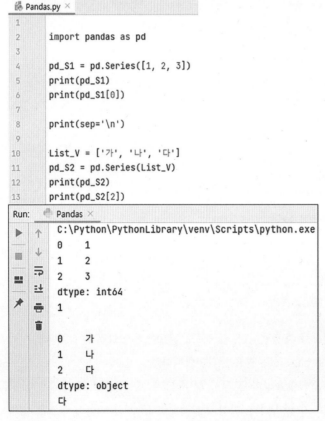

<그림 05_6_9 Pandas의 Series 예시>

첫 번째 Series에서는 값을 리스트 구조로 직접 입력했습니다. 두 번째에서는 파이썬의 자료 구조인 리스트로 선언하고 전달한 경우입니다. 중요한 부분은 값이 리스트 형태로 전달된다는 점입니다. Series 전체를 그대로 출력하면 인덱스(index) 번호와 해당 값이 매트릭스 형태로 출력됩니다. 역시 index번호는 0번부터 출력됩니다. 리스트를 이해하고 계시다면 크게 어려움 없습니다. 인덱스 번호를 지정하면 해당 위치 값이 출력됩니다.

다음은 pandas의 두 번째 자료 구조인 매트릭스입니다. pandas에서 매트릭스는 'DataFrame'이라 부릅니다. DataFrame에 데이터를 정의하는 방법도 정말 다양합니다. 우리는 직접 입력하는 방법과 데이터를 호출해서 정의하는 방법을 살펴보겠습니다. 사실 DataFrame을 구성하는 것보다 어떻게 활용되는지를 아는 것이 더 중요합니다.

```python
import pandas as pd

pd_DataSet = {'name': ['영희', '철수', '길동', '전군'],
    '국어': [95, 92, 89, 90],
    '영어': [85, 95, 92, 89],
    '수학': [89, 97, 95, 92]}

DF = pd.DataFrame(pd_DataSet)

print(DF)
```

```
Pandas.py ×
1
2    import pandas as pd
3
4    pd_DataSet = {'name': ['영희', '철수', '길동', '전군'],
5            '국어': [95, 92, 89, 90],
6            '영어': [85, 95, 92, 89],
7            '수학': [89, 97, 95, 92]}
8
9    DF = pd.DataFrame(pd_DataSet)
10
11    print(DF)
```

```
Run:     Pandas ×
    C:\Python\PythonLibrary\venv\Scripts\python.exe
       name  국어  영어  수학
    0   영희   95   85   89
    1   철수   92   95   97
    2   길동   89   92   95
    3   전군   90   89   92

    Process finished with exit code 0
```

<그림 05_6_10 직접 값을 입력하여 Dataframe 정의>

대괄호({ })와 중괄호([ ])를 적절히 사용하여 정의하였습니다. 대괄호 뒤에 나오는 값이 컬럼(열, column, 이하 필드)의 이름이 되고, 콜론(:) 뒤에 리스트로 저장되는 값이 해당 필드의 실제 값이 됩니다. Dataframe을 이와 같이 직접 정의할 경우 주의할 점은 각 필드 별 값의 개수가 동일해야 한다는 점입니다. 개수가 일치하지 않으면 오류가 발생하는 점 잊지 마세요.

그런데, 이런 생각이 듭니다. 우리가 파이썬으로 작업을 할 때, 그것도 우리의 목적이 데이터 분석이라면, Series도 그렇지만 특히나 Dataframe은 매번 값을 만들어 입력해야 하는 경우가 얼마나 발생할까요? 그것도 행과 열을 아주 정확히 계산하며 말이죠. 그 값이 그나마 적다면 큰 문제는 아닐 텐데, 지금은 빅 데이터의 시대인 만큼, 우리가 직접 입력하며 데이터를 처리하는 경우는 아마 극히 드물지 않을까 생각이 됩니다. 물론 때에 따라서는 다양한 입력이 있을 수 있습니다. 그래서 이번에는 우리가 업무 중 가장 많이 활용하는 엑셀(CSV)을 이용해 Dataframe을 구성해 보겠습니다.

read_csv("파일경로")

엑셀 CSV 파일을 읽어오는 방법은 pandas의 read_csv 메서드를 활용해서 진행됩니다. 해당 메서드의 인자는 파일 경로 하나입니다.

```
import pandas as pd

pd_DataSet = pd.read_csv('C:\Python\Sample_CSV\Pandas_Sample.csv')

DF = pd.DataFrame(pd_DataSet)

print(DF)
```

<그림 05_6_11 CSV를 호출하여 Dataframe 정의>

read_csv 메서드를 통해 Pandas_Sample.csv을 호출했습니다. 그리고 그 결과를 그대로 Dataframe에 담았습니다. 너무 간단하죠? 그런데 유심히 살펴보면 중간에 숫자가 건너뛰고 출력되고 있음을 확인할 수 있습니다. Dataframe의 크기가 일정한 범위(일반적으로 상, 하, 좌, 우 각 5개 이하)를 넘어서면 스스로 중간을 생략하고 끊어서 출력해 줍니다. 그래서 혹, 모든 데이터를 확인해야 할 필요가 있을 때는 다음 코드를 추가해서 처리합니다.

```
pd.set_option('display.max_rows', None)
pd.set_option('display.max_columns', None)
```

pandas에 set_option 메서드를 활용합니다. 보시는 것처럼 2개의 인자가 전달되며, 행(rows)과 열(columns)을 결정하는 첫 번째 인자, 그리고 두 번째 인자는 None을 전달합니다.

```python
import pandas as pd

pd.set_option('display.max_rows', None)
pd.set_option('display.max_columns', None)

pd_DataSet = pd.read_csv('C:\Python\Sample_CSV\Pandas_Sample.csv')

DF = pd.DataFrame(pd_DataSet)

print(DF)
```

```
C:\Python\PythonLibrary\venv\Scripts\python.exe C:/Python/Pyt
       X1    X2    X3    X4    X5    Y1
0    6147  6755  6944  5663  6318  6300
1    6500  6899  6906  5740  6365  6750
2    6629  6808  6632  5794  5959  6686
3    6647  6738  6510  6221  5741  6347
4    6401  6703  6584  6353  6201  6377
5    6404  6366  6577  6455  6103  6935
6    6797  6376  6160  6560  5948  6903
7    6712  6947  5979  6460  6095  6908
8    6829  6990  6701  6155  6268  6925
9    6821  7047  7023  6115  5979  7027
10   6671  7033  7270  6655  6017  6900
```

<그림 05_6_12 Dataframe 모든 데이터 출력 확인>

Pandas_Sample.csv를 활용하여 좀 더 다양한 Pandas의 기본적인 명령들을 확인해 보겠습니다.

```
.head()
.tail()
```

먼저 .head()와 .tail() 명령은 전체 데이터 내에서 앞과 뒤 각 5개씩만 보여 주는 함수입니다.

```
import pandas as pd

pd_DataSet = pd.read_csv('C:₩Python₩Sample_CSV₩Pandas_Sample.csv')

DF = pd.DataFrame(pd_DataSet)

Top_Data = DF.head()
Bottom_Data = DF.tail(7)

print(Top_Data)
print(Bottom_Data)
```

```python
2    import pandas as pd
3
4    pd_DataSet = pd.read_csv('C:\Python\Sample_CSV\Pandas_Sample.csv')
5
6    DF = pd.DataFrame(pd_DataSet)
7
8    Top_Data = DF.head()
9    Bottom_Data = DF.tail(7)
10
11   print(Top_Data)
12   print(Bottom_Data)
```

	X1	X2	X3	X4	X5	Y1
0	6,147	6,755	6,944	5,663	6,318	6,300
1	6,500	6,899	6,906	5,740	6,365	6,750
2	6,629	6,808	6,632	5,794	5,959	6,686
3	6,647	6,738	6,510	6,221	5,741	6,347
4	6,401	6,703	6,584	6,353	6,201	6,377
	X1	X2	X3	X4	X5	Y1
358	5,796	5,289	6,090	6,177	5,328	6,392
359	5,684	5,458	5,916	5,601	5,628	5,735
360	6,008	6,031	6,319	5,761	6,158	5,549
361	5,853	6,160	6,470	6,079	5,821	5,764
362	5,828	6,043	6,632	6,397	5,795	6,042
363	6,243	6,182	6,636	6,566	5,823	6,533
364	6,391	6,319	6,650	6,821	5,845	6,468

<그림 05_6_13 head()와 tail() 메서드>

인자가 없으면 기본 5개가 호출되고, 만약 구체적인 개수를 확인하고 싶다면 예시처럼 인자를 전달해 주면 해당 개수만큼 호출됩니다.

.columns

.columns 메서드는 Dataframe의 title, 즉 우리가 흔히 말하는 column(컬럼, 필드, 열) 명을 보여 줍니다.

```python
import pandas as pd

pd_DataSet = pd.read_csv('C:\Python\Sample_CSV\Pandas_Sample.csv')

DF = pd.DataFrame(pd_DataSet)

Column_Name = DF.columns

print(Column_Name)
```

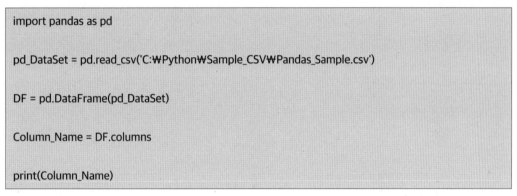

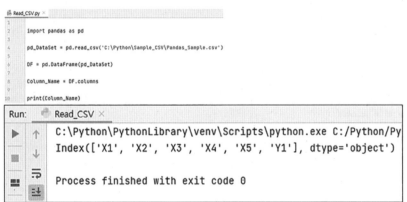

<그림 05_6_14 Dataframe의 컬럼 명 확인하기>

이번에는 Dataframe에 전달된 CSV 파일의 값들이 어떤 자료 유형(data type)을 가지고 있는지 확인해 보겠습니다. .info() 메서드를 통해 컬럼 별 자료 유형을 쉽게 확인할 수 있습니다.

.info()

```
import pandas as pd

pd_DataSet = pd.read_csv('C:\Python\Sample_CSV\Pandas_Sample.csv')

DF = pd.DataFrame(pd_DataSet)

Data_Type = DF.info()

print(Data_Type)
```

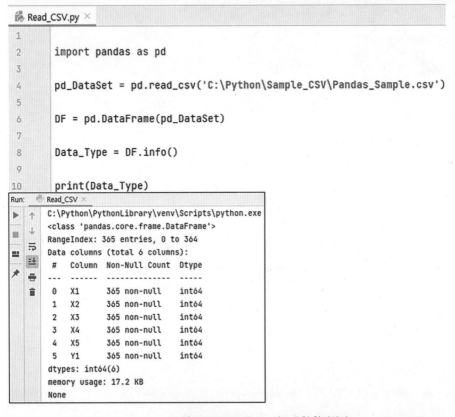

<그림 05_6_15 Dataframe 자료 유형 확인하기>

다음은 데이터 분석에서 매우 유용하게 활용할 수 있는 .describe() 메서드입니다. describe 메서드
는 Dataframe의 가장 기본적인 통계 정보를 제공해 줍니다. 데이터 분석은 기초 통계부터 시작되기
에 매우 유용하게 활용할 수 있는 메서드이죠.

.describe()

```
import pandas as pd

pd.set_option('display.max_rows', None)
pd.set_option('display.max_columns', None)

pd_DataSet = pd.read_csv('C:\Python\Sample_CSV\Pandas_Sample.csv')

DF = pd.DataFrame(pd_DataSet)

Basic_Stat = DF.describe()

print(Basic_Stat)
```

```
Read_CSV.py ×
1
2        import pandas as pd
3
4        pd.set_option('display.max_rows', None)
5        pd.set_option('display.max_columns', None)
6
7        pd_DataSet = pd.read_csv('C:\Python\Sample_CSV\Pandas_Sample.csv')
8
9        DF = pd.DataFrame(pd_DataSet)
10
11       Basic_Stat = DF.describe()
12
13       print(Basic_Stat)
```

```
Run:    Read_CSV ×
    C:\Python\PythonLibrary\venv\Scripts\python.exe C:/Python/PythonLibrary/venv
                   X1           X2           X3           X4           X5  \
    count  365.000000   365.000000   365.000000   365.000000   365.000000
    mean  6213.879452  6240.194521  6229.915068  6269.783562  6035.454795
    std    521.121484   455.308575   541.930849   404.657092   406.605252
    min   5255.000000  5289.000000  5321.000000  5435.000000  5211.000000
    25%   5831.000000  5949.000000  5895.000000  6003.000000  5795.000000
    50%   6123.000000  6160.000000  6095.000000  6225.000000  5978.000000
    75%   6518.000000  6464.000000  6543.000000  6553.000000  6305.000000
    max   7938.000000  7994.000000  7925.000000  7687.000000  7150.000000

                   Y1
    count  365.000000
    mean  6104.739726
    std    592.338758
    min   5051.000000
    25%   5680.000000
    50%   5973.000000
    75%   6467.000000
    max   7772.000000
```

<그림 05_6_16 Dataframe 기초 통계 확인하기>

마지막으로 특정한 구간의 데이터를 확인하는 방법에 대해 알아보겠습니다. 먼저 특정 컬럼(열)의 값을 확인해 보겠습니다.

```
import pandas as pd

pd.set_option('display.max_rows', None)
pd.set_option('display.max_columns', None)

pd_DataSet = pd.read_csv('C:₩Python₩Sample_CSV₩Pandas_Sample.csv')
DF = pd.DataFrame(pd_DataSet)

C_X1 = DF['X3'] (DF.X3와 동일)

print(C_X1)
```

```
import pandas as pd

pd.set_option('display.max_rows', None)
pd.set_option('display.max_columns', None)

pd_DataSet = pd.read_csv('C:\Python\Sample_CSV\Pandas_Sample.csv')

DF = pd.DataFrame(pd_DataSet)

C_X1 = DF['X3']

print(C_X1)
```

```
C:\Python\PythonLibrary\venv\Scripts\python.exe
0    6944
1    6906
2    6632
3    6510
4    6584
5    6577
```

<그림 05_6_17 특정 컬럼의 값 확인하기>

특정 컬럼의 값을 확인하는 방법은 대괄호([ ]) 안에 해당 컬럼 명을 명시하여 표시하거나, 0부터 시작하는 일련 번호를 입력하면 됩니다. 단 대괄호를 활용할 경우 컬럼 명 앞뒤에 작은따옴표 혹은 큰따옴표를 반드시 기입해야 한다는 점입니다. 특정 행 구간의 값을 호출할 수도 있습니다.

```
import pandas as pd

pd.set_option('display.max_rows', None)
pd.set_option('display.max_columns', None)

pd_DataSet = pd.read_csv('C:\Python\Sample_CSV\Pandas_Sample.csv')
DF = pd.DataFrame(pd_DataSet)

R_V = DF[3:6]

print(R_V)
```

```
import pandas as pd

pd.set_option('display.max_rows', None)
pd.set_option('display.max_columns', None)

pd_DataSet = pd.read_csv('C:\Python\Sample_CSV\Pandas_Sample.csv')

DF = pd.DataFrame(pd_DataSet)

R_V = DF[3:6]

print(R_V)
```

```
Run:    Pandas ×
    C:\Python\PythonLibrary\venv\Scripts\python.exe
          X1     X2     X3     X4     X5     Y1
     3   6647   6738   6510   6221   5741   6347
     4   6401   6703   6584   6353   6201   6377
     5   6404   6366   6577   6455   6103   6935

    Process finished with exit code 0
```

<그림 05_6_18 특정 행 구간의 값 확인하기>

대괄호 안에 시작 행 번호와 끝 번호를 콜론(:)으로 구분하여 입력하면 됩니다. 행의 시작 번호는 '0'
부터입니다. 즉, 가장 앞의 행 번호가 0이라는 것이죠. 그리고 대괄호에 작성된 끝 번호는 실제 입력
된 값의 -1이 됩니다. 만약 [5:10]의 값을 입력하고 행 구간을 확인하면 결과는 5행부터 시작해 9행
까지 출력되는 것이죠.

이외에도 pandas에서 제공되는 기능은 너무나 많죠. 그래도 시작하는 우리에게 이 정도만 알아도
pandas의 핵심적인 기능은 충분히 파악한 것입니다.

Numpy

우리가 넘파이라고 부르는 Numpy(Numerical Python)는 의미 그대로 파이썬에서 수치 계산을 위한 핵심 라이브러리입니다. 이런 생각을 해볼 수 있습니다. 수치 계산이라면 단순히 연산자를 이용해 간단한 계산이 가능한데 왜 굳이 별도의 라이브러리가 존재할까? 그렇죠. 연산자만으로도 왠만한 계산이 다 가능합니다. 그럼 왜 numpy를 사용해야만 할까요? 그 이유는 바로 데이터의 구조에서 찾을 수 있습니다. 연산자를 통해 계산되는 피 연산자는 주로 스칼라 구조의 단일 값을 사용하게됩니다. 하지만 numpy를 사용하면 벡터(배열) 및 행렬(matrix)의 데이터 구조도 쉽게 연산이 가능하다는 점이죠. numpy를 시작하기 전에 딱 한 가지 부분만 여러분이 기억하고 학습해 주셨으면 합니다. '앞으로 수학적 연산이 수행되어야 한다면 우리에게는 numpy가 필요하겠구나.'하고 말이죠. numpy를 통한 연산 시작해 보겠습니다. numpy를 사용하기 위해서는 Pandas와 같이 인터프리터가 설치되어 있어야 합니다.

<그림 05_7_1 Numpy라이브러리 설치 확인>

혹 numpy라이브러리가 등록되어 있지 않다면 pandas 설명에서 다루었던 인터프리터 설치 과정을 살펴보시기 바랍니다. 혹은 다음과 명령을 통해서도 설치가 가능합니다.

```
pip install numpy
```

앞서 말씀드린 사칙 연산부터 확인해 보겠습니다. 다음 코드를 먼저 실행해 보겠습니다.

```
A = [2, 4, 6]
B = [1, 3, 5]

C = A + B

print(C)
```

```
A = [2, 4, 6]
B = [1, 3, 5]

C = A + B

print(C)
```

```
C:\Python\Operator_Practice\venv\Scripts\python.exe
[2, 4, 6, 1, 3, 5]

Process finished with exit code 0
```

<그림 05_7_2 리스트 객체의 더하기 연산>

A와 B는 일반적인 리스트 객체입니다. 두 리스트를 파이썬의 기본적인 연산자를 통해 더하면 그 결과는 또 다른 리스트 객체로 계산되죠. 리스트 객체에 포함된 원소 하나 하나의 연산은 아닙니다. 이번엔 numpy를 사용해 보겠습니다.

```
import numpy as np

A = [2, 4, 6]
B = [1, 3, 5]

AA = np.array(A)
BB = np.array(B)

C = AA + BB

print(C)
```

```
import numpy as np

A = [2, 4, 6]
B = [1, 3, 5]

AA = np.array(A)
BB = np.array(B)

C = AA + BB

print(C)
```

```
Numpy (1) ×
C:\Python\PythonLibrary\venv\Scripts\python.exe
[ 3  7 11]

Process finished with exit code 0
```

<그림 05_7_3 numpy array 메서드를 활용한 벡터의 더하기 연산>

리스트의 원소들이 각각의 순서에 따라 대응하여 동일한 위치 값이 더해진 결과가 출력됩니다. 단순 리스트의 연산과 다른 결과입니다. 이 코드의 핵심은 array 메서드입니다. numpy에서 array는 가장 기본적인 벡터와 행렬을 생성하는 명령입니다. 우리가 주로 활용할 명령이 되죠. 또 한가지 중요한 부분은 list와는 다르게 결과 내 쉼표(,)가 없다는 점입니다. 매우 중요한 부분으로 list 객체와 numpy array가 구분되는 부분입니다. 벡터를 생성할 때는 지금 코드처럼 리스트로 담아 변수로 전달받아도 되고 값을 직접 입력해도 됩니다. 그리고 행렬의 생성도 비슷하게 진행됩니다.

```
import numpy as np

AA = np.array([[1, 2, 3, 4, 5], [6, 7, 8, 9, 10]])

print(AA)
print('----------------')


A = [2, 4, 6, 8, 10]
B = [1, 3, 5, 7, 9]


C = np.array([A,B])

print(C)
```

```
import numpy as np

AA = np.array([[1, 2, 3, 4, 5], [6, 7, 8, 9, 10]])

print(AA)
print('----------------')

A = [2, 4, 6, 8, 10]
B = [1, 3, 5, 7, 9]

C = np.array([A,B])

print(C)
```

```
Numpy (1) ×
C:\Python\PythonLibrary\venv\Scripts\python.exe
[[ 1  2  3  4  5]
 [ 6  7  8  9 10]]
----------------
[[ 2  4  6  8 10]
 [ 1  3  5  7  9]]

Process finished with exit code 0
```

<그림 05_7_4 numpy array 행렬의 생성>

점선을 기준으로 변수 AA는 array에 직접 입력하여 행렬이 생성되었습니다. 아래 C변수는 A와 B에 각각 리스트를 생성하고 이를 변수로 받아 행렬이 생성된 것입니다. 중요한 부분은 대괄호의 위치와 사용 방법입니다. 유심히 살펴보시기 바랍니다. 이제 다시 복습차원에서 벡터, 즉 배열의 사칙연산을 numpy를 통해서 수행해 보겠습니다.

```
import numpy as np

A = np.array([1, 5, 9])
B = np.array([2, 6, 10])

Sum_R = A + B
Min_R = A - B
Mul_R = A * B
Div_R = A / B

print('더하기 :', Sum_R, ' 빼기 :', Min_R,' 곱하기 :', Mul_R, ' 나누기 :', Div_R)
```

```
import numpy as np

A = np.array([1, 5, 9])
B = np.array([2, 6, 10])

Sum_R = A + B
Min_R = A - B
Mul_R = A * B
Div_R = A / B

print('더하기 :', Sum_R, ' 빼기 :', Min_R,' 곱하기 :', Mul_R, ' 나누기 :', Div_R)
```

```
 Numpy (1) ×
C:\Python\PythonLibrary\venv\Scripts\python.exe C:/Python/PythonLibrary/Numpy.py
더하기 : [ 3 11 19]  빼기 : [-1 -1 -1]  곱하기 : [ 2 30 90]  나누기 : [0.5        0.83333333 0.9        ]

Process finished with exit code 0
```

<그림 05_7_5 numpy array를 활용한 벡터의 사칙 연산>

앞서 설명 드린 것처럼 벡터의 연산은 대응되는 위치의 값끼리 연산하여 그 결과를 출력합니다. 벡터의 사칙 연산은 다음과 같은 함수를 이용해도 동일한 결과를 얻을 수 있습니다.

numpy array를 활용한 벡터의 사칙 연산 방법	
연산자 사용	numpy 함수 사용
A + B	.add(A, B)
A - B	.substract(A, B)
A * B	.multiply(A, B)
A / B	.divide(A, B)

이번엔 행렬의 사칙 연산입니다.

```
import numpy as np

AA = np.array([[1, 2, 3, 4, 5], [6, 7, 8, 9, 10]])

A = [2, 4, 6, 8, 10]
B = [1, 3, 5, 7, 9]

C = np.array([A,B])

Sum_R = AA + C
Min_R = AA - C
Mul_R = AA * C
Div_R = AA / C

print('더하기 :', Sum_R, '\n 빼기 :', Min_R,'\n 곱하기 :', Mul_R, '\n 나누기 :', Div_R)
```

```
import numpy as np

AA = np.array([[1, 2, 3, 4, 5], [6, 7, 8, 9, 10]])

A = [2, 4, 6, 8, 10]
B = [1, 3, 5, 7, 9]

C = np.array([A,B])

Sum_R = AA + C
Min_R = AA - C
Mul_R = AA * C
Div_R = AA / C

print('더하기 :', Sum_R, '\n 빼기 :', Min_R,'\n 곱하기 :', Mul_R, '\n 나누기 :', Div_R)
```

```
C:\Python\PythonLibrary\venv\Scripts\python.exe C:/Python/PythonLibrary/Numpy.py
더하기 : [[ 3  6  9 12 15]
 [ 7 10 13 16 19]]
빼기 : [[-1 -2 -3 -4 -5]
 [ 5  4  3  2  1]]
곱하기 : [[ 2  8 18 32 50]
 [ 6 21 40 63 90]]
나누기 : [[0.5        0.5        0.5        0.5        0.5       ]
 [6.         2.33333333 1.6        1.28571429 1.11111111]]
```

<그림 05_7_6 numpy array를 활용한 행렬의 사칙 연산>

numpy array를 활용한 행렬의 사칙 연산은 다음의 표를 보시면 쉽게 이해가 됩니다.

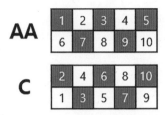

<그림 05_7_8 numpy array를 활용한 행렬의 사칙 연산 예시>

예를 들어 회색 음영 처리된 부분끼리 연산이 수행됩니다. 결국 각 array에 담긴 행과 열의 위치가 대응되어 연산이 이루어 진다는 점입니다. 행렬의 연산도 함수를 이용해 동일한 결과를 얻을 수 있습니다.

numpy array를 활용한 행렬의 사칙 연산 방법	
연산자 사용	numpy 함수 사용
AA + C	.add(AA, C)
AA - C	.substract(AA, C)
AA * C	.multiply(AA, C)
AA / C	.divide(AA, C)

numpy 자체가 수치 계산을 위한 라이브러리인만큼 많은 수학 함수를 제공해 줍니다. 아래는 대표적인 몇 가지를 정리한 표입니다. 여러분도 확인하시고 필요에 따라 사용하시면 됩니다.

numpy array를 활용한 기본 함수			
함수 명	정의	함수 명	정의
abs	각 원소의 절대 값	cos, cosh, sin	각 원소의 삼각 함수
sqrt	각 원소의 제곱 근	rint	각 원소의 반올림
square	각 원소의 제곱		

numpy에서 마지막으로 설명 드릴 부분은 난수 발생 함수입니다. 우리는 파이썬에서 기본적으로 제공되는 난수 발생 함수(random)를 이미 학습했습니다. numpy에서도 당연히 난수 발생 함수를 제공합니다. 난수를 발생시키는 방법도 정말 다양합니다. 그 중에서도 가장 기본적인 내용만 설명 드리겠습니다.

```python
import numpy as np

RN_1 = np.random.rand(5)

print(RN_1)
print('_____')

RN_2 = np.random.rand(3, 3)

print(RN_2)
```

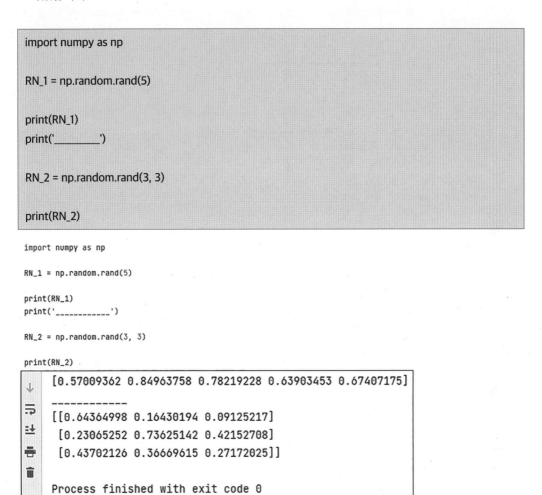

<그림 05_7_9 numpy array를 활용한 행렬의 사칙 연산 예시>

난수는 기본적으로 0과 1사이에 값 중에서 무작위로 생성되는 점은 알고 계시죠? RN_1은 5개의 원자를 갖는 벡터 형식의 난수가 발생됩니다. RN_2는 3행 3열의 값을 갖는 행렬 형식의 난수가 발생됩니다. 이제 다음의 실습 문제 풀어 볼까요?

총 6개의 난수를 생성하여 로또(Lotto)번호를 출력합니다. 이때 총 4번의 로또 번호를 생성하세요.
(4행 6열)

numpy 반올림 함수
.round(x1, x2)
X1 : 반올림 대상 실수, x2 : 반올림 대상 자릿수, 생략 가능, 생략 시 기본 값 0

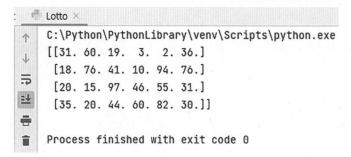

```
Lotto ×
C:\Python\PythonLibrary\venv\Scripts\python.exe
[[31. 60. 19.  3.  2. 36.]
 [18. 76. 41. 10. 94. 76.]
 [20. 15. 97. 46. 55. 31.]
 [35. 20. 44. 60. 82. 30.]]

Process finished with exit code 0
```

<그림 05_7_10 numpy를 활용한 로또 번호 생성 결과>

```
import numpy as np

R_N = np.random.rand(4, 6)

Lotto_N = np.round(R_N * 100)

print(Lotto_N)
```

```
Lotto.py ×
1
2    import numpy as np
3
4    R_N = np.random.rand(4, 6)
5
6    Lotto_N = np.round(R_N * 100)
7
8    print(Lotto_N)
```

<그림 05_7_11 numpy를 활용한 로또 번호 코드>

핵심은 생성된 난수에 실수를 취하기 위해 100을 곱하고 round 함수로 반올림한 부분(Lotto_N =
np.round(R_N * 100))입니다.

8 Matplotlib

저와 같이 기술을 빌려 삶을 영위해 가는 분들, 특히 직장 생활을 하시는 분들이라면 공감할 만한 이야기가 있습니다. 내가 아무리 뛰어난 능력이 있다 해도 결국 가시적이지 못하면 그 가치가 반감된다는 점이죠. 이 말은 보기 좋은 떡이 먹기도 좋다는 의미가 됩니다. 그런 의미에서 이번 주제는 결과를 시각화하여 표현해 주는 라이브러리를 학습해 보도록 하겠습니다. 파이썬에서의 시각화, 특히 차트(chart)를 표현하는 라이브러리는 몇몇 있지만 가장 많이 활용되는 라이브러리는 matplotlib입니다. 앞서 pandas와 numpy처럼 matplotlib가 라이브러리 등록되어 있어야 합니다.

Project: PythonLibrary › Python Interpreter

Python Interpreter: 🐍 Python 3.9 (PythonLibrary) C:\Python\PythonLibrary\venv\Scripts\python.exe

Package	Version	Latest version
Pillow	8.3.1	8.3.1
cycler	0.10.0	0.10.0
kiwisolver	1.3.1	1.3.1
matplotlib	3.4.2	3.4.2

<그림 05_8_1 matplotlib 라이브러리 등록>

```
import matplotlib.pyplot as plt

plt.plot([1, 3, 5, 7, 9])
plt.ylabel('Y')
plt.xlabel('X')
plt.show()
```

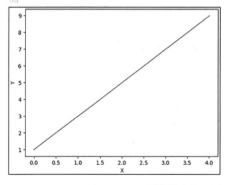

<그림 05_8_2 matplotlib의 기본적인 선형 plot 차트 그리기>

Matplotlib 라이브러리를 import하는데 있어 기존 pandas나 numpy와 조금 다릅니다. Matplotlib 뒤에 특정 객체를 함께 호출했습니다. 라이브러리를 사용하다 보면 지금처럼 해당 라이브러리에서 특정 객체를 콕 집어 호출해야 하는 경우가 종종 발생합니다. 혹 여러분이 라이브러리만 호출하고 특정 명령을 사용했는데 오류가 발생한다면 당황하지 마시고 특정 객체까지 호출해야 하는지 판단 하시기 바랍니다.

Matplotlib 라이브러리 pyplot 객체에서 가장 기본적인 plot 차트를 작성하는 코드입니다. Plot 메 서드에 전달된 인자는 기본적으로 y값을 기준으로 합니다. 즉 스칼라(단일 값) 혹은 벡터(리스트, 배 열 값)만 인자로 전달되면 해당 값은 y축의 값이 됩니다. 코드에서 [1, 3, 5, 7, 9]의 벡터 값 만을 인자 로 전달해 주었기 때문에 그래프 상에 x축은 1씩 증가하도록 자동 생성되어 그려지며 y축은 전달된 인자가 나타나게 되는 것이죠. 그러면 x축의 값도 전달하는 방법은 무엇일까요? 바로 행렬로 plot 메서드에 인자를 전달하면 되는 것입니다.

```
import matplotlib.pyplot as plt

plt.plot([1, 3, 5, 7, 9], [2, 4, 6, 8, 10])
plt.ylabel('Y')
plt.xlabel('X')
plt.show()
```

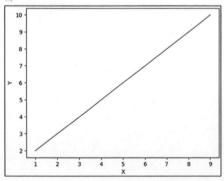

<그림 05_8_3 행렬로 값이 전달된 plot 차트 그리기>

행렬로 전달된 인자는 첫 번째 인자([1, 3, 5, 7, 9])가 x축의 값이 되고, 두 번째 인자([2, 4, 6, 8, 10]) 가 y축의 값이 됩니다.

계속해서 bar(막대) 차트를 작성해 보도록 합니다. bar 차트의 핵심은 x 또는 y축에 정확히 매핑 (mapping)되는 bar의 범위를 설정하는 것입니다. 일단 작성된 아래 코드를 먼저 보시고 계속 설명 드리겠습니다.

```
import matplotlib.pyplot as plt
import numpy as np


x = np.arange(4)
years = ['2000Y', '2010Y', '2020Y', '2030Y']
values = [200, 400, 600, 800]


plt.bar(x, values)
plt.xticks(x, years)
plt.show()
```

```
import matplotlib.pyplot as plt
import numpy as np

x = np.arange(4)
years = ['2000Y', '2010Y', '2020Y', '2030Y']
values = [200, 400, 600, 800]

plt.bar(x, values)
plt.xticks(x, years)
plt.show()
```

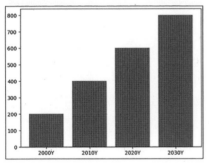

<그림 05_8_4 bar(막대) 차트 그리기>

'np.arange(4)'부터 설명 드리겠습니다. np.arange는 numpy에서 일정한 값을 가지는 array를 생성 해 주는 메서드입니다. 결국 np.arange(4)는 [0 1 2 3]이 되는 것이죠. 앞서 '축과 정확히 매핑되는 bar의 범위'라는 표현을 빌어 잠깐 언급 드렸듯이 축의 구성이 4개이기 때문에 그려질 bar의 범위 도 정확히 4개 되어야 하고 시작 지점도 일치해야 합니다. bar와 xticks에 각각 전달된 첫 번째 인자 는 동일한 크기를 가지는 값이 됩니다.

plt.bar	▶	0 = 200,	1 = 400,	2 = 600,	3 = 800
plt.xticks	▶	0 = 2000Y,	1 = 2010Y,	2 = 2020Y,	3 = 2030Y

np.arange(4)에서 생성된 array에 bar와 xticks의 값들이 하나씩 매핑되어 전달되는 것이라 이해하시면 됩니다. bar 메서드에 기준 값과 유형을 인자로 모두 전달하여 처리해도 똑 같은 결과를 얻습니다.

```python
import matplotlib.pyplot as plt
import numpy as np

x = np.arange(4)
years = ['2000Y', '2010Y', '2020Y', '2030Y']
values = [200, 400, 600, 800]

plt.bar(x, values, tick_label=years)
plt.show()
```

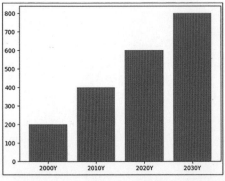

<그림 05_8_5 bar 메서드를 활용한 차트 그리기>

첫 번째 코드와 달라진 부분은 plt.bar 메서드에 전달되는 인자가 늘었고, plt.xticks가 사라진 것입니다. plt.xticks를 명시한 부분을 plt.bar 메서드에 인자로 전달(tick_label=years)했기 때문에 코드가 삭제되었습니다.

지금 작성한 막대 차트는 x축이 기준이 된 세로형(수직) 막대입니다. 그리고 메서드는 'bar'입니다. y축이 기준이 된 가로형(수평) 막대 차트의 메서는 'barh'입니다. bar를 barh로 메서드 이름만 변경하면 수직 막대를 수평 막대로 표현할 수 있습니다.

```python
import matplotlib.pyplot as plt
import numpy as np

x = np.arange(4)
years = ['2000Y', '2010Y', '2020Y', '2030Y']
values = [200, 400, 600, 800]

plt.barh(x, values, tick_label=years)
plt.show()
```

```python
import matplotlib.pyplot as plt
import numpy as np

x = np.arange(4)
years = ['2000Y', '2010Y', '2020Y', '2030Y']
values = [200, 400, 600, 800]

plt.barh(x, values, tick_label=years)
plt.show()
```

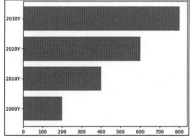

<그림 05_8_6 barh 메서드를 활용한 수평 막대 차트 그리기>

이번엔 산점도를 그려 보겠습니다. 산점도를 그리는 메서드는 scatter입니다. 주로 두 값(x와 y)의 상관 관계를 보고자 할 때 사용되는 그래프입니다. Matplotlib를 통해서 산점도를 그리는 방법은 매우 간단합니다. x값에 따른 y의 변화 혹은 반대로 y값에 따른 x값의 변화를 확인하는 것이니 x와 y값만 정확히 정의되면 됩니다.

```
import matplotlib.pyplot as plt
import pandas as pd

pd_DataSet = pd.read_csv('C:\Python\Sample_CSV\Matplotlib_Sample1.csv')

DF = pd.DataFrame(pd_DataSet)

print(DF)

x = DF.MM
y = DF.SS

plt.scatter(x, y)
plt.show()
```

```
import matplotlib.pyplot as plt
import pandas as pd

 pd_DataSet = pd.read_csv('C:\Python\Sample_CSV\Matplotlib_Sample1.csv')

 DF = pd.DataFrame(pd_DataSet)

 print(DF)

 x = DF.MM
 y = DF.SS

 plt.scatter(x, y)
 plt.show()
```

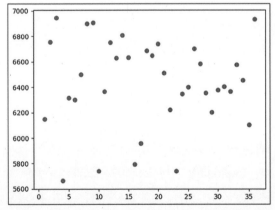

<그림 05_8_7 pandas의 데이터 호출을 통한 산점도 그리기>

pandas를 통해 CSV 파일을 호출해 x와 y값을 구성했습니다. 호출된 파일에서 DataFrame을 구성하고 각각의 열을 x, y에 저장하여 scatter 메서드에 전달했습니다.

다음은 히스토그램입니다. 히스토그램은 빈도를 표현하는 대표적인 그래프입니다. x값(가로)은 계열 값으로 측정 혹은 측량된 값이고 y값(세로)은 빈도를 나타냅니다. 따라서 히스토그램에서는 x값만 정의하여 해당 메서드에 전달하면 됩니다.

```
import matplotlib.pyplot as plt
import pandas as pd

pd_DataSet = pd.read_csv('C:\Python\Sample_CSV\Matplotlib_Sample1.csv')

DF = pd.DataFrame(pd_DataSet)
x = DF. SS

plt.hist(x)
plt.show()
```

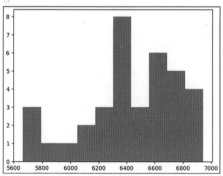

<그림 05_8_8 pandas의 데이터 호출을 통한 히스토그램 그리기>

역시 pandas를 통해 데이터 호출되었습니다. 2번째 열의 값을 x에 저장하고 hist 메서드에 전달하여 히스토그램을 표현했습니다.

Matplotlib 라이브러리를 통한 그래프 그리기의 마지막은 데이터의 구성 비율을 원형으로 확인하는 파이차트입니다.

```
import matplotlib.pyplot as plt

Sales = [2500, 3100, 2750, 3020, 2810]
Team_N = ['Sales1T', 'Sales2T', 'Sales3T', 'Sales4T', 'Sales5T']
T_sum = sum(Sales)

Sales_R = []

for i in range(5):
    Sales_R.append(Sales[i] / T_sum)

plt.pie(Sales_R, labels=Team_N, autopct='%.1f%%')
plt.show()
```

```
import matplotlib.pyplot as plt

Sales = [2500, 3100, 2750, 3020, 2810]
Team_N = ['Sales1T', 'Sales2T', 'Sales3T', 'Sales4T', 'Sales5T']
T_sum = sum(Sales)

Sales_R = []

for i in range(5):
    Sales_R.append(Sales[i] / T_sum)

plt.pie(Sales_R, labels=Team_N, autopct='%.1f%%')
plt.show()
```

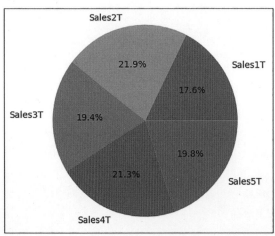

<그림 05_8_9 리스트와 for문을 활용한 파이 차트 그리기>

파이 차트는 리스트와 반복문 for를 활용했습니다. 각 부서별 매출을 'Sales'라는 리스트에 선언했습니다. 그리고 'Team_N' 리스트에는 매출에 대응되는 각 팀의 이름입니다. 'T_sum' 변수는 각 매출의 비율을 계산하기 위한 'Sales' 리스트의 총합입니다. 그리고 각 부서별 매출 비율을 저장하기 위해 빈 리스트 'Sales_R'을 선언했습니다. for문이 총 5번 수행됩니다. 반복이 수행될 때 각 부서별 매출 비율(부서별 매출/총 매출)이 계산되어 'Sales_R'에 하나씩 차례대로 저장이 됩니다. Pie 메서드에 전달된 인자는 첫 번째가 파이를 구성할 각각의 비율을 의미합니다. 전체 매출 대비 각 부서별 매출 비율이죠. 파이 별 이름은 'Team_N' 리스트에 선언된 값입니다. 마지막 인자인 '%.1f%%'는 소수점 이하 첫째 자리까지 비율의 값을 표현하겠다는 의미가 됩니다.

06
기초 데이터 분석

06 기초 데이터 분석

① 결측치 확인하기

이제 이론 과정은 모두 마무리되었습니다. 이번 장부터는 지금까지 학습한 이론을 토대로 실질적인 데이터 분석을 수행합니다. 먼저 데이터 분석의 기본인 기초 데이터 분석을 진행해 보겠습니다. 그 첫 번째로 분석 데이터의 전 처리 과정 중 하나인 결측 치를 확인하고 처리하는 방법을 확인하겠습니다. 아, 그전에 새로운 프로젝트를 생성하고 진행할 때는 사용할 라이브러리를 다시 등록해야 합니다. 항상 새로운 프로젝트를 생성하면 pandas, numpy, matplotlib 이 세 가지 라이브러리는 기본 인터프리터를 등록한다고 생각해주세요. 이후의 설명은 기본적으로 라이브러리가 등록되었다고 가정하고 진행됩니다.

또 한가지 당부 드리고 싶은 얘기가 있습니다. 지금부터는 이론 설명과는 다른 차원의 코드가 나옵니다. 파이썬을 시작하는 우리에게는 조금 복잡하고 난해하게 느껴질 수 있습니다. 어차피 프로그래밍은 응용의 연속입니다. 누가 얼마나 아는 만큼 응용력을 발휘할 수 있는가의 싸움입니다. 그러기 위해서는 반복 훈련밖에 답이 없습니다. 프로그래밍은 정답이 없습니다. 제가 드린 예제와 코드는 제 생각일 뿐이죠. 결국 프로그래머가 구현한 방법이 정답입니다. 내 자신을 믿고 충분히 연습하고 반복하면 가능합니다.

CSV 파일을 호출하여 pandas에 DataFrame을 구성합니다.

```
import pandas as pd

pd.set_option('display.max_rows', None)
pd.set_option('display.max_columns', None)

pd_DataSet = pd.read_csv('C:₩Python₩Sample_CSV₩Missing_Value_Sample.csv')

DF = pd.DataFrame(pd_DataSet)

MD = DF.isnull().sum()

print(MD)
```

```
import pandas as pd

pd.set_option('display.max_rows', None)
pd.set_option('display.max_columns', None)

pd_DataSet = pd.read_csv('C:\Python\Sample_CSV\Missing_Value_Sample.csv')

DF = pd.DataFrame(pd_DataSet)

MD = DF.isnull().sum()

print(MD)
```

```
C:\Python\Basic_statistic\venv\Scripts\python.exe
X1    2
X2    3
X3    0
X4    2
X5    1
Y1    2
dtype: int64
```

<그림 06_1_1 pandas DataFrame의 결측치 확인>

.isnull()

여타의 코드는 이미 알고 있는 내용입니다. 특별히 'isnull()' 메서드가 등장했습니다. 특별한 내용은 없습니다. DataFrame 내 데이터 중 결측치(손실값)를 확인하는 코드입니다. 이때 'sum()'을 추가하여 취합해서 결과를 보는 것이죠. 출력된 결과를 보면 아시겠지만 각 필드(column)별 결측치의 개수가 나타납니다.

결측치를 확인했으니 해당 결측치를 제거하거나 수정해야 합니다. 이런 가정을 해보겠습니다. 구성된 DataFrame의 자료는 결측치가 존재하면 안됩니다. 따라서 결측치가 있다면 해당 라인(행, row)은 제거를 해야합니다. 먼저 결측치가 포함된 해당 라인을 제거해 보겠습니다. 그 전에 열(column, field)의 개수와 행(row, index)의 개수를 먼저 확인해 보겠습니다.

```
len(DF.columns) -> 열의 개수
len(DF.index) -> 행의 개수
```

```
import pandas as pd

pd.set_option('display.max_rows', None)
pd.set_option('display.max_columns', None)

pd_DataSet = pd.read_csv('C:\Python\Sample_CSV\Missing_Value_Sample.csv')

DF = pd.DataFrame(pd_DataSet)

C_count = len(DF.columns)
R_count = len(DF.index)

print(C_count, '//', R_count)
```

```
import pandas as pd

pd.set_option('display.max_rows', None)
pd.set_option('display.max_columns', None)

pd_DataSet = pd.read_csv('C:\Python\Sample_CSV\Missing_Value_Sample.csv')

DF = pd.DataFrame(pd_DataSet)

New_DF = DF.dropna(how='any')

N_MD = New_DF.isnull().sum()

NC_count = len(New_DF.columns)
NR_count = len(New_DF.index)

print(N_MD)
print('------------')
print(NC_count, '//', NR_count)
```

```
C:\Python\Basic_statistic\venv\Scripts\python.exe
X1    0
X2    0
X3    0
X4    0
X5    0
Y1    0
dtype: int64
------------
6 // 355
```

<그림 06_1_2 행과 열의 개수 확인>

열과 행의 개수가 각각 6개 그리고 365개입니다. 각각의 결측 데이터는 행에 포함됩니다. 잠시 뒤 결측치가 포함된 행을 모두 제거하고 다시 행의 개수도 함께 확인해 보겠습니다. 결측 데이터가 포함된 행을 제거하는 메서드는 dropna()입니다.

.dropna()

```
import pandas as pd

pd.set_option('display.max_rows', None)
pd.set_option('display.max_columns', None)

pd_DataSet = pd.read_csv('C:₩Python₩Sample_CSV₩Missing_Value_Sample.csv')

DF = pd.DataFrame(pd_DataSet)

New_DF = DF.dropna(how='any')

N_MD = New_DF.isnull().sum()

NC_count = len(New_DF.columns)
NR_count = len(New_DF.index)

print(N_MD)
print('------------')
print(NC_count, '//', NR_count)
```

```
import pandas as pd

pd.set_option('display.max_rows', None)
pd.set_option('display.max_columns', None)

pd_DataSet = pd.read_csv('C:\Python\Sample_CSV\Missing_Value_Sample.csv')

DF = pd.DataFrame(pd_DataSet)

New_DF = DF.dropna(how='any')

N_MD = New_DF.isnull().sum()

NC_count = len(New_DF.columns)
NR_count = len(New_DF.index)

print(N_MD)
print('------------')
print(NC_count, '//', NR_count)
```

```
C:\Python\Basic_statistic\venv\Scripts\python.exe
X1      0
X2      0
X3      0
X4      0
X5      0
Y1      0
dtype: int64
------------
6 // 355
```

<그림 06_1_2 결측치가 포함된 행의 제거>

dropna() 메서드를 통해 결측치가 포함된 행을 제거하고 결측치 포함 열을 검사해 보니 하나도 없습니다. 그리고 행의 개수도 365에서 355개로 10개가 줄었습니다. dropna() 메서드에 결측치 행을 제거하기 위해 인자는 how='any'가 전달되었습니다. 그냥 상수로 인지하고 사용해 주시면 됩니다. 또 이런 가정을 해보겠습니다. 만약 결측 데이터가 측정이나 측량에 의한, 즉 관측 오류가 아닌 실제로 결측으로 나타난 경우일 수도 있다면 어떻게 처리해야 할까요? 결측치는 pandas에서 'NaN'으로 표기되어 나타납니다. 그래서 정상적인 데이터와 기본적으로 자료 유형(data type)이 다릅니다.

```
345  7076.0    NaN   6370  5802.0  6247.0  6644.0
346  7048.0  6727.0  6424  6326.0  5923.0  6017.0
```

<그림 06_1_3 결측치 출력 예시(최초 CSV로 구성한 DataFrame을 그대로 출력하면 확인 가능)>

하지만 결측이 아니기에 행을 모두 삭제하여 처리할 수 없습니다. 이때는 자료 유형을 맞춰 특정한 값으로 대체해야 합니다. 결측치를 특정한 값으로 변경하는 메서드는 fillna()입니다.

.fillna()

```
import pandas as pd

pd.set_option('display.max_rows', None)
pd.set_option('display.max_columns', None)

pd_DataSet = pd.read_csv('C:\Python\Sample_CSV\Missing_Value_Sample.csv')

DF = pd.DataFrame(pd_DataSet)

New_DF = DF.fillna(value=0)

N_MD = New_DF.isnull().sum()

NC_count = len(New_DF.columns)
NR_count = len(New_DF.index)

print(N_MD)
print('------------')
print(NC_count, '//', NR_count)
```

```
import pandas as pd

pd.set_option('display.max_rows', None)
pd.set_option('display.max_columns', None)

pd_DataSet = pd.read_csv('C:\Python\Sample_CSV\Missing_Value_Sample.csv')

DF = pd.DataFrame(pd_DataSet)

New_DF = DF.fillna(value=0)

N_MD = New_DF.isnull().sum()

NC_count = len(New_DF.columns)
NR_count = len(New_DF.index)

print(N_MD)
print('------------')
print(NC_count, '//', NR_count)
```

```
C:\Python\Basic_statistic\venv\Scripts\python.exe
X1      0
X2      0
X3      0
X4      0
X5      0
Y1      0
dtype: int64
------------
6 // 365
```

<그림 06_1_4 특정 값으로 결측치 변경하기>

Fillna() 메서드에도 'value=값'이라는 하나의 인자가 전달됩니다. 예제 코드에서는 value=0을 전달하여 결측치를 모두 0으로 변경한 것이죠. 그러면 결측치도 없고 행의 개수도 변하지 않습니다.

② 평균 구하기

누군가 저에게 '데이터 분석의 시작은 무엇인가요? 물어본다면 그 대답은 '모든 데이터 분석의 시작은 평균입니다.'라고 대답합니다. 말그대로 데이터 분석은 평균으로부터 시작됩니다. 평균은 데이터 분석에 있어 매우 중요한 역할을 담당하죠. 꽤 많은 분석이 평균과 밀접한 관련이 있습니다. 그 이유가 궁금하신 분들은 제 이론 관련 서적을 찾아 읽어 보시면 됩니다.

우리가 일상에서도 흔히 사용하는 평균은 바로 산술 평균을 말합니다. 바로 구해보도록 하겠습니다. 이번에도 역시 CSV파일을 호출해서 진행합니다.

```
import pandas as pd

pd.set_option('display.max_rows', None)
pd.set_option('display.max_columns', None)

pd_DataSet = pd.read_csv('C:\Python\Sample_CSV\Value_Sample.csv')

DF = pd.DataFrame(pd_DataSet)

New_DF = DF.dropna(how='any')
Column_Name = New_DF.columns

Re_Y = New_DF['Y1']

import numpy as np

Y1_Avg = np.average(Re_Y)

print(Y1_Avg)
```

```
import pandas as pd

pd.set_option('display.max_rows', None)
pd.set_option('display.max_columns', None)

pd_DataSet = pd.read_csv('C:\Python\Sample_CSV\Value_Sample.csv')

DF = pd.DataFrame(pd_DataSet)

New_DF = DF.dropna(how='any')
Column_Name = New_DF.columns

Re_Y = New_DF['Y1']
```

```
import numpy as np

Y1_Avg = np.average(Re_Y)

print(Y1_Avg)
```

```
C:\Python\Basic_statistic\venv\Scripts\python.exe
6105.405633802817

Process finished with exit code 0
```

<그림 06_2_1 pandas와 numpy를 활용한 특정 field 평균 구하기>

호출된 CSV파일로 DataFrame을 구성하고 dropna 메서드로 결측치를 제거하였습니다. 결측치가 제거된 데이터 셋(set)에서 field(column, 열)명을 확인(New_DF.columns)하였습니다.

```
C:\Python\Basic_statistic\venv\Scripts\python.exe C:/Python/Basic_statistic/Basic_AVG.py
Index(['X1', 'X2', 'X3', 'X4', 'X5', 'Y1'], dtype='object')

Process finished with exit code 0
```

<그림 06_2_2 field명을 확인 (print(Column_Name)으로 확인 가능)>

총 6개의 field에서 마지막 Y1 field를 기준으로 새롭게 데이터 셋을 구성하고 numpy 라이브러리를 호출하여 average 메서드로 평균을 구한 결과입니다.

이번에는 평균을 활용한 가장 기본적인 예측을 해보겠습니다. 바로 이동 평균(moving average)입니다. 이동 평균은 많이들 사용하고, 알고 계십니다. 이동 평균은 시계열 분석에서 가장 기초적인 예측 기법 중 하나입니다. 예측하고자 하는 값의 흐름이 안정적인 상황에서 쉽게 사용할 수 있는 방법이죠. 이동 평균에 의한 예측은 장기적인 관점보다 다음 차수의 예측 값을 확인하는 것에 적합합니다. 이동 평균의 핵심은 구간을 설정하는 것입니다. 구간을 설정하는 이유는 각 구간별로 평균의 변화와 추이를 확인하기 위한 것이죠. 이동 평균의 공식은 매우 간단합니다. 구간 내 총합을 구간으로 나누어 주면 됩니다.

이동 평균 = 구간 내 총합 / 구간

만약 구간이 3이었다면 3구간의 총합을 3으로 나누면 되는 것입니다. 따라서 핵심은 구간을 어떻게 설정하느냐가 관건입니다. 구간 설정이 정확해야 예측도 정확해집니다. 그래서 데이터의 흐름을 유심히 살펴봐야합니다.

```
import pandas as pd

pd.set_option('display.max_rows', None)
pd.set_option('display.max_columns', None)

pd_DataSet = pd.read_csv('C:\Python\Sample_CSV\Value_Sample.csv')

DF = pd.DataFrame(pd_DataSet)

New_DF = DF.dropna(how='any')

Re_Y = New_DF['Y1']
A_interval = 3
Bottom_Data = Re_Y.tail(A_interval)

import numpy as np

B_M_Avg = np.average(Bottom_Data)

print(B_M_Avg)
```

```
import pandas as pd

pd.set_option('display.max_rows', None)
pd.set_option('display.max_columns', None)

pd_DataSet = pd.read_csv('C:\Python\Sample_CSV\Value_Sample.csv')

DF = pd.DataFrame(pd_DataSet)

New_DF = DF.dropna(how='any')

Re_Y = New_DF['Y1']
A_interval = 3
Bottom_Data = Re_Y.tail(A_interval)

import numpy as np

B_M_Avg = np.average(Bottom_Data)

print(B_M_Avg)
```

```
C:\Python\Basic_statistic\venv\Scripts\python.exe
6347.666666666667

Process finished with exit code 0
```

<그림 06_2_3 구간 설정하고 이동 평균 구하기>

A_interval 변수에 3을 입력했습니다. 바로 구간을 3으로 설정한 것입니다. 그리고 pandas의 tail 메서드를 이용해 A_interval 만큼의 데이터 셋을 구성(Re_Y.tail(A_interval))했습니다. 다음 차수의 예측이니 마지막 구간의 데이터만 필요한 것이죠. 그리고 그렇게 구성된 데이터 셋 Bottom_Data의 평균이 바로 이동 평균 값이 되며 다음 차수의 예측치가 됩니다.

계속해서 가중 이동 평균도 확인해 보겠습니다. 가중 이동 평균은 최근의 값이 예측될 다음 값에 가장 많은 영향을 준다고 가정하고 이전 값으로 갈수록 가중치 값을 줄여가는 방법을 의미합니다. 가중 이동 평균을 구하는 공식은 다양합니다. 그 중 한 가지 공식은 다음과 같이 정의할 수 있습니다.

가중 이동 평균(WFt) = (D1 X Wt1) + (D2 X Wt2) + ⋯ + (Dn X Wtn)

D가 실제 값이 되고 Wt가 가중치가 됩니다. 실제 값에 가중치를 곱하고 그 결과를 모두 더해주면 가중 이동 평균이 됩니다. 가중지은 분석을 수행하는 사람이 임의로 설정하여 적용합니다. 가중치의 합이 반드시 1이 될 필요는 없지만 일반적으로 가중치의 합은 1이 되는 것이 좋습니다. 앞서 단순 이동 평균에서 구간을 3으로 설정했습니다. 동일하게 구간을 3으로 하고 가중치를 부여하면 다음과 같습니다.

구간 Wt1=0.5, Wt2=0.3, Wtn=0.2 or 구간 Wt1=0.7, Wt2=0.2, Wtn=0.1

말씀드린 것처럼 가중치는 여러분의 몫입니다. 분석하는 데이터의 흐름과 특성을 파악해서 적절히 가중치를 선정하면 됩니다.

```
import pandas as pd

pd.set_option('display.max_rows', None)
pd.set_option('display.max_columns', None)

pd_DataSet = pd.read_csv('C:\Python\Sample_CSV\Value_Sample.csv')

DF = pd.DataFrame(pd_DataSet)
```

```
New_DF = DF.dropna(how='any')

A_interval = 3
Bottom_Data = Re_Y.tail(A_interval)

import numpy as np

D1 = Bottom_Data.iloc[0]
D2 = Bottom_Data.iloc[1]
D3 = Bottom_Data.iloc[2]

B_wM_Avg = (D1*0.2) + (D2*0.3) + (D3*0.5)

print(B_wM_Avg)
```

```
import pandas as pd

pd.set_option('display.max_rows', None)
pd.set_option('display.max_columns', None)

pd_DataSet = pd.read_csv('C:\Python\Sample_CSV\Value_Sample.csv')

DF = pd.DataFrame(pd_DataSet)

New_DF = DF.dropna(how='any')

Re_Y = New_DF['Y1']
A_interval = 3
Bottom_Data = Re_Y.tail(A_interval)

import numpy as np

D1 = Bottom_Data.iloc[0]
D2 = Bottom_Data.iloc[1]
D3 = Bottom_Data.iloc[2]

B_wM_Avg = (D1*0.2) + (D2*0.3) + (D3*0.5)

print(B_wM_Avg)
```

```
C:\Python\Basic_statistic\venv\Scripts\python.exe
6274.5

Process finished with exit code 0
```

<그림 06_2_4 구간 설정하고 가중치 부여하여 가중 이동 평균 구하기>

이번 코드에서 구간을 설정하고 tail 메서드로 구성된 데이터 셋에서 각각의 값을 하나씩 선택해서 저장하는 코드가 핵심입니다.

> .iloc[index]

바로 pandas의 '. iloc' 메서드입니다. . iloc는 호출된 데이터 셋에서 특정 위치의 값을 선택하는 명령이 됩니다. 대괄호[ ]를 이용해 위치 값(index)번호를 입력하여 전달받습니다. 역시 index의 시작 값은 0부터입니다. 구간이 3이었으므로 차례대로 0, 1, 2가 됩니다. 예측하고자 하는 값의 바로 이전 데이터 값은 index 2번이 됩니다. 역순으로 가중치를 각각 0.5, 0.3, 0.2씩 부여하고 . iloc로 선택된 실제 값에 곱한 후 모두 더하여 가중 이동 평균 값을 구했습니다.

③ 관측치 분포 확인하기

여러분 혹시 학창 시절 배웠던 정규 분포 기억 나시나요? 데이터 분석에서 정규 분포는 매우 중요합니다. 분석을 위해 관측되거나 수집된 데이터가 정규 분포를 따르지 않는 다면 그건 아마도 분석을 위한 데이터가 부족하거나 혹은, 서로 다른 환경에서의 독립적인 데이터일 것입니다. 이 의미는 결국 분석을 위한 데이터는 정규 분포를 형성하게 된다는 것이죠. 정규 분포 (Normal distribution)는 연속 확률 분포의 한 종류입니다. 가우스 분포 (Gaussian distribution)라고도 부릅니다. 분석할 데이터의 집합이 정규 분포를 형성하는지 확인하는 방법이 바로 대상 값의 확률 밀도 함수를 구하는 것입니다. 확률 밀도 함수를 구하기 위한 핵심 재료는 평균과 표준 편차입니다. 평균을 확인하는 방법은 이미 알고 있습니다. 그래서 이번에 우리는 평균과 짝꿍인 표준 편차를 구해봅니다. 참고적으로 평균을 구할 때는 늘 분산과 표준 편차를 함께 구합니다.

```
.var(x1) -> 분산
.std(x1) -> 표준 편차
```

역시 numpy 라이브러리를 통해서 산출합니다. 분산은 var, 표준 편차는 std 메서드입니다.

```
import pandas as pd

pd.set_option('display.max_rows', None)
pd.set_option('display.max_columns', None)

pd_DataSet = pd.read_csv('C:\Python\Sample_CSV\Value_Sample.csv')

DF = pd.DataFrame(pd_DataSet)

New_DF = DF.dropna(how='any')

Re_Y = New_DF['Y1']

A_interval = 3
Bottom_Data = Re_Y.tail(A_interval)

import numpy as np

Y1_Avg = np.average(Re_Y)
Y1_Var = np.var(Re_Y)
Y1_Std = np.std(Re_Y)

print('평균 = ',Y1_Avg, ' / 분산 = ', Y1_Var, ' / 표준편차 = ', Y1_Std)
```

```
import pandas as pd

pd.set_option('display.max_rows', None)
pd.set_option('display.max_columns', None)

pd_DataSet = pd.read_csv('C:\Python\Sample_CSV\Value_Sample.csv')

DF = pd.DataFrame(pd_DataSet)

New_DF = DF.dropna(how='any')

Re_Y = New_DF['Y1']

A_interval = 3
Bottom_Data = Re_Y.tail(A_interval)

import numpy as np

Y1_Avg = np.average(Re_Y)
Y1_Var = np.var(Re_Y)
Y1_Std = np.std(Re_Y)

print('평균 = ',Y1_Avg, ' / 분산 = ', Y1_Var, ' / 표준편차 = ', Y1_Std)
```

```
C:\Python\Basic_statistic\venv\Scripts\python.exe C:/Python/Basic_statistic/Basic_AVG.py
평균 =  6105.405633802817  / 분산 =  350920.8551795279  / 표준편차 =  592.3857317487718
```

<그림 06_3_1 분산과 표준 편차 구하기>

역시 pandas를 통해 sample CSV 파일을 활용했습니다. numpy 라이브러리 이전까지는 평균을 학습할 때 활용한 코드와 동일합니다. 데이터 셋이 구성되면 numpy를 import하여 분산과 표준 편차를 구해줍니다. 이제 확률 밀도 함수를 구하기 위한 재료가 준비되었습니다.

그러나 아쉽게도 확률 밀도 함수를 구하기 위해서는 scipy라는 특별한 라이브러리가 더 필요합니다. scipy는 nmupy와 같이 수학적 계산을 쉽게 처리해 주는 라이브러리입니다. 그 중에서도 numpy에서 다루지 않는 공학적이고 과학적인 복잡한 계산을 scipy에서는 주로 다루게 되죠. 예를 들자면 미분방정식이나 함수의 근을 찾은 공식, 그리고 지금 우리가 구하려는 확률 분포와 관련된 다양한 통계관련 메서드를 제공해 줍니다. 라이브러리를 사용하려면 먼저 interpreter 등록부터 진행되어야 됩니다. 이제 등록하시는 방법은 익숙하실 거라 생각됩니다.

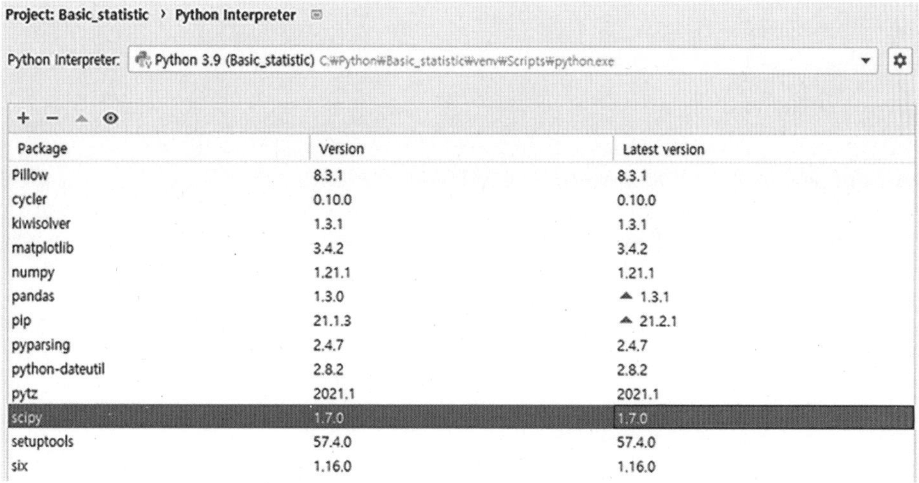

Package	Version	Latest version
Pillow	8.3.1	8.3.1
cycler	0.10.0	0.10.0
kiwisolver	1.3.1	1.3.1
matplotlib	3.4.2	3.4.2
numpy	1.21.1	1.21.1
pandas	1.3.0	▲ 1.3.1
pip	21.1.3	▲ 21.2.1
pyparsing	2.4.7	2.4.7
python-dateutil	2.8.2	2.8.2
pytz	2021.1	2021.1
scipy	1.7.0	1.7.0
setuptools	57.4.0	57.4.0
six	1.16.0	1.16.0

<그림 06_3_2 scipy 라이브러리 등록>

필요한 라이브러리가 준비되면 그 다음은 제공된 메서드를 잘 활용하기만 하면 됩니다. 파이썬의 최대 강점이죠.

```
import pandas as pd

pd.set_option('display.max_rows', None)
pd.set_option('display.max_columns', None)

pd_DataSet = pd.read_csv('C:₩Python₩Sample_CSV₩Value_Sample.csv')

DF = pd.DataFrame(pd_DataSet)

New_DF = DF.dropna(how='any')

Re_Y = New_DF['Y1']

A_interval = 3
Bottom_Data = Re_Y.tail(A_interval)

import numpy as np

Y1_Avg = np.average(Re_Y)
Y1_Var = np.var(Re_Y)
Y1_Std = np.std(Re_Y)
```

```
Y1_Avg = np.average(Re_Y)
Y1_Var = np.var(Re_Y)
Y1_Std = np.std(Re_Y)

import scipy.stats as sp (or from scipy.stats import norm)

Norm_Pdf=sp.norm.pdf(Re_Y,Y1_Avg,Y1_Std)

print(Norm_Pdf)
```

```python
import pandas as pd

pd.set_option('display.max_rows', None)
pd.set_option('display.max_columns', None)

pd_DataSet = pd.read_csv('C:\Python\Sample_CSV\Value_Sample.csv')

DF = pd.DataFrame(pd_DataSet)

New_DF = DF.dropna(how='any')

Re_Y = New_DF['Y1']

A_interval = 3
Bottom_Data = Re_Y.tail(A_interval)

import numpy as np

Y1_Avg = np.average(Re_Y)
Y1_Var = np.var(Re_Y)
Y1_Std = np.std(Re_Y)

import scipy.stats as sp

Norm_Pdf=sp.norm.pdf(Re_Y,Y1_Avg,Y1_Std)

print(Norm_Pdf)
```

```
C:\Python\Basic_statistic\venv\Scripts\python.exe C:/Python/Basic_statistic/Basic_AVG.py
[6.38077860e-04 3.72559775e-04 4.16597615e-04 6.19709121e-04
 6.06263142e-04 2.52601423e-04 2.72054773e-04 2.68970980e-04
 2.58607342e-04 2.00790197e-04 2.73912628e-04 5.70296359e-04
 4.39978694e-04 3.75983854e-04 2.91515407e-04 2.89607474e-04
 3.67774368e-04 4.63143811e-04 4.26571615e-05 3.10380420e-05
 1.80657072e-05 1.84799394e-05 1.45476966e-05 2.12586237e-04
 5.28403715e-04 4.15219015e-04 1.34779087e-04 4.57921848e-05]
```

<그림 06_3_3 scipy.stats 라이브러리를 활용한 확률 밀도 함수 구하기>

확률 밀도 함수를 구하기 위해 scipy 라이브러리, 그 중에서도 stats라는 통계 관련 특정 라이브러리를 호출했습니다. (호출할 때 scipy.stats로부터 콕 집어 norm만 호출해도 무방합니다. from scipy.stats import norm)

```
.norm.pdf(x1, x2, x3)
```

scipy.stats 라이브러리에서 확률 밀도 함수를 구하는 메서드는 norm.pdf입니다. 총 3개의 인자를 필요로 합니다. 첫 번째 x1은 확률 밀도를 구할 대상 데이터 셋입니다. 두 번째 x2는 평균, 세 번째 x3는 표준편차를 전달합니다.

그럼 이제 관측되고 수집되어 분석 대상이 된 데이터들이 정규 분포를 형성하는지 차트를 그려 확인해 봅니다.

```python
import pandas as pd

pd.set_option('display.max_rows', None)
pd.set_option('display.max_columns', None)

pd_DataSet = pd.read_csv('C:₩Python₩Sample_CSV₩Value_Sample.csv')

DF = pd.DataFrame(pd_DataSet)

New_DF = DF.dropna(how='any')

Re_Y = New_DF['Y1']

A_interval = 3
Bottom_Data = Re_Y.tail(A_interval)

import numpy as np

Y1_Avg = np.average(Re_Y)
Y1_Var = np.var(Re_Y)
Y1_Std = np.std(Re_Y)

import scipy.stats as sp

Norm_Pdf=sp.norm.pdf(Re_Y,Y1_Avg,Y1_Std)
```

```
import matplotlib.pyplot as plt

plt.plot(Re_Y, Norm_Pdf)
plt.show()
```

```
import pandas as pd

pd.set_option('display.max_rows', None)
pd.set_option('display.max_columns', None)

pd_DataSet = pd.read_csv('C:\Python\Sample_CSV\Value_Sample.csv')

DF = pd.DataFrame(pd_DataSet)

New_DF = DF.dropna(how='any')

Re_Y = New_DF['Y1']

A_interval = 3
Bottom_Data = Re_Y.tail(A_interval)

import numpy as np

Y1_Avg = np.average(Re_Y)
Y1_Var = np.var(Re_Y)
Y1_Std = np.std(Re_Y)

import scipy.stats as sp

Norm_Pdf=sp.norm.pdf(Re_Y,Y1_Avg,Y1_Std)

import matplotlib.pyplot as plt

plt.plot(Re_Y, Norm_Pdf)
plt.show()
```

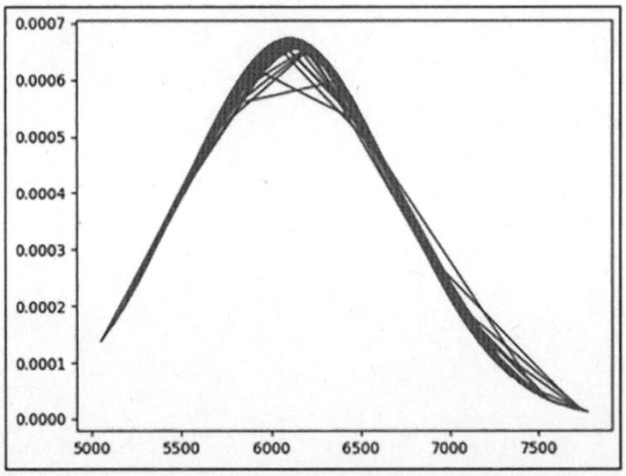

<그림 06_3_4 정규 분포 확인하기>

분석 대상인 데이터 셋 'Re_Y' 정확히 정규 분포를 형성하고 있음이 확인됩니다.

계속해서 누적 분포 함수(cumulative distribution function)를 통해 각각의 관측치가 해당 데이터 셋에서 어떤 확률로 등장할 수 있는지 확인해 보도록 하겠습니다. 좀 더 근사하게 표현하면 주어진 확률 변수(관측 값)가 특정 값보다 작거나 같은 확률을 나타내는 함수입니다. 상대적인 개념이죠. 즉, 특정 관측치가 누적 분포 확률이 30%였다면 다른 관측치보다 작거나 같을 확률이 30%라는 의미가 됩니다.

```
.norm.cdf(x1, x2, x3)
```

누적 분포 함수는 'cdf'입니다. 전달되는 인자는 확률 밀도 함수(.pdf)와 동일합니다.

```python
import pandas as pd

pd.set_option('display.max_rows', None)
pd.set_option('display.max_columns', None)

pd_DataSet = pd.read_csv('C:₩Python₩Sample_CSV₩Value_Sample.csv')

DF = pd.DataFrame(pd_DataSet)

New_DF = DF.dropna(how='any')

Re_Y = New_DF['Y1']

A_interval = 3
Bottom_Data = Re_Y.tail(A_interval)

import numpy as np

Y1_Avg = np.average(Re_Y)
Y1_Var = np.var(Re_Y)
Y1_Std = np.std(Re_Y)

import scipy.stats as sp

Norm_Cdf=sp.norm.cdf(Re_Y,Y1_Avg,Y1_Std)

print(Norm_Cdf)

import matplotlib.pyplot as plt

plt.plot(Re_Y, Norm_Cdf)
plt.show()
```

```
import pandas as pd

pd.set_option('display.max_rows', None)
pd.set_option('display.max_columns', None)

pd_DataSet = pd.read_csv('C:\Python\Sample_CSV\Value_Sample.csv')

DF = pd.DataFrame(pd_DataSet)

New_DF = DF.dropna(how='any')

Re_Y = New_DF['Y1']

A_interval = 3
Bottom_Data = Re_Y.tail(A_interval)

import numpy as np

Y1_Avg = np.average(Re_Y)
Y1_Var = np.var(Re_Y)
Y1_Std = np.std(Re_Y)

import scipy.stats as sp

Norm_Cdf=sp.norm.cdf(Re_Y,Y1_Avg,Y1_Std)

print(Norm_Cdf)

import matplotlib.pyplot as plt

plt.plot(Re_Y, Norm_Cdf)
plt.show()
```

```
[0.76375738 0.8462802  0.82147792 0.79285014 0.77857691 0.46140059
 0.59707229 0.90732573 0.96864752 0.99172154 0.96982027 0.9806435
 0.91413524 0.94287403 0.99283201 0.93319625 0.77907827 0.80424014
 0.44068347 0.50444089 0.79573379 0.83689667 0.91387025 0.93253787
 0.97106805 0.92205025 0.87012007 0.9684085  0.98210469 0.88253012
 0.68573498 0.26589438 0.17379802 0.28219838 0.45738086 0.76479664
 0.72976144]

Process finished with exit code 0
```

<그림 06_3_5 누적 분포 함수 구하기>

플롯 차트에서 보이는 것처럼 누적 확률은 양 끝이 짧은 'S'자 곡선을 그리게 됩니다.

```python
import pandas as pd

pd.set_option('display.max_rows', None)
pd.set_option('display.max_columns', None)

pd_DataSet = pd.read_csv('C:\Python\Sample_CSV\Value_Sample.csv')

DF = pd.DataFrame(pd_DataSet)

New_DF = DF.dropna(how='any')

Re_Y = New_DF['Y1']

A_interval = 3
Bottom_Data = Re_Y.tail(A_interval)

import numpy as np

Y1_Avg = np.average(Re_Y)
Y1_Var = np.var(Re_Y)
Y1_Std = np.std(Re_Y)

import scipy.stats as sp

Norm_Pdf=sp.norm.pdf(Re_Y,Y1_Avg,Y1_Std)
Norm_Cdf=sp.norm.cdf(Re_Y,Y1_Avg,Y1_Std)
```

<그림 06_3_6 확률 밀도, 누적 분포 함수 구하기 전체 코드>

④ 상관 분석

상관 분석은 '흡연은 폐암과 관련이 있을까? 키와 몸무게는 관련이 있을까?'처럼 두 변수 간의 관계와 연관 정도를 설명하는 분석입니다. 우리가 일상에서도 '상관 관계'하며 흔히 사용하는 용어입니다. 상관 분석은 상관 계수를 확인하는 것이 핵심입니다. 상관 계수는 -1에서 +1 사이의 값을 취하며 0을 기준으로 값이 0보다 작으면 음의 상관 관계라고 하고, 반대로 0보다 크면 양의 상관 관계라 합니다. 상관 계수가 0에 가까울수록 아무 관계가 없다는 것이죠. 음이든 양이든 -1과 1에 가까울수록 두 변수는 관계가 높다고 이야기할 수 있습니다. 즉, -1에 가까울수록 강한 음의 상관 관계를, +1에 가까울수록 강한 양의 상관 관계를 나타냅니다. 상관 계수는 분석하고자 하는 대상 변수 간의 관계를 파악하여 서로의 영향력을 파악할 때 매우 유용합니다.

상관 분석은 정확한 이해가 필요합니다. 의외로 잘 모르시는 분들이 많습니다. 상관 분석은 두 변수 간의 관계와 연관성 정도를 설명합니다. 예를 들어 '연봉'과 '행복 지수'의 상관 관계를 확인한다고 가정해 봅니다. 연봉이 상승할 때 행복 지수도 함께 상승하는 강한 양의 상관 관계를 보인다고 결과가 도출되었습니다. 이 결론은 '연봉'과 '행복 지수'는 매우 밀접한 관련이 있다고 설명이 충분히 가능합니다. 하지만 연봉이 높았기 때문에 행복 지수가 높아진다는 인과 관계는 설명하지 못합니다. 즉, 원인과 결과에 대한 설명은 상관 분석으로 불가능하다는 점이죠. 이 점이 매우 중요한 부분입니다. 간혹 상관 분석의 결과를 인과 관계가 있는 것처럼 해석하는 분들이 종종 있는데, 이는 정말 잘못된 판단입니다. 상관 관계가 높으면 반드시 인과 관계도 높다고 설명할 수 없습니다. 이점을 꼭 기억해 주시고 상관 분석을 수행해 주시기를 당부 드립니다.

상관 관계를 파악하는 분석에는 몇 가지가 존재하는데 그 중 대표적인 것인 '피어슨 상관(Pearson correlation coefficient)'과 '스피어만 상관(Spearman's rank correlation coefficient)'입니다. 우리가 흔히 상관 분석을 이야기할 때는 피어슨 상관 분석을 말하는 것입니다. 둘의 차이는 명확합니다. 피어슨 상관 분석은 연속형 확률 변수에 적용하는 것이고 스피어만 상관 분석은 연속하지 않는, 즉 이산 분포와 같이 독립적 사건의 변수에 적용하게 됩니다. 이 역시 혼돈하여 사용하는 경우가 많습니다. 연속형 확률이란 여러분도 이제 충분히 이해를 하고 계신 바로 정규 분포를 띄는 변수를 의미하는 것이죠. 앞서 말씀드린 것처럼 세상의 모든 현상은 대부분 정규 분포를 보이게 됩니다. 그래서 피어슨 상관 분석이 일반적으로 상관 분석이라 불리는 것이죠. 반대로 독립적인 사건의 변수란 서로 다른 환경 혹은 독립적인 사건 등을 말하게 됩니다. 예를 들어 교통사고나 화재와 같은 사건, 사고, A주식의 흐름과 B주식의 흐름 등등이죠. 헷갈리시죠? 데이터 분석가를 꿈꾸고 파이썬을 도구로 사용하실 목적이라면 꼭 알아야 하는 개념입니다. 지금은 파이썬을 학습하는 게 목적이니 더 설명을 드리지 않겠지만, 데이터 분석을 목적으로 하신 분들은 관련 서적을 꼭 찾아 학습 부탁드립니다.

단순 파이썬 프로그래머인지 데이터 분석가인지는 이런 부분에서 차이가 납니다. 자, 이제 본격적인 상관 분석 시작합니다.

상관 분석은 기초 데이터 분석을 수행할 때 반드시 수행되는 매우 중요하고 기본적인 값(상관 계수)이 됩니다. 따라서 우리가 학습한 대부분의 라이브러리에서는 상관 분석 메서드를 제공해 줍니다. 먼저 pandas를 활용한 상관 분석 확인해 보겠습니다.

```
. corr(method='pearson or spearman')
```

pandas를 활용한 상관 분석은 .corr 메서드입니다. 인자로 어떤 상관 분석을 수행할지 전달해 주면 쉽게 값을 얻을 수 있습니다.

```
import pandas as pd

pd.set_option('display.max_rows', None)
pd.set_option('display.max_columns', None)

pd_DataSet = pd.read_csv('C:₩Python₩Sample_CSV₩Corr_Sample.csv')

DF = pd.DataFrame(pd_DataSet)

New_DF = DF.dropna(how='any')

Pd_P_Corr = New_DF.corr(method='pearson')
Pd_S_Corr = New_DF.corr(method='spearman')

print(Pd_P_Corr)
print('-------------------------------')
print(Pd_S_Corr)
```

```
import pandas as pd

pd.set_option('display.max_rows', None)
pd.set_option('display.max_columns', None)

pd_DataSet = pd.read_csv('C:\Python\Sample_CSV\Corr_Sample.csv')

DF = pd.DataFrame(pd_DataSet)

New_DF = DF.dropna(how='any')

Pd_P_Corr = New_DF.corr(method='pearson')
Pd_S_Corr = New_DF.corr(method='spearman')

print(Pd_P_Corr)
print('-------------------------------')
print(Pd_S_Corr)
```

```
C:\Python\Basic_statistic\venv\Scripts\python.exe
          X1        X2        Y1
X1  1.000000  0.234648  0.990353
X2  0.234648  1.000000  0.172168
Y1  0.990353  0.172168  1.000000
-------------------------------
          X1        X2        Y1
X1  1.000000  0.212566  0.990277
X2  0.212566  1.000000  0.148723
Y1  0.990277  0.148723  1.000000

Process finished with exit code 0
```

<그림 06_4_1 pandas 라이브러리를 활용한 상관 분석>

외부 CSV 파일을 호출해서 데이터 셋을 구성하고 결측치 제거 후 .corr 메서드를 통해 피어슨(Pd_P_Corr), 스피어만(Pd_S_Corr) 상관 분석을 수행하였습니다. 다음은 numpy를 활용해서 상관 분석을 수행해 보겠습니다.

.corrcoef(x1, x2)[0, 1]

numpy에서 상관 계수를 확인하는 메서드는 '.corrcoef'입니다. 피어슨 상관 계수를 나타냅니다. 상관 관계를 파악할 두 개의 인자가 전달되며, 뒤에 나오는 [0, 1]은 두 변수의 상관 계수를 바로 확인하는 옵션입니다.

```
import pandas as pd

pd.set_option('display.max_rows', None)
pd.set_option('display.max_columns', None)

pd_DataSet = pd.read_csv('C:\Python\Sample_CSV\Corr_Sample.csv')

DF = pd.DataFrame(pd_DataSet)

New_DF = DF.dropna(how='any')

X1 = New_DF['X1']
X2 = New_DF['X2']
Y1 = New_DF['Y1']

import numpy as np

Corr_X1_X2 = np.corrcoef(X1, X2)[0, 1]
Corr_X1_Y1 = np.corrcoef(X1, Y1)[0, 1]
Corr_X2_Y1 = np.corrcoef(X2, Y1)[0, 1]

print(Corr_X1_X2)
print('-------------------')
print(Corr_X1_Y1)
print('-------------------')
print(Corr_X2_Y1)
```

```
import pandas as pd

pd.set_option('display.max_rows', None)
pd.set_option('display.max_columns', None)

pd_DataSet = pd.read_csv('C:\Python\Sample_CSV\Corr_Sample.csv')

DF = pd.DataFrame(pd_DataSet)

New_DF = DF.dropna(how='any')

X1 = New_DF['X1']
X2 = New_DF['X2']
Y1 = New_DF['Y1']

import numpy as np
```

```
Corr_X1_X2 = np.corrcoef(X1, X2)[0, 1]
Corr_X1_Y1 = np.corrcoef(X1, Y1)[0, 1]
Corr_X2_Y1 = np.corrcoef(X2, Y1)[0, 1]

print(Corr_X1_X2)
print('------------------')
print(Corr_X1_Y1)
print('------------------')
print(Corr_X2_Y1)
```

```
C:\Python\Basic_statistic\venv\Scripts\python.exe
0.23464815314103626
------------------
0.9903530330034415
------------------
0.17216806482797642

Process finished with exit code 0
```

<그림 06_4_2 numpy 라이브러리를 활용한 상관 분석>

상관 분석을 확인할 마지막 라이브러리는 과학적 계산을 수행해 주는 scipy입니다.

```
import pandas as pd

pd.set_option('display.max_rows', None)
pd.set_option('display.max_columns', None)

pd_DataSet = pd.read_csv('C:\Python\Sample_CSV\Corr_Sample.csv')

DF = pd.DataFrame(pd_DataSet)

New_DF = DF.dropna(how='any')

X1 = New_DF['X1']
X2 = New_DF['X2']
Y1 = New_DF['Y1']

import scipy.stats as sp

CorrP_X1_X2 = sp.pearsonr(X1, X2)
CorrP_X1_Y1 = sp.pearsonr(X1, Y1)
CorrP_X2_Y1 = sp.pearsonr(X2, Y1)
```

```
CorrS_X1_X2 = sp.spearmanr(X1, X2)
CorrS_X1_Y1 = sp.spearmanr(X1, Y1)
CorrS_X2_Y1 = sp.spearmanr(X2, Y1)

print('Pearsonr', CorrP_X1_X2, ':::', CorrS_X1_X2)
print('-------------------')
print('Pearsonr', CorrP_X1_Y1, ':::', CorrS_X1_Y1)
print('-------------------')
print('Pearsonr', CorrP_X2_Y1, ':::', CorrS_X2_Y1)
```

```
import pandas as pd

pd.set_option('display.max_rows', None)
pd.set_option('display.max_columns', None)

pd_DataSet = pd.read_csv('C:\Python\Sample_CSV\Corr_Sample.csv')

DF = pd.DataFrame(pd_DataSet)

New_DF = DF.dropna(how='any')

X1 = New_DF['X1']
X2 = New_DF['X2']
Y1 = New_DF['Y1']

import scipy.stats as sp

CorrP_X1_X2 = sp.pearsonr(X1, X2)
CorrP_X1_Y1 = sp.pearsonr(X1, Y1)
CorrP_X2_Y1 = sp.pearsonr(X2, Y1)

CorrS_X1_X2 = sp.spearmanr(X1, X2)
CorrS_X1_Y1 = sp.spearmanr(X1, Y1)
CorrS_X2_Y1 = sp.spearmanr(X2, Y1)

print('Pearsonr', CorrP_X1_X2, ':::', CorrS_X1_X2)
print('-------------------')
print('Pearsonr', CorrP_X1_Y1, ':::', CorrS_X1_Y1)
print('-------------------')
print('Pearsonr', CorrP_X2_Y1, ':::', CorrS_X2_Y1)
```

```
C:\Python\Basic_statistic\venv\Scripts\python.exe C:/Python/Basic_statistic/Carr.py
Pearsonr (0.2346481531410363, 8.549092761988272e-05) :: SpearmanrResult(correlation=0.21256570785609183, pvalue=0.0003858205198496846)
-------------------
Pearsonr (0.9903530330034415, 2.2958525221552016e-236) :: SpearmanrResult(correlation=0.9902772568592944, pvalue=6.6458371175165355e-236)
-------------------
Pearsonr (0.1721680648279764, 0.004189990930258248) :: SpearmanrResult(correlation=0.14872334900897263, pvalue=0.013556364700322378)
```

<그림 06_4_3 scipy 라이브러리를 활용한 상관 분석>

계속 나오는 이야기이지만 상관 분석은 기본적으로 피어슨 상관을 의미합니다. 다른 상관 분석을 수행하면 scipy에서는 정확히 명시(SpearmanrResult)를 해주고 있습니다. 피어슨 상관 분석 결과, 스피어만 상관 분석 결과 모두 2개씩 산출됩니다. 첫 번째는 상관 계수이고 두 번째는 스피어만 상관 분석 결과에서 친절히 명시한 것처럼 p-value입니다.

p-value는 가설의 통계적 유의성(유의 확률)을 검정하는데 주로 활용되는 값입니다. 실험자가 정한 특정 기준 값(유의 수준, 보통 0.05%)을 비교하여 p-value가 기준 값보다 낮으면 유의미하다고 판

단합니다. 사실 p-value에 대한 설명을 자세히 드리자면 가설에 대한 설명부터 시작해, 연결된 꽤 많은 이야기가 진행되어야 합니다. 여기서 모두 설명을 드리자면 별도의 챕터로 구성해야 합니다. 필요한 분들은 통계 관련 서적을 꼭 읽어 보실 것을 권유 드립니다. 적어도 데이터 분석가가 되려는 분들이라면 반드시 알아야하는 개념입니다.

도출된 p-value를 좀더 정확히 확인해 보도록 하겠습니다.

```python
import pandas as pd

pd.set_option('display.max_rows', None)
pd.set_option('display.max_columns', None)

pd_DataSet = pd.read_csv('C:\Python\Sample_CSV\Corr_Sample.csv')

DF = pd.DataFrame(pd_DataSet)

New_DF = DF.dropna(how='any')

X1 = New_DF['X1']
X2 = New_DF['X2']
Y1 = New_DF['Y1']

import scipy.stats as sp

CorrP_X1_X2 = sp.pearsonr(X1, X2)
CorrP_X1_Y1 = sp.pearsonr(X1, Y1)
CorrP_X2_Y1 = sp.pearsonr(X2, Y1)

CorrS_X1_X2 = sp.spearmanr(X1, X2)
CorrS_X1_Y1 = sp.spearmanr(X1, Y1)
CorrS_X2_Y1 = sp.spearmanr(X2, Y1)

print('X1_X2 Pearsonr', '상관 계수:', round(CorrP_X1_X2[0],3), 'p-value:', round(CorrS_X1_X2[1],3))
print('X1_X2 Pearsonr', '상관 계수:', round(CorrP_X1_Y1[0],3), 'p-value:', round(CorrP_X1_Y1[1],3))
print('X1_X2 Pearsonr', '상관 계수:', round(CorrP_X2_Y1[0],3), 'p-value:', round(CorrP_X2_Y1[1],3))
print('-------------------')

print('X1_X2 spearmanr', '상관 계수:', round(CorrS_X1_X2[0],3), 'p-value:', round(CorrS_X1_X2[1],3))
print('X1_X2 spearmanr', '상관 계수:', round(CorrS_X1_Y1[0],3), 'p-value:', round(CorrS_X1_Y1[1],3))
print('X1_X2 spearmanr', '상관 계수:', round(CorrS_X2_Y1[0],3), 'p-value:', round(CorrS_X2_Y1[1],3))
```

```
import pandas as pd

pd.set_option('display.max_rows', None)
pd.set_option('display.max_columns', None)

pd_DataSet = pd.read_csv('C:\Python\Sample_CSV\Corr_Sample.csv')

DF = pd.DataFrame(pd_DataSet)

New_DF = DF.dropna(how='any')

X1 = New_DF['X1']
X2 = New_DF['X2']
Y1 = New_DF['Y1']

import scipy.stats as sp

CorrP_X1_X2 = sp.pearsonr(X1, X2)
CorrP_X1_Y1 = sp.pearsonr(X1, Y1)
CorrP_X2_Y1 = sp.pearsonr(X2, Y1)


CorrS_X1_X2 = sp.spearmanr(X1, X2)
CorrS_X1_Y1 = sp.spearmanr(X1, Y1)
CorrS_X2_Y1 = sp.spearmanr(X2, Y1)

print('X1_X2 Pearsonr', '상관 계수:', round(CorrP_X1_X2[0],3), 'p-value:', round(CorrS_X1_X2[1],3))
print('X1_X2 Pearsonr', '상관 계수:', round(CorrP_X1_Y1[0],3), 'p-value:', round(CorrP_X1_Y1[1],3))
print('X1_X2 Pearsonr', '상관 계수:', round(CorrP_X2_Y1[0],3), 'p-value:', round(CorrP_X2_Y1[1],3))
print('------------------')

print('X1_X2 spearmanr', '상관 계수:', round(CorrS_X1_X2[0],3), 'p-value:', round(CorrS_X1_X2[1],3))
print('X1_X2 spearmanr', '상관 계수:', round(CorrS_X1_Y1[0],3), 'p-value:', round(CorrS_X1_Y1[1],3))
print('X1_X2 spearmanr', '상관 계수:', round(CorrS_X2_Y1[0],3), 'p-value:', round(CorrS_X2_Y1[1],3))
```

```
C:\Python\Basic_statistic\venv\Scripts\python.exe
X1_X2 Pearsonr 상관 계수: 0.235 p-value: 0.0
X1_X2 Pearsonr 상관 계수: 0.99 p-value: 0.0
X1_X2 Pearsonr 상관 계수: 0.172 p-value: 0.004
------------------
X1_X2 spearmanr 상관 계수: 0.213 p-value: 0.0
X1_X2 spearmanr 상관 계수: 0.99 p-value: 0.0
X1_X2 spearmanr 상관 계수: 0.149 p-value: 0.014

Process finished with exit code 0
```

<그림 06_4_4 scipy 라이브러리를 활용한 상관 분석 결과 상관 계수와 p-value로 분리하기>

결과를 round 처리하여 소수점 이하 2자리까지만 출력되도록 했습니다. 만약 우리가 0.05의 유의
수준을 설정했다고 가정한다면 X1, X2, Y1의 피어슨, 스피어만 상관 분석 결과는 모두 유의미하다고
결론을 내릴 수 있습니다.

⑤ 학습이론과 sklearn

기계 학습, 머신 러닝(Machine Learning)이라고 합니다. 결론부터 말씀드리면 기계 학습은 컴퓨터 과학(공학)의 한 분야입니다. 컴퓨터의 알고리즘을 연구하는 학문인 셈이죠. 그러면 데이터 분석과 어떤 관련이 있을까요? 기계 학습의 알고리즘은 데이터를 기반으로 학습합니다.

기계 학습이라는 용어는 의외로(?) 그 역사가 오래 되었습니다. 미국의 컴퓨터 과학자 아서 사무엘(Arthur Lee Samuel, 1901.12.05 – 1990.07.29)이 1959년 'IBM Journal of Research and Development'라는 저널에 'Some Studies in Machine Learning Using the Game of Checkers'라는 논문을 개제하며 세상에 등장합니다.

이 논문은 말 그대로 '체커(서양 장기)를 활용한 기계 학습에 대한 연구'입니다. 이쯤 되면 '알파고'의 고조 할아버지 뻘 되는 걸까요? 컴퓨터의 시초라 불리는 에니악(ENIAC : Electronic Numerical Integrator And Computer)이 1946년생이니까 '기계학습'이라는 용어는 거의 초창기 용어라고 볼 수 있는 것이죠.

그는 이 논문에서 기계 학습에 대해 명쾌하게 정의를 내렸는데요. 의역을 하자면 '기계 학습은 사람이 일일이 기계에 명령을 코드로 입력하지 않아도 기계가 알아서 동작하도록 데이터로부터 학습하는 알고리즘을 개발하고 연구하는 분야.'라고 했습니다.

기계 학습에 대한 정의는 여럿 있지만 저는 개인적으로 아서 사무엘의 정의가 가장 잘 표현하지 않았나 싶습니다. '하루가 다르게 기술이 발전하는 세상에서 사골 같은 정의 아닌가요?'라고 비웃는 분들도 계시겠지만, 뭐 저 정의가 딱히 틀렸다고 하기도 그렇습니다. 조금 첨가를 하자면 단순히 학습만 하는 게 아니라 성능도 고려하며 학습을 한다? 이 정도면 될까요? 제가 말씀드리고 싶은 핵심은 기계 학습은 '데이터로부터 학습하는 알고리즘'이라는 것입니다.

데이터로부터 학습한다는 건 결국 데이터를 분석해 그 결과를 얻는다는 의미입니다. 데이터 분석, 그 중에서도 학습을 위한 분석을 수행하는데 있어 현재 가장 많이 활용되는 라이브러리를 선택하라면 아마도 sklearn일 것입니다. sklearn에서는 웬만한 데이터 분석이 모두 수행됩니다.

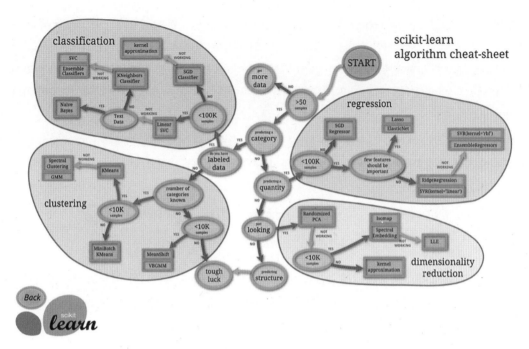

<그림 06_5_1 sklearn의 학습 알고리즘, 출처 : https://scikit-learn.org/>

sklearn에서 수행 가능한 데이터 분석의 종류를 일일이 나열하기 보다 포괄적으로 설명을 드리겠습니다. 이를 설명하기 위해서는 데이터 분석의 목적이 무엇인지도 정확히 알 필요가 있습니다. 학습이론 역시 대용량의 데이터를 알고리즘에 의해 빠르게 분석하는 데이터 분석의 일종입니다. 물론가설을 세우고 표본을 관찰하여 추론하고 검증하는 전통적인 통계분석은 조금 다른 성격일 수 있겠네요. 아무튼 데이터 분석의 목적은 크게 다음과 같이 4개로 구분할 수 있습니다.

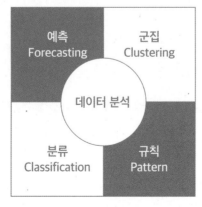

<그림 06_5_2 데이터 분석의 목적>

첫 번째는 당연히 예측입니다. 예측은 데이터 분석을 생각할 때 가장 일반적으로 떠올릴 수 있는 목적이지만 그 만큼 가장 어렵고 힘든 작업이기도 합니다. 두 번째 목적은 데이터들의 성격(속성)을 파악하고 유사한 것끼리 묶어주는 것입니다. 세 번째는 데이터의 반복적인 규칙을 찾아 내는 것이고, 마지막은 데이터들을 정해진 범주로 분류하는 작업입니다. Sklearn은 열거된 4가지 목적의 기본적인 분석을 모두 제공해 줍니다.

여러분들이 데이터 분석을 목적으로 파이썬을 활용한다면 모든 프로젝트를 시작할 때 지금까지 설명 드린 라이브러리는 기본적으로 세팅하고 작업을 시작하길 당부드립니다.

<그림 06_5_3 데이터 분석을 위한 파이썬의 기본적인 라이브러리>

물론 이외에도 데이터 분석을 위해 중요한 라이브러리는 얼마든지 많습니다. 그래도 제가 생각하기에 데이터 분석에 있어 가장 기본적인 파이썬 라이브러리를 선택하라면 이 5가지의 라이브러리를 말씀드립니다. 나열된 5개의 라이브러리를 완벽히 다룰 수 있을 때 보다 정교하고, 고차원의 라이브러리를 사용하셔도 늦지 않습니다.

sklearn의 라이브러리 등록은 별도로 설명 드리지 않겠습니다. 이미 여러분들이 잘 알고 계시니까요.

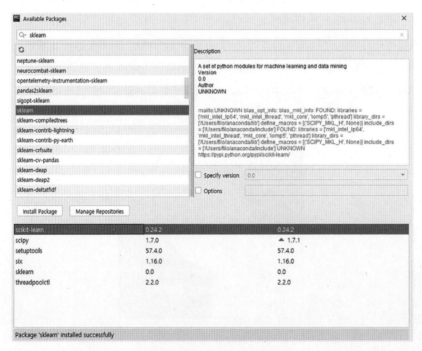

<그림 06_5_4 sklearn 라이브러리 등록>

Min - Max 정규화(normalization)

데이터 분석의 가장 기본 중에 기본은 평균을 완벽히 이해하고 분석하는 것입니다. 누차 강조하지만 데이터 분석은 평균으로부터 시작합니다. 데이터 분석의 목적이 검증을 위한 것이든 학습을 위한 것이든 그 시작은 언제나 평균입니다.

우리가 흔히 평균하면 떠오르는 산술 평균은 여러분들도 잘 아시는 것처럼 극단적인 값에 민감합니다. 극단적으로 높거나 낮은 값이 나머지 값들을 압도해 버리는 현상이 발생하는 것이죠. 다시 말하면 분석을 하고자 수집된 데이터의 분포와 관련이 있다는 이야기입니다. 좀 더 근사한 표현으로 스케일(scale)이라 부르겠습니다. 데이터의 스케일이 크면 당연히 평균에 영향을 주고 평균이 영향을 받으면 분석이 쉽지 않습니다. 특히나 학습 알고리즘을 통한 데이터 분석은 다루는 데이터의 양이 상상을 초월할 정도로 방대하기에 스케일에 더 많은 영향을 받게 됩니다. 그래서 수집하고 관측된 데이터의 스케일을 일정한 범위 혹은 구간으로 정리하는 작업이 수행되는데 이를 데이터 정규화라 합니다.

데이터를 정규화 하는 방법은 몇몇 존재합니다. 그 중에서 가장 일반적이고 여러분들이 쉽게 활용 가능한, 저도 많이 활용하는 Min - Max 정규화 방법을 소개해 보겠습니다.

Min - Max 정규화는 기존 데이터의 스케일을 0과 1사이의 구간 값으로 모두 변경하는 것을 의미합니다. 해당 데이터의 최소 값이 0이 되고, 최대 값이 1이 됩니다. 그래서 min - max입니다. 따라서 전체 데이터의 최소 값과 최대 값을 산출하면 쉽게 해결됩니다. 나머지 데이터들은 최소, 최대 값에 따라 다음 공식을 적용하여 모두 0과 1사이의 값으로 변환합니다.

(대상 값 - Min) / (Max - Min)

대상 값에서 최소 값을 빼고 나온 결과를 최대 값에서 최소 값을 뺀 결과로 나누어 주면 됩니다. 먼저 pands 라이브러리만으로 Min - Max 정규화를 진행해 보겠습니다.

.min()
.max()

```
import pandas as pd

pd.set_option('display.max_rows', None)
pd.set_option('display.max_columns', None)
```

```
pd_DataSet = pd.read_csv('C:\Python\Sample_CSV\Min_Max_Sample.csv')

DF = pd.DataFrame(pd_DataSet)

New_DF = DF.dropna(how='any')

DF_Min = New_DF.min()
DF_Max = New_DF.max()

print(DF_Min)
print('------------------')
print(DF_Max)
```

```
import pandas as pd

pd.set_option('display.max_rows', None)
pd.set_option('display.max_columns', None)

pd_DataSet = pd.read_csv('C:\Python\Sample_CSV\Min_Max_Sample.csv')

DF = pd.DataFrame(pd_DataSet)

New_DF = DF.dropna(how='any')

DF_Min = New_DF.min()
DF_Max = New_DF.max()

print(DF_Min)
print('------------------')
print(DF_Max)
```

```
C:\Python\Basic_statistic\venv\Scripts\python.exe
X1    69759.33200
Y1    42744.98252
dtype: float64
------------------
X1    199024.0614
Y1    145350.3314
dtype: float64

Process finished with exit code 0
```

<그림 06_6_1 pandas 라이브러리 최소, 최대 값 구하기>

pandas에서 제공되는 기본함수 min, max를 이용해 최소, 최대 값을 산출한 결과입니다. 최소, 최대 값이 산출되면 그 다음은 공식에 대입해 정규화 처리합니다.

```
import pandas as pd

pd.set_option('display.max_rows', None)
pd.set_option('display.max_columns', None)

pd_DataSet = pd.read_csv('C:\Python\Sample_CSV\Min_Max_Sample.csv')

DF = pd.DataFrame(pd_DataSet)

New_DF = DF.dropna(how='any')

DF_Min = New_DF.min()
DF_Max = New_DF.max()

Norm_DF = (New_DF - DF_Min) / (DF_Max - DF_Min)

print(Norm_DF)
```

```
import pandas as pd

pd.set_option('display.max_rows', None)
pd.set_option('display.max_columns', None)

pd_DataSet = pd.read_csv('C:\Python\Sample_CSV\Min_Max_Sample.csv')

DF = pd.DataFrame(pd_DataSet)

New_DF = DF.dropna(how='any')

DF_Min = New_DF.min()
DF_Max = New_DF.max()

Norm_DF = (New_DF - DF_Min) / (DF_Max - DF_Min)

print(Norm_DF)
```

```
989   0.300113   0.781496
990   0.649400   0.436229
991   0.880181   0.612350
992   0.484083   0.011782
993   0.752784   0.000000
994   0.148032   0.164566
995   0.771092   0.443916
996   0.319463   0.789830
997   0.484307   0.751564
998   0.593435   0.054618
999   0.906482   0.968148

Process finished with exit code 0
```

<그림 06_6_2 pandas 라이브러리 Min - Max 정규화>

하나씩 데이터를 읽어 반복처리 할 필요도 없이 데이터 프레임 전체를 계산합니다. pandas를 이용하여 Min - Max 정규화 처리를 하면 최소, 최대 값을 먼저 산출해야 하는 약간(?)의 번거로움이 있습니다. 이번에는 전문적인 데이터 분석 라이브러리 sklearn을 통해 진행해 보겠습니다.

```
.minmax_scale(New_DF)
```

```
import pandas as pd

pd.set_option('display.max_rows', None)
pd.set_option('display.max_columns', None)

pd_DataSet = pd.read_csv('C:₩Python₩Sample_CSV₩Min_Max_Sample.csv')

DF = pd.DataFrame(pd_DataSet)

New_DF = DF.dropna(how='any')

import sklearn.preprocessing as skl_P

skl_Norm_DF = skl_P.minmax_scale(New_DF)

print(skl_Norm_DF)
```

```
import pandas as pd

pd.set_option('display.max_rows', None)
pd.set_option('display.max_columns', None)

pd_DataSet = pd.read_csv('C:\Python\Sample_CSV\Min_Max_Sample.csv')

DF = pd.DataFrame(pd_DataSet)

New_DF = DF.dropna(how='any')

import sklearn.preprocessing as skl_P

skl_Norm_DF = skl_P.minmax_scale(New_DF)

print(skl_Norm_DF)
```

```
C:\Python\Basic_statistic\venv\Scripts\python.exe
[[0.63299207 0.30495244]
 [0.19273744 0.17830204]
 [0.39766333 0.72338402]
 ...
 [0.48430714 0.75156395]
 [0.59343469 0.05461816]
 [0.90648243 0.96814821]]

Process finished with exit code 0
```

<그림 06_6_3 sklearn 라이브러리 Min - Max 정규화>

sklearn 라이브러리에서 preprocessing이라는 전처리 메서드를 호출했습니다. 그리고 제공된 함수 minmax_scale을 이용해 Min - Max 정규화를 진행했습니다. sklearn 라이브러리를 이용하면 훨씬 간단하게 Min - Max 정규화 처리가 이루어집니다. 그런데 정규화 처리된 결과가 데이터 프레임 형태가 아닙니다. 더욱이 중간에 값은 보이지 않습니다. sklearn에서도 데이터 프레임을 다룰 수 있지만, 이를 해결하는 방법은 간단합니다. sklearn에서 처리된 결과를 pandas 라이브러리로 받아 그 결과를 출력하면 됩니다.

```python
import pandas as pd

pd.set_option('display.max_rows', None)
pd.set_option('display.max_columns', None)

pd_DataSet = pd.read_csv('C:\Python\Sample_CSV\Min_Max_Sample.csv')

DF = pd.DataFrame(pd_DataSet)

New_DF = DF.dropna(how='any')

import sklearn.preprocessing as skl_P

skl_Norm_DF = skl_P.minmax_scale(New_DF)

Norm_DF = pd.DataFrame(skl_Norm_DF)

print(Norm_DF)
```

```python
import pandas as pd

pd.set_option('display.max_rows', None)
pd.set_option('display.max_columns', None)

pd_DataSet = pd.read_csv('C:\Python\Sample_CSV\Min_Max_Sample.csv')

DF = pd.DataFrame(pd_DataSet)

New_DF = DF.dropna(how='any')

import sklearn.preprocessing as skl_P

skl_Norm_DF = skl_P.minmax_scale(New_DF)

Norm_DF = pd.DataFrame(skl_Norm_DF)

print(Norm_DF)
```

```
989  0.300113  0.781496
990  0.649400  0.436229
991  0.880181  0.612350
992  0.484083  0.011782
993  0.752784  0.000000
994  0.148032  0.164566
995  0.771092  0.443916
996  0.319463  0.789830
997  0.484307  0.751564
998  0.593435  0.054618
999  0.906482  0.968148


Process finished with exit code 0
```

<그림 06_6_4 sklearn 처리 결과를 pandas 데이터 프레임으로 처리하기>

 **백분위 수(percentile rank)**

기초 데이터 분석의 마지막은 백분위 수(percentile rank)를 구하는 코드입니다. Min-max 정규화와 함께 데이터의 스케일을 조정하기 위해 제가 자주 사용하는 방법이기도 합니다. 백분위 수는 데이터 셋을 작은 값부터 큰 값으로 순서대로 나열하고 백분위로 나타낸 특정 위치의 값을 말합니다. 가장 작은 값부터 나열하고 가장 작은 것이 0이 되며 가장 큰 것이 100이 됩니다. 만약 1부터 100까지 무작위로 섞인 데이터 셋이 있을 때 이를 순서대로 20은 20번째로 작은 값이고 80은 80번째로 작은 값이 되는 것이죠. 그래서 50은 백분위 수의 중앙값이 됩니다. 먼저 pandas를 통해 백분위 수를 구해봅니다.

```
.quantile(x1, …)
```

pandas에서 백분위 수를 구하는 메서드는 '.quantile'입니다. 해당 메서드에는 몇몇 인자를 전달할 수 있습니다. 대부분 option 형태의 인자들이고 핵심은 전달되는 첫 번째 인자 x1입니다. x1에는 구하고자 하는 백분위 값을 'q=0.0~1.0'의 형태로 전달합니다. q와 함께 전달되는 값이 0에서 1사이의 값입니다. 매우 중요합니다. 예를 들어 하위 10%의 백분위 수를 구하고 싶다면 'q=0.1'이 전달되고 중앙에 위치한 백분위 수(50%)를 구하고자 한다면 'q=0.5'입니다.

```python
import pandas as pd

pd.set_option('display.max_rows', None)
pd.set_option('display.max_columns', None)

pd_DataSet = pd.read_csv('C:\Python\Sample_CSV\percentile_Sample.csv')

DF = pd.DataFrame(pd_DataSet)

New_DF = DF.dropna(how='any')

N_percentile = New_DF.quantile(q=0.5)

print(N_percentile)
```

```
import pandas as pd

pd.set_option('display.max_rows', None)
pd.set_option('display.max_columns', None)

pd_DataSet = pd.read_csv('C:\Python\Sample_CSV\percentile_Sample.csv')

DF = pd.DataFrame(pd_DataSet)

New_DF = DF.dropna(how='any')

N_percentile = New_DF.quantile(q=0.5)

print(N_percentile)
```

```
C:\Python\Basic_statistic\venv\Scripts\python.exe
Num     26.0
Name: 0.5, dtype: float64

Process finished with exit code 0
```

<그림 06_7_1 pandas 백분위 수 중앙 값 구하기>

'Percentile_Sample.csv' 파일에는 1부터 100사이의 값이 무작위로 3,000개가 나열되어 있습니다. quantile 메서드를 통해 '0.5', 즉, 중앙에 위치한 값을 구했습니다. 그 결과는 17입니다. q의 값을 변경하여 원하는 백분위 값을 산출할 수 있습니다. 그리고 리스트형태로 전달하면 여러 개의 백분위 수를 구할 수 있죠.

```
import pandas as pd

pd.set_option('display.max_rows', None)
pd.set_option('display.max_columns', None)

pd_DataSet = pd.read_csv('C:₩Python₩Sample_CSV₩percentile_Sample.csv')

DF = pd.DataFrame(pd_DataSet)

New_DF = DF.dropna(how='any')

N_percentile = New_DF.quantile(q=[0.1, 0.3, 0.5, 0.7, 0.9])

print(N_percentile)
```

```
import pandas as pd

pd.set_option('display.max_rows', None)
pd.set_option('display.max_columns', None)

pd_DataSet = pd.read_csv('C:\Python\Sample_CSV\percentile_Sample.csv')

DF = pd.DataFrame(pd_DataSet)

New_DF = DF.dropna(how='any')

N_percentile = New_DF.quantile(q=[0.1, 0.3, 0.5, 0.7, 0.9])

print(N_percentile)
```

```
C:\Python\Basic_statistic\venv\Scripts\python.exe
      Num
0.1  17.0
0.3  22.0
0.5  26.0
0.7  31.0
0.9  38.0

Process finished with exit code 0
```

<그림 06_7_2 pandas를 이용한 여러 개의 백분위 수 구하기>

전달되는 q의 값을 리스트 형태로 구성하여 전달했습니다. 전달된 리스트에 해당되는 백분위 수가 산출됩니다. 다음은 수를 다루는데 있어 만능 라이브러리 numpy를 활용해서 백분위 수를 구해 보겠습니다.

.percentile (x1, x2, …)

numpy에서 백분위 수를 구하는 메서드는 의미 그대로 '.Percentile'입니다. 전달되는 인자를 살펴보면 x1은 백분위 수를 구할 데이터 셋이 전달되고 x2는 백분위 값이 전달됩니다. pandas와 마찬가지로 리스트 형태로 전달하면 여러 개의 백분위 수를 구할 수 있습니다. 백분위 수를 구하는데 있어 numpy와 pandas의 핵심적인 차이점은 pandas의 경우 0 ~ 1 사이의 백분위 값이 전달되지만 numpy에서 전달되는 백분위 값은 0 ~ 100입니다. 이점을 꼭 기억해 주세요. pandas의 경우 백분위 값의 실제 실수 값이 전달되는 것이고 numpy의 경우 %(percentage)값이 그대로 전달된다고 생각하면 쉽습니다.

06 기초 데이터 분석 **241**

```
import pandas as pd

pd.set_option('display.max_rows', None)
pd.set_option('display.max_columns', None)

pd_DataSet = pd.read_csv('C:₩Python₩Sample_CSV₩percentile_Sample.csv')

DF = pd.DataFrame(pd_DataSet)

New_DF = DF.dropna(how='any')

import numpy as np

N_percentile = np.percentile(New_DF, [0, 25, 50, 75, 100])

print(N_percentile)
```

```
import pandas as pd

pd.set_option('display.max_rows', None)
pd.set_option('display.max_columns', None)

pd_DataSet = pd.read_csv('C:\Python\Sample_CSV\percentile_Sample.csv')

DF = pd.DataFrame(pd_DataSet)

New_DF = DF.dropna(how='any')

import numpy as np

N_percentile = np.percentile(New_DF, [0, 25, 50, 75, 100])

print(N_percentile)
```

```
C:\Python\Basic_statistic\venv\Scripts\python.exe
[ 2. 21. 26. 32. 95.]

Process finished with exit code 0
```

<그림 06_7_3 numpy를 이용한 백분위 수 구하기>

결과가 단순히 리스트 형태로 해당되는 백분위 수가 산출됩니다. scipy로도 한번 구해볼까요?

```
.scoreatpercentile(x1, x2)
```

scipy에서 백분위 수를 구하는 메서드는 '.scoreatpercentile'이고 전달되는 인자는 numpy와 동일합니다. 전자가 데이터 셋, 후자가 백분위 값입니다.

```
import pandas as pd

pd.set_option('display.max_rows', None)
pd.set_option('display.max_columns', None)

pd_DataSet = pd.read_csv('C:\Python\Sample_CSV\percentile_Sample.csv')

DF = pd.DataFrame(pd_DataSet)

New_DF = DF.dropna(how='any')

import scipy.stats as sp

N_percentile = sp.scoreatpercentile(New_DF, [1, 20, 50, 70, 90])

print(N_percentile)
```

```
import pandas as pd

pd.set_option('display.max_rows', None)
pd.set_option('display.max_columns', None)

pd_DataSet = pd.read_csv('C:\Python\Sample_CSV\percentile_Sample.csv')

DF = pd.DataFrame(pd_DataSet)

New_DF = DF.dropna(how='any')

import scipy.stats as sp

N_percentile = sp.scoreatpercentile(New_DF, [1, 20, 50, 70, 90])

print(N_percentile)
```

```
C:\Python\Basic_statistic\venv\Scripts\python.exe
[10. 20. 26. 31. 38.]

Process finished with exit code 0
```

<그림 06_7_4 scipy를 이용한 백분위 수 구하기>

scipy 결과 역시 단순히 리스트 형태로 해당되는 백분위 수를 산출합니다. 어떤 라이브러리를 사용하든 결과는 동일하기에 여러분이 편한 방법을 선택하시면 됩니다.

07
데이터 분석

07 데이터 분석

회귀 분석의 이해

우리는 앞서 이동 평균을 이용하여 다음 차수의 값을 예측해 보았습니다. 이번에는 조금 더 깊이 있는 예측을 진행해 봅니다.

여러분들 혹시 '회귀 분석'이라는 용어를 들어 보셨나요? 회귀 분석은 대표적인 예측 분석 기법의 하나입니다. 현재 예측 기법이라 불리는 대부분의 분석 방법은 회귀 분석을 기반으로 합니다. 그만큼 회귀 분석은 예측에 있어 절대적 위치를 차지하고 있습니다. 어쩌면 데이터와 씨름하며 살아가는 사람들에게 숙명과도 같은 분석 기법입니다. 우리가 단순한 파이썬 코더가 아니라면 적어도 회귀 분석에 대한 개념은 명확히 알 필요가 있습니다.

회귀 분석은 영국의 유전학자 프랜시스 골턴 (Francis Galton, 1822~1911)이 그의 논문에서 평균으로의 회귀regression toward mean라는 표현을 쓰면서 세상에 등장하게 됩니다. 이 연구는 아버지와 아들의 키를 조사하면서 나온 이론인데요, 통계학자나 수학자가 아닌 유전학자에게서 처음 소개되었다는 점이 독특하긴 하지만, 이런 배경 치고는 그 영향력이 상당합니다. 회귀 분석은 데이터 분석을 업으로 하는 사람들에게는 필수적으로 습득해야 할 중요한 기법입니다.

그런데 이름이 참 어렵습니다. 회귀, 한자로 回歸입니다. 돌아올 回, 돌아올 歸입니다. 돌고 돌아 원래 위치라는 의미겠죠? 다시 말하면 평균으로의 회귀는 결국 데이터 분석을 위해 관측된 값들은 평균을 중심으로 분포가 된다는 의미가 됩니다. 그런데 더 희한한 건 정확히 평균을 중심으로 좌우로 대칭이 되어 분포가 된다는 점입니다. 여러분들도 알고 계신 바로 그 정규 분포입니다.

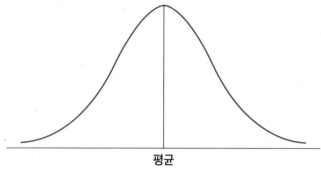

평균

<그림 07_1_1 정규 분포>

회귀 분석의 등장 배경을 설명하자면 다시 한번 평균과 정규 분포에 대한 이야기를 하지 않을 수 없습니다. 뭐 솔직히는 모든 데이터 분석은 평균으로부터 시작된다고 봐야죠. 아무튼 회귀 분석은 바로 관측 값(집단)의 평균을 분석하는 데이터 분석 기법이라는 것입니다.

'평균 그거 나도 구할 줄 아는데? 회귀 분석 뭐 별거 아니네?'

네 맞습니다. 평균 못 구하는 분들 없죠. 다만 평균을 구하는 게 아니고 평균을 분석한다는 점이 다른 것이죠. 근데 평균을 구하는 것도 아니고 분석해서 뭘 하려고 하는 것일까요? 혹시 여러분들은 평균을 구할 때 어떤 목적으로 평균을 구하게 되나요? 우리는 이미 이동 평균을 통해 평균이 예측에 충분히 활용 가능하다는 사실을 알았습니다. 좀더 현실적인 예를 살펴보겠습니다. 성실하고 예의 바른 친구 영희의 고등학교 2학년까지 수학 성적입니다.

1학년				2학년				3학년	
1학기		2학기		1학기		2학기		1학기	
중간	기말	중간	기말	중간	기말	중간	기말	중간	기말
97	92	93	96	81	92	97	93	?	?
중간 평균 : 92, 기말 평균 : 93.3, 전체 평균 : 92.6									

<표 07_1_1 영희의 고등학교 2학년까지 수학 성적>

영희는 중간시험에서는 평균 92점, 기말시험은 평균 93점 그리고 중간, 기말 모두 합친 평균 점수는 대략 92점입니다. 자 그러면 3학년이 된 영희는 1학기 중간시험과 기말시험에서 수학과목에서 몇 점을 기대할 수 있을까요? 그렇죠? 평균 점수를 볼 때 적어도 92점 이상을 기대할 만합니다. 특별히 공부를 하지 않는 경우가 아니라면 충분히 기대해 볼만한 점수입니다.

여기서 우리는 용어를 살짝 바꿔 보도록 하죠. '기대'에서 '예상'으로 말이죠. 그러면 영희의 수학 점수는 평균만큼은 예상됩니다. 어떤 가요? 평균을 구하는 목적이 조금은 감이 오지 않나요? 반드시 평균이 예상하기 위한 건 아니지만, 평균은 다음 상황을 예상해 주는 수치로 부족함이 없어 보입니다. 그러면 다시 회귀 분석으로 돌아와 봅니다. 회귀 분석은 관측 값의 평균을 분석합니다. 왜, 관측 값의 평균을 분석할까요? 맞습니다. 바로 다음 상황을 예측하기 위한 분석인 것이죠. 이제 우리는 앞에 어떤 수식이 붙든 '회귀(regression)'라는 용어가 나오면 '예측 기법이겠구나' 생각하면 됩니다. 앞서 영희의 수학 성적을 다시 살펴봅니다. 영희의 3학년 수학 성적을 '예측'하기 위해 1, 2학년 총 여덟 번의 수학 성적을 수집했습니다. 여기서 '관측 값'은 바로 1, 2학년, 여덟 번의 수학 성적이 되는 것이죠. 앞서 치러진 여덟 번의 '수학' 성적은 뒤에 치러질 수학 시험의 성적을 충분히 설명할 수 있는 것입니다. 그래서 자신 있게 다음과 같이 말할 수 있습니다.

"영희는 앞서 여덟 번의 시험에서 수학 성적이 평균 92점 정도 이기 때문에 다음 수학 시험의 결과도 대략 92점 정도일 것으로 예상됩니다."

영희의 수학 성적은 원인과 결과가 명확합니다.

<그림 07_1_2 수학 성적의 원인과 결과>

이쯤에서 회귀 분석에 대한 정의를 다시 세워 봅니다.

'회귀 분석은 관측 값의 평균을 분석해서 인과관계를 설명하는 예측 기법이다.'

이렇듯 회귀 분석은 인과 관계가 핵심이 됩니다 원인과 결과의 관계가 충분히 설명되어야 회귀 분석은 성립되는 것이죠. 영희의 3학년 수학 성적을 예측하는데 앞서 여덟 번의 국어 성적을 원인으로 활용하면 좀 이상합니다. 물론 전혀 불가능 하지는 않겠죠. 다만 국어 성적이 수학 성적과 관계가 있다는 점을 우선적으로 명확하게 증명해야 합니다.

회귀 분석에서는 결과에 영향을 주는 원인을 '독립 변수'라 하고, 영향을 받은 결과를 '종속 변수'라 합니다. 앞선 8회의 수학 성적이라는 하나의 독립 변수를 통해 다음 차수의 수학 성적이라는 종속 변수를 예측했습니다. 이것이 바로 단순 회귀 분석입니다. 즉, 결과에 영향을 주는 독립 변수가 1개인 것을 의미합니다. 그렇다면 '다중'은 무엇을 의미할까요? 그렇죠. 결과에 영향을 주는 독립 변수가 2개 이상인 것을 의미하게 되는 것이죠.

만약 영희의 3학년 수학 성적을 예측하기 위해 수학 성적은 물론 국어 성적과 영어 성적을 활용한다고 가정해 봅시다. 국어 성적과 영어 성적은 수학 성적과 어떤 관련이 있을까요?

'국어를 잘 하는 학생은 문제의 출제 의도와 이해력이 높고 국어와 영어 성적이 좋은 학생이 꾸준히 공부하는 습관이 있기 때문에 수학 성적에 영향을 주는 요인이다.'

이와 같은 관계가 충분히 증명되고 난 후에 세 성적을 독립 변수로 하여 수학 성적을 예측했다면 이것이 바로 다중 회귀 분석이 되는 것이죠.

단순과 다중의 차이가 독립 변수에 의한 것이라면 선형과 비선형의 차이는 변수간 관계에 따라 설명됩니다. 먼저 아래 그래프를 보시죠.

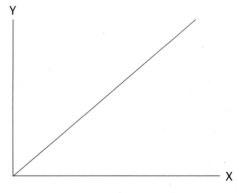

<그림 07_1_3 X와 Y의 관계를 나타낸 그래프>

X를 독립 변수라고 하고 Y를 종속 변수라고 한다면 X가 증가함에 따라 Y값도 증가하는 양의 상관관계를 보입니다. 그것도 아주 일정하게 말이죠. 물론 반대의 경우인 음의 상관관계도 있을 수 있겠죠. 양이던 음이던 두 변수 간에 상관관계가 있다면 그래프로 표현할 때 직선으로 그려집니다. 이것이 바로 선형입니다.

생각해볼 부분이 있습니다. 독립 변수의 개수를 차치하고 일단 종속 변수와 상관관계가 성립되어야 회귀 분석이 가능합니다. 앞서 충분히 설명을 드렸죠? 국어나 영어 성적으로 수학 성적을 예측하려면 우선적으로 국어, 영어 성적이 수학 성적을 예측할 수 있다는 관계가 성립되어야 합니다. 따라서 상관관계가 성립하는 선형 회귀 분석만 인정할 수 있습니다. 여기에 독립 변수의 개수가 2개 이상 이라면 다중 선형 회귀 분석만이 가능한 것이죠. 그렇다면 왜 굳이 선형이라고 부를까요? 그냥 다중 회귀 분석이라고 하면 되는데 말이죠.

인간의 호기심은 끝이 없습니다. 굳이 선형이라고 붙여 명명한 이유는 당연히 비선형일 때도 회귀 분석이 가능하기에 붙여진 것이죠. 즉, 변수간 관계가 성립되지 않아도 회귀 분석을 수행할 수 있다 는 의미가 됩니다. 좀 더 쉽게 표현하자면 변수간 상관관계가 없다고 변수간 인과 관계가 성립되지 않는 건 아니라는 것입니다. 좀 더 솔직히 말씀드리면 선형과 비선형은 상관관계에 따른 것 만도 아 닙니다. 회귀 계수에 영향을 받습니다. 그만큼 복잡한 이야기가 됩니다. 굳이 우리가 회계 계수까지 이해할 필요는 없습니다. 그냥 전통적인 회귀 분석은 선형이라는 것만 아시면 됩니다. 세상이 하도 복잡하고 어지러워서 일반적인 시각으로는 설명이 안되니 비선형이 등장한 것이죠.

아! 한가지 추가적으로 설명 드리고 싶은 게 있습니다. 다중이던 단순이던 회귀 분석에서, 특히 선 형 회귀 분석에서는 상관관계가 중요한 역할을 담당합니다. 이런 상관관계를 핵심으로 하는 분석에 는 회귀 분석과 함께 대표적인 데이터 분석 기법이 있습니다. 바로 그 유명한 '상관 분석'입니다. 회 귀와 상관 분석 모두 상관관계를 파악합니다. 그런데 상관 분석은 변수간 상관관계만을 파악할 뿐 원인과 결과의 인과 관계를 설명하지는 않습니다. 이점이 두 분석의 가장 큰 차이점이죠. 쉬운 예 로 '연봉과 소비는 관계가 있다.' 이것은 두 분석 모두 가능합니다. 하지만 '연봉이 높으면 소비가 많 다.'는 상관 분석으로 설명이 안되는 것이죠.

② 기울기와 절편 (직선의 방정식)

Y = aX + b

주어진 식은 선형 회귀 분석의 가장 기본이 되는 공식입니다. Y는 우리가 예측하고자 하는 값, 즉 종속 변수가 되고 X는 Y를 예측하는데 원인이 되는 값, 즉 독립 변수가 됩니다. 그리고 b는 절편, 즉 Y 값의 시작 지점이며 a는 기울기로 X에 변화에 따른 Y값의 흐름을 나타냅니다.

```python
N_List = [1, 2, 3, 4, 5, 6, 7, 8, 9 ,10]

import matplotlib.pyplot as plt

plt.plot(N_List)
plt.ylabel('Y')
plt.xlabel('X')
plt.show()
```

```python
N_List = [1, 2, 3, 4, 5, 6, 7, 8, 9 ,10]

import matplotlib.pyplot as plt

plt.plot(N_List)
plt.ylabel('Y')
plt.xlabel('X')
plt.show()
```

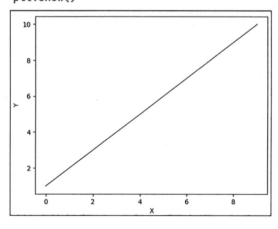

<그림 07_2_1 1부터 10까지 X와 Y의 관계를 나타낸 그래프>

1부터 10까지 수를 그대로 나열하여 N_List를 선언하고 matplotlib 라이브러리를 통해 plot 차트를 작성했습니다. 그래프에서 나타나는 것처럼 X값이 1씩 증가하며 Y값도 1씩 증가합니다. 따라서 해당 그래프의 기울기는 1이 됩니다. 또한 X가 0일 때 Y값의 시작 점은 0이됩니다. 결국 절편도 0이라는 것이죠. 그러면 맨 처음 소개한 수식에 기울기와 절편을 대입해 보면 다음과 같이 정리됩니다.

$$Y = 1X + 0$$

기울기와 절편을 구했으니 X에 어떤 값이 입력되어도 Y값이 충분히 예측 가능합니다. 예를 들어 X에 15가 입력되었다면 Y값은 수식에 따라 15가 됩니다.

$$Y = 1*15 + 0$$

간단한 예시이지만 기울기와 절편을 구하면 Y값이 충분히 예측 가능하다는 것을 확인할 수 있었습니다. 그래서 이번에는 기울기와 절편을 파이썬을 통해 구해보도록 하겠습니다. 먼저 샘플 데이터의 산점도를 그려봅니다.

```
import pandas as pd

pd.set_option('display.max_rows', None)
pd.set_option('display.max_columns', None)

pd_DataSet = pd.read_csv('C:₩Python₩Sample_CSV₩Slope_Sample.csv')

DF = pd.DataFrame(pd_DataSet)

X = DF['X1']
Y = DF['Y1']

import matplotlib.pyplot as plt

plt.scatter(X, Y)
plt.show()
```

```
import pandas as pd

pd.set_option('display.max_rows', None)
pd.set_option('display.max_columns', None)

pd_DataSet = pd.read_csv('C:\Python\Sample_CSV\Slope_Sample.csv'

DF = pd.DataFrame(pd_DataSet)

X = DF['X1']
Y = DF['Y1']

import matplotlib.pyplot as plt

plt.scatter(X, Y)
plt.show()
```

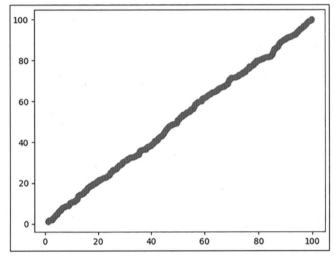

<그림 07_2_2 샘플 데이터의 산점도>

pandas를 통해 샘플 데이터를 호출하고 간단하게 산점도를 그려 보았습니다. 보시는 것처럼 X값이 증가함에 따라 Y값도 일정하게 증가하는 모양입니다. 이제 기울기와 절편을 구해줍니다. numpy를 통해 쉽게 구할 수 있습니다.

.polyfit(x1, x2, x3)

numpy에서 기울기와 절편을 구하는 함수는 polyfit입니다. 첫 번째, 두 번째 인자는 각각 X, Y값이 전달되고 마지막 세 번째 인자는 1차 방정식을 의미하게 됩니다.

```
import pandas as pd

pd.set_option('display.max_rows', None)
pd.set_option('display.max_columns', None)

pd_DataSet = pd.read_csv('C:₩Python₩Sample_CSV₩Slope_Sample.csv')

DF = pd.DataFrame(pd_DataSet)

X = DF['X1']
Y = DF['Y1']

import numpy as np

R = np.polyfit(X, Y, 1)

print(R)
```

```
import pandas as pd

pd.set_option('display.max_rows', None)
pd.set_option('display.max_columns', None)

pd_DataSet = pd.read_csv('C:\Python\Sample_CSV\Slope_Sample.csv')

DF = pd.DataFrame(pd_DataSet)

X = DF['X1']
Y = DF['Y1']

import numpy as np

R = np.polyfit(X, Y, 1)

print(R)
```

```
C:\Python\ML_training\venv\Scripts\python.exe
[0.99093423 0.69436565]

Process finished with exit code 0
```

<그림 07_2_3 numpy polyfit 메서드를 통한 기울기와 절편 구하기>

polyfit를 통해 구해진 결과는 리스트 형태로 전달됩니다. 첫 번째 값이 기울기, 두 번째 값이 절편입니다. 구해진 기울기와 절편을 통해 다음의 식을 직접 작성할 수 있지만 보다 손쉽게 메서드를 통해확인할 수도 있습니다.

Y = 0.9909*X + 0.6944

```
. poly1d(x1)
```

poly1d 메서드는 하나의 인자를 필요로 합니다. polyfit를 통해 산출된 기울기와 절편의 리스트 값을그대로 전달하면 되죠.

```
import pandas as pd

pd.set_option('display.max_rows', None)
pd.set_option('display.max_columns', None)

pd_DataSet = pd.read_csv('C:₩Python₩Sample_CSV₩Slope_Sample.csv')

DF = pd.DataFrame(pd_DataSet)

X = DF['X1']
Y = DF['Y1']

import numpy as np

R = np.polyfit(X, Y, 1)
R_Ex = np.poly1d(R)

print(R)
print('----------------------')
print(R_Ex)
```

```python
import pandas as pd

pd.set_option('display.max_rows', None)
pd.set_option('display.max_columns', None)

pd_DataSet = pd.read_csv('C:\Python\Sample_CSV\Slope_Sample.csv')

DF = pd.DataFrame(pd_DataSet)

X = DF['X1']
Y = DF['Y1']

import numpy as np

R = np.polyfit(X, Y, 1)
R_Ex = np.poly1d(R)

print(R)
print('----------------------')
print(R_Ex)
```

```
[0.99093423 0.69436565]
----------------------

0.9909 x + 0.6944

Process finished with exit code 0
```

<그림 07_2_4 numpy poly1d 메서드를 통한 함수식 확인하기>

구해진 기울기와 절편을 통해 이제 우리는 X에 어떤 값이 대입되어도 Y값을 충분히 예측할 수 있습니다.

③ 선형 회귀(Linear regression)

회귀 분석에 대한 개념과 기본적인 수식을 이해했으니 이제는 파이썬을 통해 진짜 회귀 분석을 수행해 보겠습니다. 사실 우리가 파이썬이라는 강력한 분석 도구를 사용하면서 이전보다 분석이 훨씬 수월해진 부분은 부인할 수 없습니다. 저도 사용하며 깜짝 놀랄 때가 많습니다. 만약 파이썬이 혹은 그 외 분석 도구가 없었다면 우리는 수학적 지식을 총 동원하여 프로그램을 만들고 분석을 수행해야 했을 것입니다. 회귀 분석만 보더라도 앞서의 기울기며 절편, 이를 넘어 미분, 최소 자승 등 어려운 공식을 모두 직접 구해야 하기 때문이죠. 그런 의미에서 날로 발전해 가는 분석 도구가 얼마나 고마운지 모릅니다. 파이썬에서 회귀 분석은 코드 몇 줄만으로 쉽게 처리할 수 있습니다.

역시 이번에도 pandas를 통해 샘플 파일을 호출합니다. 다시 상기해 보면 회귀 분석은 인과 관계를 설명하는 예측 기법입니다. 상관관계가 반드시 인과 관계를 설명한다고 할 수는 없지만, 그래도 기본적으로 회귀 분석을 수행하기 전에는 상관관계를 먼저 파악해 두는 것이 좋습니다.

```
import pandas as pd

pd.set_option('display.max_rows', None)
pd.set_option('display.max_columns', None)

pd_DataSet = pd.read_csv('C:\Python\Sample_CSV\Prediction_Sample.csv')

DF = pd.DataFrame(pd_DataSet)

New_DF = DF.dropna(how='any')

Pd_P_Corr = New_DF.corr(method='pearson')

print(Pd_P_Corr)
```

```
import pandas as pd

pd.set_option('display.max_rows', None)
pd.set_option('display.max_columns', None)

pd_DataSet = pd.read_csv('C:\Python\Sample_CSV\Prediction_Sample.csv')

DF = pd.DataFrame(pd_DataSet)

New_DF = DF.dropna(how='any')
```

```
Pd_P_Corr = New_DF.corr(method='pearson')

print(Pd_P_Corr)

import matplotlib.pyplot as plt

plt.scatter(New_DF['X1'], New_DF['Y1'])
plt.scatter(New_DF['X2'], New_DF['Y1'])
plt.show()
```

	X1	X2	Y1
X1	1.000000	0.980424	0.979455
X2	0.980424	1.000000	0.998490
Y1	0.979455	0.998490	1.000000

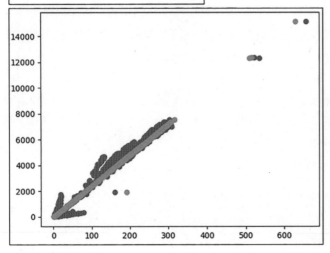

<그림 07_3_1 회귀 분석을 위한 변수 간 상관관계 확인>

총 3개의 변수가 있습니다. X1과 X2는 독립 변수이고 Y1은 종속 변수입니다. X1, X2의 변화를 파악하여 Y1을 예측합니다. 따라서 상관관계는 X1과 Y1, X2와 Y1에 대해서 분석합니다. X1과 Y1의 상관계수는 0.979, X2와 Y1의 계수는 0.998로 모두 높은 양의 상관 관계를 보여줍니다. 상관관계를 파악했으니 'sklearn' 라이브러리를 통해 회귀 분석을 수행합니다.

첫 번째 작업은 training set과 test set으로 전체 데이터 set을 나누는 작업입니다. 여기서 우리는 training set과 test set의 개념을 살펴봅니다. 결론부터 말씀드리면 모델의 성능을 보다 정교하게 만들기 위한 작업입니다. 즉, 바로 분석을 수행하는 것이 아니고 여러 번 반복 학습해서 가장 훌륭한 모델을 찾아가는 과정이라고 할 수 있는 것이죠. 좀 더 쉬운 예로 고등학교 시절의 모의고사를 생각하시면 됩니다. training set은 학기마다 치르는 모의고사의 성격입니다. 꾸준히 훈련하는 것이죠. 그리고 test set은 최종 모의고사라 생각하면 쉽습니다. 마지막 최종 점검 차원에서 치르는 실전 훈련입니다. 좋은 점수를 받기 위해 반복적으로 모의고사를 치르는 것처럼 모델의 정확도를 높이기 위해 반복적인 훈련과 최종 테스트를 거치게 되는 것이죠. training set을 다시 training set과 validation set으로 분할하기도 하지만, 일단 우리는 모델의 성능을 높이는 과정에 전체를 두 개의 set으로만 구분하겠습니다.

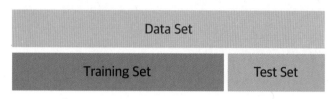

<그림 07_3_2 training set과 test set 나누기>

```
import sklearn.model_selection as sms

sms.train_test_split(x1, x2, x3, x4)
```

sklearn에서 training set과 test set을 나누기 위해 먼저 model_selection 모듈을 호출합니다. 그리고 해당 모듈의 하위 메서드인 '.train_test_split'을 사용하여 전체 데이터 셋을 training set과 test set으로 분리합니다. 총 4개의 인자가 전달되며 첫 번째 인자는 독립 변수, 두 번째는 종속 변수, 세 번째는 training set의 크기 그리고 마지막 네 번째 인자는 test set의 크기입니다. training set과 test set의 크기 비율은 일반적으로 8대 2 혹은 7대 3을 주로 결정합니다.

```
import pandas as pd

pd.set_option('display.max_rows', None)
pd.set_option('display.max_columns', None)

pd_DataSet = pd.read_csv('C:\Python\Sample_CSV\Prediction_Sample.csv')

DF = pd.DataFrame(pd_DataSet)

New_DF = DF.dropna(how='any')

Pd_P_Corr = New_DF.corr(method='pearson')

print(Pd_P_Corr)

import sklearn.model_selection as sms
```

```
x = New_DF[['X1', 'X2']]

y = New_DF['Y1']

x_train, x_test, y_train, y_test = sms.train_test_split(x, y, train_size=0.8, test_size=0.2)
```

```python
import pandas as pd

pd.set_option('display.max_rows', None)
pd.set_option('display.max_columns', None)

pd_DataSet = pd.read_csv('C:\Python\Sample_CSV\Prediction_Sample.csv')

DF = pd.DataFrame(pd_DataSet)

New_DF = DF.dropna(how='any')

Pd_P_Corr = New_DF.corr(method='pearson')

print(Pd_P_Corr)

import sklearn.model_selection as sms

x = New_DF[['X1', 'X2']]

y = New_DF['Y1']

x_train, x_test, y_train, y_test = sms.train_test_split(x, y, train_size=0.8, test_size=0.2)

import sklearn.linear_model as slm

lr_Model = slm.LinearRegression()
lr_Model.fit(x_train, y_train)
Train_score = lr_Model.score(x_train, y_train)
Test_score = lr_Model.score(x_test, y_test)

print('다중 선형 회귀 - Train_score : ', Train_score, ', Test_score : ', Test_score)
```

```
          X1        X2        Y1
X1  1.000000  0.980424  0.979455
X2  0.980424  1.000000  0.998490
Y1  0.979455  0.998490  1.000000
---------------------------------
다중 선형 회귀 - Train_score :  0.9999986641978811 , Test_score :  0.9874567827448352
```

<그림 07_3_3 전체 데이터 set을 training set과 test set 나누기>

training set과 test set의 크기를 8대 2로 분리하였습니다. x와 y 변수에는 각각 전체 독립 변수와 종속 변수가 저장되었습니다. 다음으로 sklearn에서 분석 모델을 호출합니다.

```
import pandas as pd

pd.set_option('display.max_rows', None)
pd.set_option('display.max_columns', None)

pd_DataSet = pd.read_csv('C:₩Python₩Sample_CSV₩Prediction_Sample.csv')

DF = pd.DataFrame(pd_DataSet)

New_DF = DF.dropna(how='any')

Pd_P_Corr = New_DF.corr(method='pearson')

print(Pd_P_Corr)

import sklearn.model_selection as sms

x = New_DF[['X1', 'X2']]

y = New_DF['Y1']

x_train, x_test, y_train, y_test = sms.train_test_split(x, y, train_size=0.8, test_size=0.2)

import sklearn.linear_model as slm

lr_Model = slm.LinearRegression()
lr_Model.fit(x_train, y_train)
Train_score = lr_Model.score(x_train, y_train)
Test_score = lr_Model.score(x_test, y_test)

print('다중 선형 회귀 - Train_score : ', Train_score, ', Test_score : ', Test_score)
```

```
import pandas as pd

pd.set_option('display.max_rows', None)
pd.set_option('display.max_columns', None)

pd_DataSet = pd.read_csv('C:\Python\Sample_CSV\Prediction_Sample.csv')

DF = pd.DataFrame(pd_DataSet)

New_DF = DF.dropna(how='any')

Pd_P_Corr = New_DF.corr(method='pearson')

print(Pd_P_Corr)

import sklearn.model_selection as sms

x = New_DF[['X1', 'X2']]

y = New_DF['Y1']

x_train, x_test, y_train, y_test = sms.train_test_split(x, y, train_size=0.8, test_size=0.2)

import sklearn.linear_model as slm

lr_Model = slm.LinearRegression()
lr_Model.fit(x_train, y_train)
Train_score = lr_Model.score(x_train, y_train)
Test_score = lr_Model.score(x_test, y_test)

print('다중 선형 회귀 - Train_score : ', Train_score, ', Test_score : ', Test_score)
```

```
           X1        X2        Y1
X1   1.000000  0.980424  0.979455
X2   0.980424  1.000000  0.998490
Y1   0.979455  0.998490  1.000000
-------------------------------
다중 선형 회귀 - Train_score :  0.9999986641978811 , Test_score :  0.9874567827448352
```

<그림 07_3_4 sklearn의 회귀 모델 호출 및 테스트 스코어 확인>

현재 우리가 학습중인 분석 모델은 선형 회귀 모델입니다. 그래서 sklearn에서 선형 모델(linear_model)을 호출했습니다. 그리고 선형 모델 중에서도 선형 회귀를 최종 모델로 선택했습니다 (lr_Model = slm.LinearRegression()). '.fit' 메서드에 training set을 전달하여 충분히 모의고사를 보도록 했습니다. 모의고사를 보면 점수가 얼마나 잘 나왔는지도 확인해야 합니다.

```
. score(x1, x2)
```

'.score' 메서드는 모델을 통한 training set과 test set의 학습 결과 정확도를 확인해 줍니다. training set, test set 모두 정확도가 꽤 높게 나옵니다.

다시 상기해 보겠습니다. 회귀 분석의 주 목적이 무엇일까요? 그렇죠. 바로 다음 상황을 예측하기 위한 가장 강력한 분석 기법입니다. 모의고사도 잘 치르고 점수도 잘 받았으니 실전에서도 좋은 점수가 나오리라 믿습니다. X1과 X2의 독립 변수로 Y1의 종속 변수를 예측하고 있습니다. 그래서 간단하게 X1과 X2의 값을 임의로 입력하여 Y2의 값을 예측해 보겠습니다.

```
.predict(x1)
```

sklearn의 예측을 위한 메서드는 '.predict'입니다. 인자로 독립 변수의 값들을 전달해 줍니다.

```python
import pandas as pd

pd.set_option('display.max_rows', None)
pd.set_option('display.max_columns', None)

pd_DataSet = pd.read_csv('C:\Python\Sample_CSV\Prediction_Sample.csv')

DF = pd.DataFrame(pd_DataSet)

New_DF = DF.dropna(how='any')

Pd_P_Corr = New_DF.corr(method='pearson')

print(Pd_P_Corr)

import sklearn.model_selection as sms

x = New_DF[['X1', 'X2']]

y = New_DF['Y1']

x_train, x_test, y_train, y_test = sms.train_test_split(x, y, train_size=0.8, test_size=0.2)

import sklearn.linear_model as slm
```

```
lr_Model = slm.LinearRegression()
lr_Model.fit(x_train, y_train)
Train_score = lr_Model.score(x_train, y_train)
Test_score = lr_Model.score(x_test, y_test)

print('다중 선형 회귀 - Train_score : ', Train_score, ', Test_score : ', Test_score)

Pre_Parm = [[250, 260]]
Predict_R = lr_Model.predict(Pre_Parm)

print('--------------------------------------------------------------------------------')
print(Predict_R)
```

```python
import pandas as pd

pd.set_option('display.max_rows', None)
pd.set_option('display.max_columns', None)

pd_DataSet = pd.read_csv('C:\Python\Sample_CSV\Prediction_Sample.csv')

DF = pd.DataFrame(pd_DataSet)

New_DF = DF.dropna(how='any')

Pd_P_Corr = New_DF.corr(method='pearson')

print(Pd_P_Corr)

import sklearn.model_selection as sms

x = New_DF[['X1', 'X2']]

y = New_DF['Y1']

x_train, x_test, y_train, y_test = sms.train_test_split(x, y, train_size=0.8, test_size=0.2)

import sklearn.linear_model as slm

lr_Model = slm.LinearRegression()
lr_Model.fit(x_train, y_train)
Train_score = lr_Model.score(x_train, y_train)
Test_score = lr_Model.score(x_test, y_test)

print('다중 선형 회귀 - Train_score : ', Train_score, ', Test_score : ', Test_score)

Pre_Parm = [[250, 260]]
Predict_R = lr_Model.predict(Pre_Parm)

print('--------------------------------------------------------------------------------')
print(Predict_R)
```

```
다중 선형 회귀 - Train_score :  0.9963034483110356 , Test_score :  0.9999728888858547
-----------------------------------------------------------------------------
[[6232.98789421]]
```

<그림 07_3_5 단일 독립 변수의 예측>

Pre_Parm 리스트에 X1과 X2의 값을 250, 260으로 입력하고 모델에서 예측을 수행했습니다. 약 6,233정도 예측됩니다. 예측 참 간단하죠? 이번에는 단일 값이 아닌 n개의 값을 파일 형태로 생성하여 예측하는 방법입니다. 별 어려움 없습니다.

```python
import pandas as pd

pd.set_option('display.max_rows', None)
pd.set_option('display.max_columns', None)

pd_DataSet = pd.read_csv('C:₩Python₩Sample_CSV₩Prediction_Sample.csv')

DF = pd.DataFrame(pd_DataSet)

New_DF = DF.dropna(how='any')

Pd_P_Corr = New_DF.corr(method='pearson')

print(Pd_P_Corr)

import sklearn.model_selection as sms

x = New_DF[['X1', 'X2']]

y = New_DF['Y1']

x_train, x_test, y_train, y_test = sms.train_test_split(x, y, train_size=0.8, test_size=0.2)

import sklearn.linear_model as slm

lr_Model = slm.LinearRegression()
lr_Model.fit(x_train, y_train)
Train_score = lr_Model.score(x_train, y_train)
Test_score = lr_Model.score(x_test, y_test)

print('다중 선형 회귀 - Train_score : ', Train_score, ', Test_score : ', Test_score)
```

```
Pre_Parm = [[250, 260]]
Predict_R = lr_Model.predict(Pre_Parm)

print('------------------------------------------------------------------------------')
print(Predict_R)
Pre_DataSet = pd.read_csv('C:₩Python₩Sample_CSV₩Prediction_Scenario.csv')

Pre_DF = pd.DataFrame(Pre_DataSet)

Pre_S_Parm = Pre_DF[['X1', 'X2']]
predict_sR = lr_Model.predict(Pre_S_Parm)

print('--------------------')
print(predict_sR)
```

```
import pandas as pd

pd.set_option('display.max_rows', None)
pd.set_option('display.max_columns', None)

pd_DataSet = pd.read_csv('C:\Python\Sample_CSV\Prediction_Sample.csv')

DF = pd.DataFrame(pd_DataSet)

New_DF = DF.dropna(how='any')

Pd_P_Corr = New_DF.corr(method='pearson')

print(Pd_P_Corr)

import sklearn.model_selection as sms

x = New_DF[['X1', 'X2']]

y = New_DF['Y1']

x_train, x_test, y_train, y_test = sms.train_test_split(x, y, train_size=0.8, test_size=0.2)

import sklearn.linear_model as slm

lr_Model = slm.LinearRegression()
lr_Model.fit(x_train, y_train)
Train_score = lr_Model.score(x_train, y_train)
Test_score = lr_Model.score(x_test, y_test)

print('다중 선형 회귀 - Train_score : ', Train_score, ', Test_score : ', Test_score)

Pre_Parm = [[250, 260]]
Predict_R = lr_Model.predict(Pre_Parm)
```

```
print('----------------------------------------------------------------')
print(Predict_R)

Pre_DataSet = pd.read_csv('C:\Python\Sample_CSV\Prediction_Scenario.csv')

Pre_DF = pd.DataFrame(Pre_DataSet)

Pre_S_Parm = Pre_DF[['X1', 'X2']]
predict_sR = lr_Model.predict(Pre_S_Parm)

print('--------------------')
print(predict_sR)
```

```
[  4633.61750889   6489.83785889   3469.21570018   6109.70737032
   5225.43839274   7621.83070114    364.11473768    301.22137636
   8493.02595772  12666.6107823   11893.97879698   9883.90215606
  12295.35628076   1524.85534591   4475.07092858  10723.6035749
   1586.67807437   1211.50982147  14175.842547     11621.89286254
```

<그림 07_3_6 N개의 독립 변수를 통한 예측>

pandas를 통해 X1, X2 값이 입력된 Prediction_Scenario 파일을 호출했습니다. 그리고 두 값을 'Pre_S_Parm'에 입력하여 예측을 진행했습니다.

4 예측 검증

파이썬 코드, 그 중에서도 회귀 분석을 통해 큰 어려움 없이 특정한 값을 예측할 수 있었습니다. 하지만 특정한 값을 예측하는 일은 그리 단순한 작업이 아닙니다. 다시 말하면 미래를 예측한다는 건 그 만큼 어려운 일이라는 의미입니다. 세상이 예측한 데로만 흘러가면 좋겠지만 현실은 예측과 다르게 흘러가기 마련입니다. 예측과 현실이 다르게 흘러 가더라도 우리는 예측을 해야 합니다. 이유는 간단합니다. 제가 늘 강조하는 것처럼 데이터 분석의 목적은 결국 예측을 위한 것이 전부이기 때문이죠. 비록 예측된 결과가 실제와 다르게 흘러 갈지라도 예측한 그 순간 도출된 결과는 정확하면 좋습니다. 그래야 예측된 결과가 충분히 설득력도 있으니까요. 그래서 예측된 결과의 정확도를 검증하는 방법을 간단하게 살펴볼까 합니다.

예측 모델의 성능을 평가하는 지표는 꽤 다양합니다. 그 중에서 대표적인 몇 가지를 알아보겠습니다. 데이터 분석의 목적은 결국 예측입니다. 예측하면? 당연히 회귀 분석입니다. 회귀 분석은 집단의 평균을 분석해 구합니다. 따라서 회귀 분석의 핵심은 평균입니다. 그렇기 때문에 데이터 분석의 시작은 평균에 대한 완벽한 이해입니다. 평균을 이야기할 때는 짝꿍처럼 함께 하는 용어가 있습니다. 바로 편차(deviation), 분산(variance) 그리고 표준 편차(standard deviation)입니다. 평균을 평균답게 해주는 값들입니다. 또 다시 평균에 대한 이야기를 한 이유는 예측 검증을 위한 방법이 바로 평균의 짝꿍들과 관련이 있기 때문입니다. 혹시, 그럴 일은 없겠지만 평균, 편차, 분산 그리고 표준 편차의 개념이 살짝 헷갈리신 분들은 잠시 살펴보고 오시길 당부 드립니다. 꼭 예측 검증을 위해서가 아니라 데이터 분석의 시작은 평균이기 때문에 어차피 알고 있어야 합니다.

sklearn 라이브러리를 사용합니다. 가장 먼저 MAE (Mean Absolute Error)입니다. MAE는 실제 값(종속 변수)과 예측 값의 차이를 절대 값을 취하여 평균을 구한 것입니다. 평균의 개념에서 접근하면 편차의 절대 값 평균이 되는 것이죠. 예측 값과 실제 값의 거리를 봅니다.

```
import sklearn.metrics as slt

slt.mean_absolute_error(x1, x2)
```

MAE는 sklearn 라이브러리의 metrics 모듈을 호출하고 '.mean_absolute_error' 메서드를 이용해서 구합니다. 첫 번째 인자는 예측 결과 값, 두 번째 인자는 실제 값이 전달됩니다.

```python
import pandas as pd

pd.set_option('display.max_rows', None)
pd.set_option('display.max_columns', None)

pd_DataSet = pd.read_csv('C:₩Python₩Sample_CSV₩Prediction_Sample.csv')

DF = pd.DataFrame(pd_DataSet)

New_DF = DF.dropna(how='any')

import sklearn.model_selection as sms

x = New_DF[['X1', 'X2']]

y = New_DF['Y1']

x_train, x_test, y_train, y_test = sms.train_test_split(x, y, train_size=0.8, test_size=0.2)

import sklearn.linear_model as slm

lr_Model = slm.LinearRegression()
lr_Model.fit(x_train, y_train)

predict_X = lr_Model.predict(x)

import sklearn.metrics as slt

MEA_score = slt.mean_absolute_error(predict_X, y)

print('MAE : ', MEA_score)
```

```python
import pandas as pd

pd.set_option('display.max_rows', None)
pd.set_option('display.max_columns', None)

pd_DataSet = pd.read_csv('C:\Python\Sample_CSV\Prediction_Sample.csv')

DF = pd.DataFrame(pd_DataSet)

New_DF = DF.dropna(how='any')

import sklearn.model_selection as sms
```

```
x = New_DF[['X1', 'X2']]

y = New_DF['Y1']

x_train, x_test, y_train, y_test = sms.train_test_split(x, y, train_size=0.8, test_size=0.2)

import sklearn.linear_model as slm

lr_Model = slm.LinearRegression()
lr_Model.fit(x_train, y_train)
predict_X = lr_Model.predict(x)

import sklearn.metrics as slt

MEA_score = slt.mean_absolute_error(predict_X, y)

print('MAE : ', MEA_score)
```

```
C:\Python\ML_training\venv\Scripts\python.exe
MAE :  15.098058756814854
```

<그림 07_4_1 MEA 값 구하기>

마지막 네 줄을 제외하고 앞서 회귀 분석의 코드와 동일합니다. 'predict_X = lr_Model.predict(x)' 코드에서 x는 샘플 파일의 독립 변수 X1과 X2입니다. 따라서 'mean_absolute_error' 메서드에 전달된 predict_X는 예측 값이 되고 y는 샘플 파일의 종속 변수 Y1입니다. 즉, 실제 값이 됩니다.

MAE는 매우 직관적이라는 장점이 있습니다. 하지만 평균에 대한 개념을 명확히 이해하신 분들은 알고 있듯, MAE는 극단적인 값에 민감합니다. MAE의 결과는 작을수록 좋은 결과입니다.

다음은 MSE(Mean Squared Error)입니다. MAE가 단순 편차의 평균이라면 MSE는 편차의 제곱의 평균입니다. 즉, 일반적인 평균의 개념에서 분산이 되는 것이죠. 실제 값과 예측 값의 차이를 제곱해서 평균을 구한 것입니다. MAE는 직선의 거리, MSE는 면적의 합이 되겠죠.

```
.mean_squared_error(x1, x2)
```

sklearn의 MSE 메서드는 '.mean_squared_error'입니다. 역시 전달되는 인자는 MAE와 동일합니다.

```
import pandas as pd

pd.set_option('display.max_rows', None)
pd.set_option('display.max_columns', None)
```

```
pd_DataSet = pd.read_csv('C:\Python\Sample_CSV\Prediction_Sample.csv')

DF = pd.DataFrame(pd_DataSet)

New_DF = DF.dropna(how='any')

import sklearn.model_selection as sms

x = New_DF[['X1', 'X2']]

y = New_DF['Y1']

x_train, x_test, y_train, y_test = sms.train_test_split(x, y, train_size=0.8, test_size=0.2)

import sklearn.linear_model as slm

lr_Model = slm.LinearRegression()
lr_Model.fit(x_train, y_train)

predict_X = lr_Model.predict(x)

import sklearn.metrics as slt

MEA_score = slt.mean_absolute_error(predict_X, y)
MSE_score = slt.mean_squared_error(predict_X, y)

print('MAE : ', MEA_score, ' MSE : ', MSE_score)
```

```python
import pandas as pd

pd.set_option('display.max_rows', None)
pd.set_option('display.max_columns', None)

pd_DataSet = pd.read_csv('C:\Python\Sample_CSV\Prediction_Sample.csv')

DF = pd.DataFrame(pd_DataSet)

New_DF = DF.dropna(how='any')

import sklearn.model_selection as sms

x = New_DF[['X1', 'X2']]

y = New_DF['Y1']
```

```
x_train, x_test, y_train, y_test = sms.train_test_split(x, y, train_size=0.8, test_size=0.2)

import sklearn.linear_model as slm

lr_Model = slm.LinearRegression()
lr_Model.fit(x_train, y_train)
predict_X = lr_Model.predict(x)

import sklearn.metrics as slt

MEA_score = slt.mean_absolute_error(predict_X, y)
MSE_score = slt.mean_squared_error(predict_X, y)

print('MAE : ', MEA_score, ' MSE : ', MSE_score)
```

```
C:\Python\ML_training\venv\Scripts\python.exe C:/Python
MAE :   15.414812783142601   MSE :   16922.931667974204
```

<그림 07_4_2 MSE 값 구하기>

MSE도 역시 값이 작을수록 좋은 결과입니다. 편차나 분산이나 극단적인 값에 민감한 건 매한 가지입니다. 또한 편차의 제곱이 되었으니 MSE는 그 값이 꽤 커질 수 있다는 단점도 가지고 있습니다. 다음은 여러분들도 예상이 되시죠? 편차가 나오고 분산이 구해지고, 그 다음은 표준 편차입니다. 표준 편차는 분산의 제곱근($\sqrt{}$), 일명 루트를 씌운 값이 됩니다. RMSE (Root Mean Squared Error)는 바로 MSE의 제곱근 값이 됩니다.

```
import pandas as pd

pd.set_option('display.max_rows', None)
pd.set_option('display.max_columns', None)

pd_DataSet = pd.read_csv('C:\Python\Sample_CSV\Prediction_Sample.csv')

DF = pd.DataFrame(pd_DataSet)

New_DF = DF.dropna(how='any')

import sklearn.model_selection as sms

x = New_DF[['X1', 'X2']]

y = New_DF['Y1']
```

```
x_train, x_test, y_train, y_test = sms.train_test_split(x, y, train_size=0.8, test_size=0.2)

import sklearn.linear_model as slm

lr_Model = slm.LinearRegression()
lr_Model.fit(x_train, y_train)

predict_X = lr_Model.predict(x)

import sklearn.metrics as slt

MEA_score = slt.mean_absolute_error(predict_X, y)
MSE_score = slt.mean_squared_error(predict_X, y)
RMSE_score = MSE_score ** 0.5

import numpy as np

np_RMSE_score = np.sqrt(MSE_score)

print('MAE : ', MEA_score, ' MSE : ', MSE_score)
print('RMSE : ', RMSE_score, ' numpy 활용 : ', np_RMSE_score)
```

```
import pandas as pd

pd.set_option('display.max_rows', None)
pd.set_option('display.max_columns', None)

pd_DataSet = pd.read_csv('C:\Python\Sample_CSV\Prediction_Sample.csv')

DF = pd.DataFrame(pd_DataSet)

New_DF = DF.dropna(how='any')

import sklearn.model_selection as sms

x = New_DF[['X1', 'X2']]

y = New_DF['Y1']

x_train, x_test, y_train, y_test = sms.train_test_split(x, y, train_size=0.8, test_size=0.2)

import sklearn.linear_model as slm
```

```
lr_Model = slm.LinearRegression()
lr_Model.fit(x_train, y_train)
predict_X = lr_Model.predict(x)

import sklearn.metrics as slt

MEA_score = slt.mean_absolute_error(predict_X, y)
MSE_score = slt.mean_squared_error(predict_X, y)
RMSE_score = MSE_score ** 0.5

import numpy as np

np_RMSE_score = np.sqrt(MSE_score)

print('MAE : ', MEA_score, ' MSE : ', MSE_score)
print('RMSE : ', RMSE_score, ' numpy 활용 : ', np_RMSE_score)
```

```
MAE :  15.418236753029941  MSE :  16922.69405656183
RMSE :  130.08725555011847  numpy 활용 :  130.08725555011847
```

<그림 07_4_3 RMSE 값 구하기>

RMSE를 구하는 방법은 여러 가지가 있습니다. 가장 간단하게는 MSE에 제곱근 값(**0.5)을 연산해서 구하는 방법입니다. 또 다른 방법은 numpy 라이브러리 혹은 파이썬의 기본 제공 라이브러리인 math 라이브러리를 활용해서 구하는 방법도 있습니다.

RMSE도 당연히 극단적인 값에 민감하겠죠? 일반적인 평균의 관점에서 표준 편차를 줄이면 평균의 가치가 높아지듯 RMSE값이 0에 가까울수록 예측 정확도가 매우 높다고 할 수 있습니다. 평균을 중심으로 한 예측 검증 수치 중 어떤 것을 사용하든 여러분의 선택입니다. 그래도 RMSE가 가장 믿음직스럽겠죠? 표준 편차가 0이되면 평균을 구할 필요도 없으니까요.

지금까지 살펴본 평균 기반의 예측 검증 방식의 가장 큰 약점은 극단적인 값에 영향을 받는다는 것이죠. 이를 만회하기 위해 가장 보편적으로 많이 활용되는 수치가 R2(R square)입니다. 결정 계수(Coefficient of determination)라고도 부르는 R2는 예측 값의 분산과 실제 값의 분산으로 계산되어 집니다.

R^2 = 예측 값 분산 / 실제 값 분산

```
.r2_score(x1, x2)
```

sklearn에서 .r2_score라는 메서드를 통해 쉽게 구할 수 있습니다.

```
import pandas as pd

pd.set_option('display.max_rows', None)
pd.set_option('display.max_columns', None)

pd_DataSet = pd.read_csv('C:\Python\Sample_CSV\Prediction_Sample.csv')

DF = pd.DataFrame(pd_DataSet)

New_DF = DF.dropna(how='any')

import sklearn.model_selection as sms

x = New_DF[['X1', 'X2']]

y = New_DF['Y1']

x_train, x_test, y_train, y_test = sms.train_test_split(x, y, train_size=0.8, test_size=0.2)

import sklearn.linear_model as slm

lr_Model = slm.LinearRegression()
lr_Model.fit(x_train, y_train)

predict_X = lr_Model.predict(x)

import sklearn.metrics as slt

MEA_score = slt.mean_absolute_error(predict_X, y)
MSE_score = slt.mean_squared_error(predict_X, y)
RMSE_score = MSE_score ** 0.5

import numpy as np

np_RMSE_score = np.sqrt(MSE_score)

print('-------------------- 평균 기반 검증 --------------------')
print('MAE : ', MEA_score, ' MSE : ', MSE_score)
print('RMSE : ', RMSE_score, ' numpy 활용 : ', np_RMSE_score)

R2_score = slt.r2_score(predict_X, y)

print('-------------------- 상대적 분산 기반 검증 --------------------')
print('R2_score : ', R2_score)
```

```python
import pandas as pd

pd.set_option('display.max_rows', None)
pd.set_option('display.max_columns', None)

pd_DataSet = pd.read_csv('C:\Python\Sample_CSV\Prediction_Sample.csv')

DF = pd.DataFrame(pd_DataSet)

New_DF = DF.dropna(how='any')

import sklearn.model_selection as sms

x = New_DF[['X1', 'X2']]

y = New_DF['Y1']

x_train, x_test, y_train, y_test = sms.train_test_split(x, y, train_size=0.8, test_size=0.2)

import sklearn.linear_model as slm

lr_Model = slm.LinearRegression()
lr_Model.fit(x_train, y_train)
predict_X = lr_Model.predict(x)

import sklearn.metrics as slt

MEA_score = slt.mean_absolute_error(predict_X, y)
import sklearn.metrics as slt

MEA_score = slt.mean_absolute_error(predict_X, y)
MSE_score = slt.mean_squared_error(predict_X, y)
RMSE_score = MSE_score ** 0.5

import numpy as np

np_RMSE_score = np.sqrt(MSE_score)

print('-------------------- 평균 기반 검증 --------------------')
print('MAE : ', MEA_score, ' MSE : ', MSE_score)
print('RMSE : ', RMSE_score, ' numpy 활용 : ', np_RMSE_score)

R2_score = slt.r2_score(predict_X, y)

print('-------------------- 상대적 분산 기반 검증 --------------------')
print('R2_score : ', R2_score)
```

```
-------------------- 평균 기반 검증 --------------------
MAE :  15.035940843786896  MSE :  16920.881526444533
RMSE :  130.08028876983835  numpy 활용 :  130.08028876983835
-------------------- 상대적 분산 기반 검증 --------------------
R2_score :  0.9969766911928142
```

<그림 07_4_4 R2 값 구하기>

예측과 실제 값의 차이를 기반으로 하지 않기 때문에 상대적인 비교가 가능하여 평균 기반의 검증보다 극단적인 값에 영향을 덜 받게 됩니다. 따라서 앞서의 평균 기반 검증 값들이 0에 가까울수록 결과가 좋았다면, R2는 반대로 1에 가까울수록 그 결과가 좋았다고 평가할 수 있습니다. 일반적으로 예측 기법 활용 시 가장 많이 평가 지표로 활용되는 값이 바로 R2입니다.

5 분류(classification)와 군집(clustering)

여러분은 혹시 군집 분석이라는 용어 들어 보셨나요? 군집, 무리 군(群)에 모을 집(集)입니다. 말 그대로 무리를 모으는 분석인 셈이죠. 자, 그러면 무리를 어떻게 모을 것이냐? 이것이 핵심인데요. 이 이야기는 잠시 뒤에 다시 하기로 하고 비슷한 분석 용어 중에 분류 분석이 있습니다. 분류는 나눌 분(分), 무리 류(類)입니다. 무리를 나누는 분석 기법이죠.

한자 의미 그대로에서 알 수 있듯이 두 분석은 엄연히 다릅니다. 한쪽은 무리를 모으는 것이고 한쪽은 무리를 나누는 것이니까요. 영어로도 확실히 단어가 다릅니다. 군집은 clustering이고 분류는 classification이라고 합니다. 그런데 이 두 기법을 혼동해서 이해하는 경우가 의외로 많습니다. 일단 우리는 두 분석 기법의 차이를 명확히 짚고 넘어 가겠습니다.

그렇다면 왜 헷갈릴까요? 그것은 아마도 무리 '군'자와 무리 '류'자에서 공통적으로 사용되는 '무리'라는 의미에서 찾을 수 있을 것 같습니다. 한자의 오묘함을 뒤로하고 두 기법 모두 무리를 모으거나 나누는 작업이 수행됩니다. 무리를 모으거나 나누기 위해서는 무리의 특성, 즉 성격과 속성을 이해해야 합니다. '유유상종(類類相從)'이라는 말처럼 무리는 비슷한 것끼리 어울린다고 알고 있습니다. 이러한 속성을 파악하는 작업은 두 분석 기법에서 공히 활용되는 매우 중요한 기술입니다.

두 분석이 비슷한 속성을 파악하는 것까지 똑같습니다. 그러면 무엇이 서로 다른 걸까요? 진심으로 두 기법은 구분 짓기 힘든 것일까요? 핵심은 바로 모으고 나눌 대상 집단(이하 그룹)이 처음부터 정해져 '있느냐? 아니냐?'의 차이에서 오는 것이죠. 아직은 무슨 이야기인지 감이 오지 않죠? 그림으로 설명을 드리겠습니다. 봄과 함께 새학기가 시작됩니다. 신입생들이 입학을 했습니다.

<그림 07_5_1 분류를 위한 예시>

A학교에 1학년은 총 3반입니다. 새롭게 입학한 학생들을 '기준'을 정하고 적절하게 각 반으로 '배치'합니다. 모양이 비슷한 학생끼리 한반을 구성해도, 색상이 같은 학생끼리 구성해도 4 그룹이 나오게 됩니다. 1반이 모자랍니다. 결국 앞에서부터 숫자로 끊어서 각 반에 배치합니다. 총 44명이니까 15명씩 두 반에 배치하고 마지막 3반은 14명이 배치됩니다. 아래 그림처럼 말이죠.

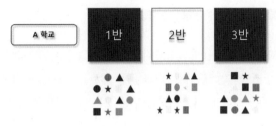

<그림 07_5_2 신입생의 분류>

하지만 특이하게도 B학교의 1학년은 반의 개수가 정해지지 않았습니다. 일단 신입생부터 받았습니다.

<그림 07_5_3 군집을 위한 예시>

반이 하나만 나올 수도 있고, 2반이, 아니 3반, 4반이 될 수도 있습니다. 기준은 새로 입학한 학생들의 특성을 파악해서 유사한 속성끼리 모아 반을 확정할 계획입니다. 육안으로 봐도 색상이 같거나 모양이 같은 학생들끼리 묶을 수 있습니다.

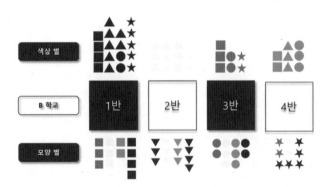

<그림 07_5_4 신입생의 군집>

이제 감이 오시나요? 데이터 분석적으로 이야기하면 A학교는 분류를 하는 것이고 B학교는 군집을 하는 것입니다. 즉, 분류란 이미 설정된 체계와 규칙 또는 조건에 따라 데이터를 분리하는 것입니다. 군집은 이와는 반대로 전체 데이터를 보고 유사한 성질과 특성 또는 규칙에 따라 데이터를 묶는 작업을 의미합니다. 따라서 분류는 이미 개수가 정해져 있지만, 군집은 최종 개수를 사전에 알 수 없습니다. 그래서 분류는 정해진 기준을 대상에 '적용'해 나누는 것이고, 군집은 기준을 '탐사'하고 대상을 나누는 것이죠. 여러분도 이제 분류와 군집을 헷갈리지 마세요.

6 SVM (Support Vector Machine)

SVM (Support Vector Machine)을 쉽게 말씀드리면 분류 작업을 위해 경계를 설정하는 분석을 말합니다. 즉, 새로운 데이터가 입력되면 해당 데이터가 속한 범주를 찾기 위해 대상이 된 집단의 범주를 설정하기 위한 작업을 수행하는 것이죠. 대상 집단을 구분 짓는 기준선을 결정하는 모델이 SVM입니다.

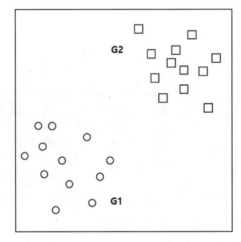

<그림 07_6_1 경계선이 결정되지 않은 두 집단>

SVM을 잠시 살펴보겠습니다. 데이터 분석을 위해 수집된 데이터 셋을 확인해 보니 '그림 07_6_1'과 같이 크게 두 부류로 구분이 됩니다. 확연히 구분되는 두 집단을 구분 짓는 경계선을 결정하고자 합니다.

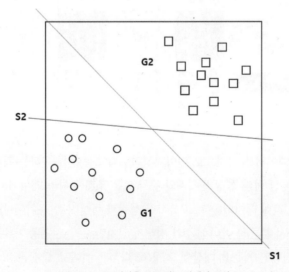

<그림 07_6_2 두 집단을 구분 짓는 경계선 S1과 S2>

다양하게 경계선을 그릴 수 있지만 대표적으로 두 개의 경계선 S1과 S2를 그려 보았습니다. 자 이제 여러분이 최종적으로 하나의 경계선을 결정해야 합니다. 어떤 경계선이 구 집단을 구분 짓기 가장 적당한 경계선이 될까요? 각각의 경계선에서 가장 가깝게 만나는 데이터를 기준으로 새로운 직선을 양쪽으로 하나씩 더 추가해 그려봅니다.

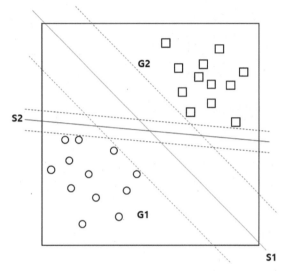

<그림 07_6_3 S1, S2와 가장 근접해 만나는 데이터의 기준선>

이제 정말 결정의 순간입니다. SVM에게 그 결정을 넘기겠습니다. 과연 SVM은 이 어려운 결정을 해결할 수 있을까요? 하지만 다행스럽게 SVM에게 이 문제는 어려운 결정이 아닙니다. SVM의 선택은 S1입니다.

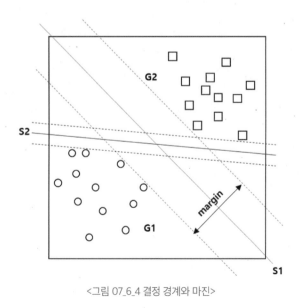

<그림 07_6_4 결정 경계와 마진>

경계선 S1과 S2에거 가장 근접해 만나는 집단내 데이터를 기준으로 그린 양쪽 추가 선의 거리를 마진(margin)이라고 부릅니다. SVM은 이 마진이 가장 큰 쪽을 결국 결정하게 되는 것이죠. 즉, 최적의 결정 경계는 마진을 최대화한 것이 됩니다. SVM의 아주 기본적인 개념 이해하셨나요? 그럼 파이썬에서 분석을 수행해 보겠습니다.

```
import pandas as pd

pd.set_option('display.max_rows', None)
pd.set_option('display.max_columns', None)

pd_DataSet = pd.read_csv('C:₩Python₩Sample_CSV₩SVM_Sample.csv')

DF = pd.DataFrame(pd_DataSet)

New_DF = DF.dropna(how='any')

import sklearn.model_selection as sms

x = New_DF[['X1', 'X2']]

y = New_DF['Y1']

x_train, x_test, y_train, y_test = sms.train_test_split(x, y, train_size=0.8, test_size=0.2)

import sklearn.svm as skv

SVM_Model=skv.SVC(kernel='linear' ,C=1)
SVM_Model.fit(x_train, y_train)
Train_score = SVM_Model.score(x_train, y_train)
Test_score = SVM_Model.score(x_test, y_test)

print('SVM - Train_score : ', Train_score, ', Test_score : ', Test_score)
```

```
import pandas as pd

pd.set_option('display.max_rows', None)
pd.set_option('display.max_columns', None)

pd_DataSet = pd.read_csv('C:\Python\Sample_CSV\SVM_Sample.csv')

DF = pd.DataFrame(pd_DataSet)

New_DF = DF.dropna(how='any')

import sklearn.model_selection as sms

x = New_DF[['X1', 'X2']]

y = New_DF['Y1']

x_train, x_test, y_train, y_test = sms.train_test_split(x, y, train_size=0.8, test_size=0.2)

import sklearn.svm as skv

SVM_Model=skv.SVC(kernel='linear',C=1)
SVM_Model.fit(x_train, y_train)
Train_score = SVM_Model.score(x_train, y_train)
Test_score = SVM_Model.score(x_test, y_test)

print('SVM - Train_score : ', Train_score, ', Test_score : ', Test_score)
```

```
C:\Python\ML_training\venv\Scripts\python.exe C:/Python/ML_training/SVM.py
SVM - Train_score :  0.9467455621301775 , Test_score :  0.011764705882352941
```

<그림 07_6_5 sklearn 라이브러리 SVM 모델의 기본 구현>

비록 test 스코어는 조금 떨어지긴 하지만, training 데이터로 모의고사까지 치렀으니, SVM 분석 준비는 모두 끝났습니다. 코드를 보시면 회귀 분석과 거의 동일합니다. 샘플 데이터가 바뀐 부분과 sklearn 라이브러리에서 분석 모델의 호출 대상이 변경된 부분(회귀 분석 - import sklearn.linear_model as slm, SVM-import sklearn.svm as skv) 등이 조금 다릅니다. 그리고 모델을 선언(SVM_Model=skv.SVC(kernel='linear', C=1))하며 kernel과 C라는 인자도 전달되었습니다. SVM 모델 선언 시 전달되는 몇 가지 인자들에 대해 살펴보겠습니다. 먼저 kernel입니다. 지금 학습하는 코드에 kernel 값은 "linear'입니다. 의미 그대로 SVM 선형 모델로 분석하겠다는 의미입니다. 그러면 당연히 선형이 아닌 모델도 있겠죠? 어떤 경우가 있을까요? 앞서 SVM의 기본적인 배경을 설명 드릴 때 예시는 전형적인 선형 모델입니다. 그러면 다음의 그림은 선형으로 분류가 가능할까요?

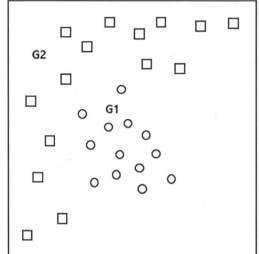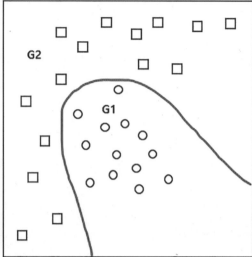

<그림 07_6_6 SVM 비선형 모델 예시>

높이와 너비의 2차원 공간으로만 생각할 때 그림 07_6_6은 선형으로 두 집단을 구분하기가 힘들어 보입니다. 반드시 안되는 건 아닙니다. 이상치 값을 조정하며 선형으로도 충분히 가능합니다. 그래도 이런 경우 비선형 모델로 구현되면 좋겠죠. SVM 모델에서 일반적인 경우 선형을 활용하게 됩니다. 다음은 C입니다. C는 모델 구현 시 발생되는 오류를 얼마나 수용할 것인지를 결정하는 인자입니다. 모델을 구현하고 정확도를 확인하며 C값을 조절하고 정확도를 높여 주는 것이죠. 기본값은 1입니다.

SVM으로 분류를 위한 결정 경계가 선택되면, 과연 무엇을 하기 위한 것일까요? 잠깐 언급 드렸듯이 SVM은 집단의 경계를 구분 짓는 역할뿐 아니라, 새로운 데이터가 입력되면 해당 데이터가 어느 부류에 속할지 결정하는 역할도 수행합니다.

```python
import pandas as pd

pd.set_option('display.max_rows', None)
pd.set_option('display.max_columns', None)

pd_DataSet = pd.read_csv('C:₩Python₩Sample_CSV₩SVM_Sample.csv')

DF = pd.DataFrame(pd_DataSet)

New_DF = DF.dropna(how='any')
```

```
import sklearn.model_selection as sms

x = New_DF[['X1', 'X2']]

y = New_DF['Y1']

x_train, x_test, y_train, y_test = sms.train_test_split(x, y, train_size=0.8, test_size=0.2)

import sklearn.svm as skv

SVM_Model=skv.SVC(kernel='linear' ,C=1)
SVM_Model.fit(x_train, y_train)
Train_score = SVM_Model.score(x_train, y_train)
Test_score = SVM_Model.score(x_test, y_test)

print('SVM - Train_score : ', Train_score, ', Test_score : ', Test_score)

Pre_Parm = [[250, 260]]
predict_R = SVM_Model.predict(Pre_Parm)

print('------------------------------------------------------------------------------------')

print(predict_R)

Pre_DataSet = pd.read_csv('C:₩Python₩Sample_CSV₩Prediction_Scenario.csv')

Pre_DF = pd.DataFrame(Pre_DataSet)

Pre_S_Parm = Pre_DF[['X1', 'X2']]
predict_sR = SVM_Model.predict(Pre_S_Parm)

print('--------------------')
print(predict_sR)
```

```
import pandas as pd

pd.set_option('display.max_rows', None)
pd.set_option('display.max_columns', None)

pd_DataSet = pd.read_csv('C:\Python\Sample_CSV\SVM_Sample.csv')

DF = pd.DataFrame(pd_DataSet)

New_DF = DF.dropna(how='any')

import sklearn.model_selection as sms

x = New_DF[['X1', 'X2']]

y = New_DF['Y1']

x_train, x_test, y_train, y_test = sms.train_test_split(x, y, train_size=0.8, test_size=0.2)

import sklearn.svm as skv

SVM_Model=skv.SVC(kernel='linear',C=1)
SVM_Model.fit(x_train, y_train)
Train_score = SVM_Model.score(x_train, y_train)
Test_score = SVM_Model.score(x_test, y_test)
print('SVM - Train_score : ', Train_score, ', Test_score : ', Test_score)

Pre_Parm = [[250, 260]]
predict_R = SVM_Model.predict(Pre_Parm)

print('------------------------------------------------------------------------')

print(predict_R)

Pre_DataSet = pd.read_csv('C:\Python\Sample_CSV\Prediction_Scenario.csv')

Pre_DF = pd.DataFrame(Pre_DataSet)

Pre_S_Parm = Pre_DF[['X1', 'X2']]
predict_sR = SVM_Model.predict(Pre_S_Parm)

print('--------------------')
print(predict_sR)
```

```
SVM - Train_score :  0.9644970414201184 , Test_score :   0.011764705882352941
--------------------------------------------------------------------------
[6230]
--------------------
[ 7001 12297  7001  5848  7001 12297  7001  4534  7561 12297  6770  7192
  7561  4157  7001 12352  3720  7001 12352 12297  7001  7001  7001 12297
  5923  4729  3233  5848  4534  4157 12352  5351 12352 12352  2771 12352
  5839 12352  5848 12297 12297  3667  7192  2771  7001  5351 12297  2660
```

<그림 07_6_7 SVM을 활용한 예측>

이제 분류 모델인 SVM을 통해서도 우리는 충분히 다음 상황을 예측할 수 있습니다.

⑦ 거리 계산하기

분류와 군집에 대한 이야기를 조금 더 할까 합니다. '초록(草綠)은 동색이다.'이라는 옛말이 있습니다. 비슷한 개념으로 '유유상종(類類相從)"이라는 사자성어도 있죠. 조금 가볍게 표현하자면 끼리끼리 논다는 의미입니다. 이러한 의미를 충분히 담아낸 분석이 군집 분석과 분류 분석이 됩니다. 군집 분석과 분류 분석은 모두 유사한 속성을 가지는 데이터끼리 모으거나 분리하는 작업이 핵심이 되는 분석입니다. '유사한 속성'을 데이터 분석에서는 '유사도(similarity)'라는 이름으로 부릅니다. 이번에는 군집 분석과 분류 분석의 핵심이 되는 유사도에 대한 이야기를 시작해 보겠습니다.

지금의 데이터 분석은 다양한 학문이 결합된 전형적인 융합(convergence) 학문이라 할 수 있습니다. 대표적인 학문으로 분석의 대상이 되는 개체, 즉 데이터가 다뤄지는 공간이 컴퓨터인 관계로 컴퓨터 과학 혹은 공학적 지식이 충분히 뒷받침되어야 합니다. 여기에 통계학적 배경 지식까지 겸비했다면 금상첨화가 됩니다. 이들만이 아니겠죠. 경영학에 대한 이해, 인문학적 소양 등 정말 다양한 학문이 결합되어 현재의 데이터 분석을 견인하고 있습니다.

핵심이 되는 컴퓨터 과학이나 통계학은 수학을 기반으로 합니다. 수(數)를 다루는 학문이 그 뿌리라는 것이죠. 따라서 군집 및 분류 분석에서 유사도라 부르는 유사한 속성을 구하기 위한 가장 효과적인 방법은 수를 이용하여 값을 구하는 것입니다.

유사도를 수로 표현하는 방법이 무엇이 있을까요? 유사하다는 의미를 조금 더 편하게 이해하자면 결국 대상(데이터)간 거리가 가깝다고 표현할 수 있습니다. 거리는 충분히 수로 표현이 가능한 수치입니다. 그래서 유사도를 구할 때 대상 간 거리를 계산하는 방법이 가장 기본적인 유사도 공식이 됩니다. 거리는 유사도를 구하는 가장 훌륭한 조력자라 할 수 있는 것이죠. '거리로 유사도를 구한다'? 아직 감이 안 오시죠? 자, 그럼 거리와 유사도가 과연 어떤 관련성이 있는지 확인해 볼까요?

수는 2가지 특성을 가집니다. 거리와 방향이죠. 0을 기준으로 거리는 떨어진 간격을 의미하고 방향은 음과 양을 의미하게 됩니다. 이 중 유사도는 '거리'라는 특성을 활용할 수 있다는 것이죠. 다음과 같이 10개의 구슬이 있다고 가정해 보겠습니다.

<그림 07_7_1 각기 다른 색상을 가진 10개의 구슬>

그리고 제시된 10개의 구슬이 우리가 분석해야 할 대상이라고 역시 가정해 봅니다. 다음으로 우리는 거리를 계산하기 위해 모든 대상에 숫자를 부여합니다.

<그림 07_7_2 숫자를 부여한 10개의 구슬>

이제부터 빨간색은 1번이 되고 검정색은 10번이 됩니다. 옅은 분홍색은 4번이 되겠네요. 숫자를 모두 부여하고 각 색상별로 서로 얼마나 가까운지 거리를 계산해 봅니다. 서로 떨어져 있는 간격을 표기해 봅니다. 음과 양의 방향은 의미가 없습니다. 오로지 거리만 계산합니다.

	1	2	3	4	5	6	7	8	9	10
1	-	1	2	3	4	5	6	7	8	9
2		-	1	2	3	4	5	6	7	8
3			-	1	2	3	4	5	6	7
4				-	1	2	3	4	5	6
5					-	1	2	3	4	5
6						-	1	2	3	4
7							-	1	2	3
8								-	1	2
9									-	1
10										-

<표 07_7_1 숫자 간 거리>

표를 보면 아시겠지만 거리가 가까울수록 간격을 나타내는 숫자가 작아집니다. 수가 작으면 가깝고 크면 먼 것이지요. 이제 조금 감이 오시나요? 모든 대상이 숫자로 변경되니 거리를 계산하기가 편해졌습니다. 물론 대상에 숫자를 어떤 방식과 규칙으로 부여할 것인가는 조금 다른 문제입니다. 굳이 우리가 거기까지 생각할 필요는 없겠죠? 중요한 건 유사도는 거리를 통해 충분히 판단 가능하다는 점이죠.

거리에 대한 이야기를 좀 더 깊이 있게 해보도록 하겠습니다. 앞서 말씀드렸지만 유사도 값을 분석하는데 거리는 가장 기본이 됩니다. 그런데 이 거리를 구하는 식도 정말 다양합니다. 대표적으로 코사인 유사도, 맨하튼 거리 유사도 등등이 있습니다.

우리가 보통 거리를 구하는 공식하면 떠오르는 것이 있죠. 바로 유클리드 거리(Euclidean distance)입니다. 유클리드(Euclid, B.C.330~B.C.275)는 고대 그리스의 수학자입니다. 기억이 가물가물 하시죠? 바로 이 유클리드 거리 공식을 활용한 유사도 공식을 '유클리드 거리 유사도'라고 합니다. 아주 유명한 공식이니 잠깐 알아볼까요?

유클리드 거리는 N차원 공간의 두 점 사이의 거리를 측정하는 공식입니다.

$$유클리드\ 거리(Ed) = \sqrt{(P_1 - Q_1)^2 + (P_2 - Q_2)^2 + \cdots + (P_n - Q_n)^2}$$

$$= \sqrt{\sum_{i=1}^{n}(P_i - Q_i)^2}$$

머리가 아파옵니다. 핵심은 'N차원 공간의 두 점 사이의 거리'라는 것이죠. 어! 뭔가 떠오르는 게 있습니다. 혹시 여러분도? 저는 수학의 신 '피타고라스'가 떠오릅니다. 바로 피타고라스의 정리입니다. 피타고라스의 정리 다 아시죠? 2차원상의 두 점사이의 거리를 구할 수 있는 공식입니다. 이것도 기억이 가물 가물 하시죠? 그림으로 설명을 드리겠습니다.

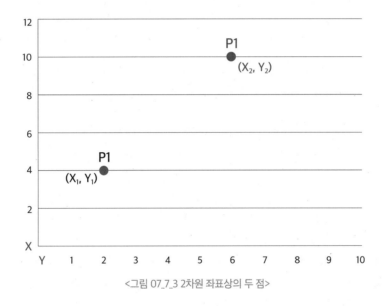

<그림 07_7_3 2차원 좌표상의 두 점>

X와 Y축을 기준으로 두 점, P1과 P2가 있습니다. 두 점의 거리는 어떻게 될까요? 피타고라스의 정리를 이용하면 간단하게 구할 수 있습니다. 두 점을 연결한 직각 삼각형을 만듭니다.

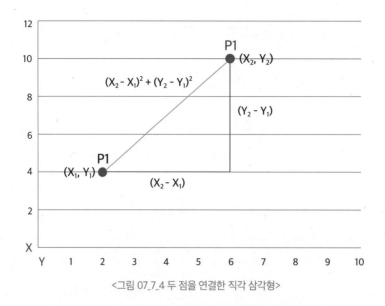

<그림 07_7_4 두 점을 연결한 직각 삼각형>

직각 삼각형의 밑변의 제곱은 직각을 이루는 두 변의 제곱의 합과 같습니다.

$$\text{피타고라스의 정리: } a^2 + b^2 = c^2$$
$$c = \sqrt{a^2 + b^2}$$

공식에 대입하여 두 점 P1과 P2의 거리를 계산해 보니 다음과 같이 나옵니다.

$$\text{P}_1, \text{P}_2\text{의 거리} = \sqrt{(8-2)^2 + (10-4)^2} = 8.5$$

피타고라스의 정리는 2차원상의 두 점 사이의 거리를 나타냅니다. 이를 N차원으로 확대하면 유클리드 거리 공식이 되는 것이죠. 피타고라스 정리에서도 확인했지만 거리의 값은 실수로 나옵니다. 그렇기 때문에 얼마의 값이 나와야 가까운 것인지 정의하기 곤란하죠. 그래서 유사도를 위한 거리 공식은 정규화 진행을 합니다. 0과 1사의 값으로 처리하는 것이죠.

$$\text{유클리드 거리 유사도} = \frac{1}{1 + Ed}$$

결국 1에 가까울수록 가깝다는 것이고 이는 유사도가 높다는 의미가 됩니다. 이러한 거리에 의한 유사도를 충분히 활용하는 분석이 바로 K-means 군집 분석입니다.

8 K-means 군집화(K-means clustering)

K-means 군집 분석에 대해 간단하게 설명을 드리겠습니다. 먼저 K를 설명 드립니다. 아주 간단하게 이해가 됩니다. n개의 데이터를 K개의 군집으로 그룹화 하는 것을 의미합니다. 즉, K는 군집의 개수를 의미하죠. 굳이 K를 사용한 이유는 데이터의 개수가 n개니까 이와 다르게 표현하기 위해서 정도이지 않을까 싶습니다.

평균의 의미는 조금 심오합니다. 이를 이해하기 위해서는 군집 분석의 알고리즘을 잠깐 설명 드려야 합니다. 군집 분석의 알고리즘은 n개의 데이터를 받으면 일단 무작위로 그룹화(object 형성)를 진행합니다. 일종의 그룹간 파티션을 치는 것이죠. 이렇게 형성된 그룹을 군집이라 해도 크게 상관없습니다. 그 다음 무작위로 묶어서 형성된 군집에서 데이터들 간의 중심점(값)을 찾습니다. 이 중심점을 군집 분석에서는 평균이라고 부르는 것이죠. K 평균이라는 용어는 여기서 나온 것이죠. 알고리즘은 이 중심점을 기준으로 가까운 데이터를 찾아 모으는 작업과 가까운 데이터가 없을 때 새로운 군집을 형성하는 작업을 반복적으로 수행합니다. 더 이상 군집이 변하지 않을 때까지 말입니다. 그리고 새로운 데이터가 들어오면 군집 별 중심점과 비교해 거리가 가장 짧은 군집에 분배합니다. 만약 새로운 데이터가 k-1 군집에 포함되면 해당 k-1 군집은 평균 거리를 다시 계산해 새로운 중심점을 도출합니다. 따라서 새로운 데이터가 들어올 때마다 군집의 모양이 변하고 경계선이 새롭게 작성됩니다. 새로운 데이터가 들어온 k-1 군집은 타 군집과 중심점을 다시 비교해야 합니다. 그리고 또 다시 중심점의 변화가 가장 적고 경계선의 이동이 없을 때까지 앞의 과정을 반복 수행합니다. 이렇듯 이론적으로 꽤나 복잡하고 번거로운 작업을 우리는 파이썬의 힘을 빌려 수월하게 분석할 수 있습니다.

```python
import pandas as pd

pd.set_option('display.max_rows', None)
pd.set_option('display.max_columns', None)

pd_DataSet = pd.read_csv('C:\Python\Sample_CSV\kmeans_Sample.csv')

DF = pd.DataFrame(pd_DataSet)

New_DF = DF.dropna(how='any')

x = New_DF['X1']
```

y = New_DF['Y1']

import matplotlib.pyplot as plt

plt.scatter(x, y)
plt.show()

```
import pandas as pd

pd.set_option('display.max_rows', None)
pd.set_option('display.max_columns', None)

pd_DataSet = pd.read_csv('C:\Python\Sample_CSV\kmeans_Sample.csv')

DF = pd.DataFrame(pd_DataSet)

New_DF = DF.dropna(how='any')

x = New_DF['X1']

y = New_DF['Y1']

import matplotlib.pyplot as plt

plt.scatter(x, y)
plt.show()
```

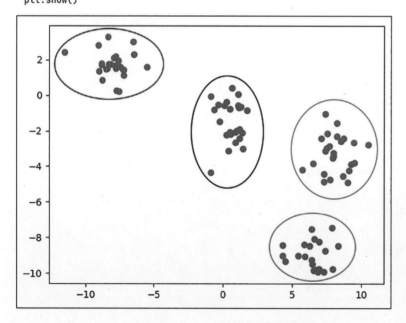

<그림 07_8_1 데이터의 분포>

K-means 군집화를 진행하기 위해서 몇 개의 군집으로 나눌 것인지 결정해야 합니다. 따라서 샘플 파일을 호출하고 데이터의 산점도 그래프를 작성했습니다. 결과를 보시면 딱 답이 나옵니다. 총 4개의 군집으로 분리하면 좋을 것 같습니다. 이제 sklearn 라이브러리를 통해 K-means 군집화를 실행하면 끝입니다.

```
import pandas as pd

pd.set_option('display.max_rows', None)
pd.set_option('display.max_columns', None)

pd_DataSet = pd.read_csv('C:\Python\Sample_CSV\kmeans_Sample.csv')

DF = pd.DataFrame(pd_DataSet)

New_DF = DF.dropna(how='any')

import sklearn.cluster as skc

k_means_Model = skc.KMeans(n_clusters=4)
k_means_Model.fit(New_DF)
Re = k_means_Model.predict(New_DF)
```

```
import pandas as pd

pd.set_option('display.max_rows', None)
pd.set_option('display.max_columns', None)

pd_DataSet = pd.read_csv('C:\Python\Sample_CSV\kmeans_Sample.csv')

DF = pd.DataFrame(pd_DataSet)

New_DF = DF.dropna(how='any')

import sklearn.cluster as skc

k_means_Model = skc.KMeans(n_clusters=4)
k_means_Model.fit(New_DF)
Re = k_means_Model.predict(New_DF)
```

<그림 07_8_2 k-means 군집 분석>

앞서 진행했던 산점도를 빼고 바로 K-means 군집화 분석을 수행했습니다. cluster 모듈을 호출하고 KMeans 메서드를 통해 모델을 정의했습니다. 이때 군집의 개수를 4개로 지정하여(n_clusters=4) 인자로 전달했습니다. 앞서 회귀 분석이나 SVM처럼 training, test set을 나눌 필요도 없습니다. 그래서 샘플 파일의 데이터(New_DF)를 그대로 전달하여 모델에 적용했습니다. 모델이 군집 분석을 수행하고 나온 결과를 'Re' 변수에 저장했습니다. 군집 분석 결과를 반영하여 다시 산점도를 그려 보겠습니다.

```python
import pandas as pd

pd.set_option('display.max_rows', None)
pd.set_option('display.max_columns', None)

pd_DataSet = pd.read_csv('C:\Python\Sample_CSV\kmeans_Sample.csv')

DF = pd.DataFrame(pd_DataSet)

New_DF = DF.dropna(how='any')

import sklearn.cluster as skc

k_means_Model = skc.KMeans(n_clusters=4)
k_means_Model.fit(New_DF)
Re = k_means_Model.predict(New_DF)

import matplotlib.pyplot as plt

x = New_DF['X1']
y = New_DF['Y1']

plt.scatter(x, y, c=Re)
plt.show()
```

```
import pandas as pd

pd.set_option('display.max_rows', None)
pd.set_option('display.max_columns', None)

pd_DataSet = pd.read_csv('C:\Python\Sample_CSV\kmeans_Sample.csv')

DF = pd.DataFrame(pd_DataSet)

New_DF = DF.dropna(how='any')

import sklearn.cluster as skc

k_means_Model = skc.KMeans(n_clusters=4)
k_means_Model.fit(New_DF)
Re = k_means_Model.predict(New_DF)

import matplotlib.pyplot as plt

x = New_DF['X1']
y = New_DF['Y1']

plt.scatter(x, y, c=Re)
plt.show()
```

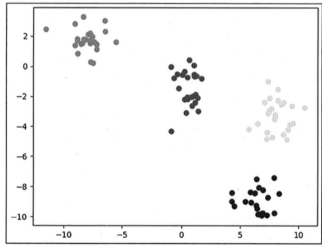

<그림 07_8_3 k-means 군집 분석 결과 확인>

산점도를 그릴 때 x와 y값 그리고 'c=Re'인자를, 군집 분석 결과를 포함하여 전달했습니다. 군집 분석의 결과에 따라 함께 모인 데이터끼리 같은 색상으로 표시되는 것이 확인됩니다.

군집 분석을 위해 제공된 샘플 파일은 여러분들의 이해를 돕고 가시성을 확보하기 위해 제가 임의로 생성한 데이터입니다. 데이터의 분포가 정확히 구분되어 있어 가시적으로 군집 분석이 정확히 수행되었다는 것을 알 수 있습니다. 하지만 모든 데이터가 제공된 샘플 데이터처럼 명확히 구분되어 있지는 않을 것입니다. 회귀 분석 등 예측 기법(물론 K-means도 예측에 충분히 활용 가능합니다. 새로운 데이터가 입력되면 어느 군집에 포함이 되는지 등) 등의 데이터 분석에서는 R2와 같이 그 정확도를 가늠하는 지표가 있었습니다. 그러면 K-means와 같은 군집 분석에서는 군집화가 잘 진행되었는지 어떤 근거로 판단이 가능할까요?

K-means 군집 분석의 작동 원리를 다시 상기해 보겠습니다. 전체 데이터를 군집의 개수로 분리하고 각 군집속에서 임의의 중심점을 찍어 군집 내 데이터 간의 거리를 계산하여 처리합니다. 군집 내 데이터 간의 거리는 물론 해당 중심점에서 다른 군집까지의 거리도 함께 계산이 이루어 집니다. 군집 내 데이터 간 거리는 가깝고 다른 군집과의 거리는 멀면 군집 분석이 잘 수행된 것이겠죠. 이를 판단해주는 값이 바로 실루엣 스코어(silhouette score)입니다. 실루엣 스코어는 0에서 1사이의 값을 갖게 되며, 1에 가까울수록 군집화가 잘 진행된 것입니다. 즉, 군집내 중심점과 데이터 간 거리는 가깝고 해당 중심점에서 다른 군집과의 거리는 먼 것이 됩니다.

```
import sklearn.metrics as skm
skm.silhouette_score(X1, X2)
```

실루엣 스코어를 계산하기 위해 Sklearn 라이브러리에서 metrics 모듈을 호출합니다. 그리고 silhouette_score 메서드를 통해 값을 구하게 됩니다. 총 2개의 인자가 전달됩니다. 첫 번째는 군집 분석이 진행될 데이터 셋, 두 번째 인자는 군집 분석의 결과입니다.

```
import pandas as pd

pd.set_option('display.max_rows', None)
pd.set_option('display.max_columns', None)

pd_DataSet = pd.read_csv('C:₩Python₩Sample_CSV₩kmeans_Sample.csv')

DF = pd.DataFrame(pd_DataSet)

New_DF = DF.dropna(how='any')
```

```
import sklearn.cluster as skc

k_means_Model = skc.KMeans(n_clusters=4)
k_means_Model.fit(New_DF)
Re = k_means_Model.predict(New_DF)

import sklearn.metrics as skm

S_score = skm.silhouette_score(New_DF, Re)
print(S_score)
```

```python
import pandas as pd

pd.set_option('display.max_rows', None)
pd.set_option('display.max_columns', None)

pd_DataSet = pd.read_csv('C:\Python\Sample_CSV\kmeans_Sample.csv')

DF = pd.DataFrame(pd_DataSet)

New_DF = DF.dropna(how='any')

import sklearn.cluster as skc

k_means_Model = skc.KMeans(n_clusters=4)
k_means_Model.fit(New_DF)
Re = k_means_Model.predict(New_DF)

import sklearn.metrics as skm

S_score = skm.silhouette_score(New_DF, Re)
print(S_score)
```

```
C:\Python\ML_training\venv\Scripts\python.exe
0.7489308948664358
```

<그림 07_8_4 K-means 군집 분석의 실루엣 스코어>

silhouette_score 메서드에 샘플 파일과 K-means 군집 분석된 결과를 전달하여 실루엣 스코어를
확인했습니다. 샘플 파일은 약 0.75정도의 실루엣 스코어가 나옵니다. 비교적 군집화가 잘 된 것 같
습니다.

9 의사 결정 나무(Decision tree)

혹시 여러분들은 어린시절 친구들과 '스무 고개'라는 놀이를 해보셨는지요? 출제자가 생각한 정답을 yes 또는 no의 단답식 질문을 던져 20번의 질문을 하기 전에 정답을 유추해 가는 놀이입니다. 스무 고개의 놀이를 데이터 분석 기법에 적용한 모델이 바로 의사 결정 나무(Decision tree)입니다. 의사 결정 나무는 데이터가 갖는 패턴을 예측 가능한 규칙들의 조합으로 분류하여 찾아가는 분석 모델입니다. 최종 모형이 뒤집어 놓은 나무와 같다고 해서 의사 결정 나무라 합니다. 예를 들어 보겠습니다. 작지만 알찬 성과금을 받은 A는 이번에 큰 맘먹고 차를 한 대 바꾸려 합니다. 새 차를 사기에는 조금 무리가 있어 중고차를 알아보고 있습니다. 그가 고려하는 항목은 연료, 자동차 유형 그리고 가격대 입니다.

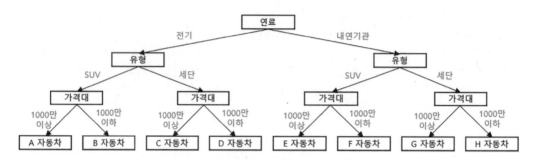

<그림 07_9_1 자동차 고르기 의사결정 모형>

새로운 데이터가 입력되면 고려 대상을 기준으로 하나씩 질문을 하고 결과에 따라 다음 질문으로 넘어가며 최종 선택이 무엇이라고 분류해줍니다. 예시를 통해 만약 A씨가 연료는 전기를 선택하고 유형은 SUV, 가격대는 1000만 이하를 선택하면 최종적으로 B자동차 일 것이라고 분류 혹은 예측을 하게 되는 것이죠. 의사 결정 나무의 핵심은 질문입니다. 즉, 다음 분기로 이동될 때, 질문이 명확하여 얼마나 정확히 분리가 되었는지가 매우 중요한 포인트가 됩니다.

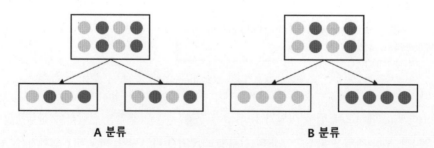

<그림 07_9_2 의사 결정 분류 예시>

의사 결정을 위해 A와 B 두개의 분류 작업이 진행되었습니다. 누가 보아도 B분류가 깔끔하게 처리된 것으로 확인됩니다. A분류의 경우 서로의 색상에서 생각할 때 깨끗하지 못한 데이터가 됩니다. 조금 나쁘게 표현하자면 불순한 데이터입니다. 의사 결정 나무 분석에서 분류된 결과 내 불순한 자료가 얼마나 포함되었는지 확인하는 값이 바로 지니 불순도(Gini Impurity) 값입니다. 지니 불순도 값은 1에서 포함된 데이터의 개수의 비율을 빼서 구하게 됩니다. 따라서 지니 불순도 값은 0에 가까울수록 분류가 잘 이루어진 것이죠. A분류와 B분류에 대한 지니 불순도 값을 구하면 다음과 같습니다.

A 분류의 지니 불순도 $= 1 - (2/4)^2 - (2/4)^2 = 0.5$
B 분류의 지니 불순도 $= 1 - (4/4)^2 = 0$

A 분류의 경우 두개의 서로 다른 데이터가 들어 있습니다. 흐린 회색이 2개, 진한 회색이 2개입니다. 총 4개 중 각각 2개씩이므로 4분의2, 즉, 2분의 1입니다. 1에서 데이터의 포함 비율을 제곱해서 빼면 0.5가 나옵니다. B분류는 한 가지 종류의 데이터가 들어있습니다. 총 4개 중 4개, 즉 1이고 제곱해도 1입니다. 지니 불순도 값이 0이 되는 것이죠.
지니 불순도를 구하면 이번에는 분류한 데이터 셋의 정보 획득 량을 계산해 줍니다.

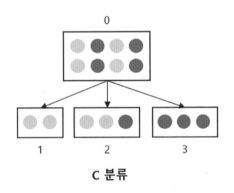

C 분류

<그림 07_9_3 의사 결정 분류 예시 2>

정보 획득 량 계산을 위해 새로운 예시 C 분류에 대한 0 ~ 3까지의 지니 불순도 값을 계산해 보겠습니다.

C 분류 0의 지니 불순도 $= 1 - (2/4)^2 - (2/4)^2 = 0.5$
C 분류 1의 지니 불순도 $= 1 - (2/2)^2 = 0$
C 분류 2의 지니 불순도 $= 1 - (2/3)^2 - (1/3)^2 = 0,44\cdots$
C 분류 3의 지니 불순도 $= 1 - (3/3)^2 = 0$

정보 획득 량의 계산도 매우 간단합니다. 분류 전 모집단의 지니 불순도 값(C 분류 0)에서 다음 단계의 분류된 지니 불순도 값(C 분류 1~3)을 모두 더해 빼면 구할 수 있습니다.

C 분류의 정보 획득 량 = 0.5 - (0+0.44+0) = 0.06

지니 불순도와 마찬가지로 정보 획득 량도 0에 가까울수록 분류 결과가 좋다는 의미입니다. 그런데 C 분류의 경우 한가지 이상한 점이 있습니다. 지니 불순도 값이 0에 가깝고 정보 획득 량도 0에 가까우니 C 분류 1~3의 경우 좋은 분류 결과일까요? 정확히 살펴보면 1과 2, 3은 정보 획득 량의 차이가 있습니다. 같은 지니 불순도와 정보 획득 량을 보이더라도 중요도에 따라 다르게 계산할 수 있습니다. 분류된 데이터의 개수에 따라 가중치 값을 부여하고 정보 획득 량을 계산하는 것이죠. 이번에도 계산은 간단합니다. 먼전 가중치를 산출하는 방법입니다. 분류 전 모집단의 데이터 개수에서 분류 후 포함된 데이터의 개수의 비율로 산출하면 됩니다.

C 분류 1의 가중치 = 2/8 = 0.25
C 분류 2와 3의 가중치 = 3/8 = 0.375

C 분류 0의 데이터의 개수는 8입니다. 이때 1의 가중치는 8개중 2개의 데이터가 포함되므로 8분의 2, 0.25가 되는 것이죠. 그리고 2와 3의 가중치는 8개중 3개의 데이터가 포함되므로 8분의 3, 0.375가 됩니다. 가중치를 지니 불순도 값에 곱하여 다시 정보 획득 량을 재 산출합니다.

가중치를 반영한 C 분류의 정보 획득 량 = 0.5 - ((0*0.25)+(0.44*0.375)+(0*0.375)) = 0.335

가중치 값을 구하고 재 계산된 정보 획득량을 확인하면 단순 지니 불순도에 의한 정보 획득 량과 차이가 있음이 확인됩니다. 설명 드린 지니 불순도와 정보 획득 량을 의사 결정 나무 분석을 수행할 때마다 매번 산출해서 진행할 필요는 없습니다. 우리가 현재 분석을 위해 사용하는 sklearn 라이브러리에서 충분히 고려하여 모델을 수행하기 때문이죠. 다만, 의사 결정 나무 분석은 지니 불순도와 정보 획득 량을 고려하여 진행된다는 점을 꼭 기억해 주시기 바랍니다. 군이 구할 필요가 없다고 그 의미까지 필요가 없는 것은 아닙니다. 자, 이제 기초적인 이론은 어느 정도 설명이 되었습니다. 파이썬을 통해 의사 결정 나무 분석을 수행해 봅니다.

```
import pandas as pd

pd.set_option('display.max_rows', None)
pd.set_option('display.max_columns', None)

pd_DataSet = pd.read_csv('C:\Python\Sample_CSV\Decision_tree_Sample.csv')

DF = pd.DataFrame(pd_DataSet)

New_DF = DF.dropna(how='any')

x = New_DF[['X1', 'X2']]

y = New_DF['Y1']

import sklearn.model_selection as sms

x_train, x_test, y_train, y_test = sms.train_test_split(x, y, train_size=0.8, test_size=0.2)
```

```
import pandas as pd

pd.set_option('display.max_rows', None)
pd.set_option('display.max_columns', None)

pd_DataSet = pd.read_csv('C:\Python\Sample_CSV\Decision_tree_Sample.csv')

DF = pd.DataFrame(pd_DataSet)

New_DF = DF.dropna(how='any')

x = New_DF[['X1', 'X2']]

y = New_DF['Y1']

import sklearn.model_selection as sms

x_train, x_test, y_train, y_test = sms.train_test_split(x, y, train_size=0.8, test_size=0.2)
```

<그림 07_9_4 모델 생성 전 training set과 test set 결정>

샘플 데이터를 pandas를 통해 호출하여 X1과 X2 필드는 x로, Y1 필드는 y로 선언하고 training set 과 test set을 선언했습니다. 회귀 및 SVM하며 반복적으로 활용된 동일한 코드입니다.

```
import pandas as pd

pd.set_option('display.max_rows', None)
pd.set_option('display.max_columns', None)

pd_DataSet = pd.read_csv('C:₩Python₩Sample_CSV₩Decision_tree_Sample.csv')

DF = pd.DataFrame(pd_DataSet)

New_DF = DF.dropna(how='any')

x = New_DF[['X1', 'X2']]

y = New_DF['Y1']

import sklearn.model_selection as sms

x_train, x_test, y_train, y_test = sms.train_test_split(x, y, train_size=0.8, test_size=0.2)

import sklearn.tree as str

DT_Model = str.DecisionTreeClassifier()
DT_Model.fit(x_train, y_train)

Train_score = DT_Model.score(x_train, y_train)
Test_score = DT_Model.score(x_test, y_test)

print('Decision Tree - Train_score : ', Train_score, ', Test_score : ', Test_score)
```

```
import pandas as pd

pd.set_option('display.max_rows', None)
pd.set_option('display.max_columns', None)

pd_DataSet = pd.read_csv('C:\Python\Sample_CSV\Decision_tree_Sample.csv')

DF = pd.DataFrame(pd_DataSet)

New_DF = DF.dropna(how='any')

x = New_DF[['X1', 'X2']]

y = New_DF['Y1']

import sklearn.model_selection as sms

x_train, x_test, y_train, y_test = sms.train_test_split(x, y, train_size=0.8, test_size=0.2)

import sklearn.tree as str

DT_Model = str.DecisionTreeClassifier()
DT_Model.fit(x_train, y_train)

Train_score = DT_Model.score(x_train, y_train)
Test_score = DT_Model.score(x_test, y_test)

print('Decision Tree - Train_score : ', Train_score, ', Test_score : ', Test_score)
```

```
C:\Python\ML_training\venv\Scripts\python.exe C:/Python/ML_training/Decision_tree.py
Decision Tree - Train_score :  0.9733727810650887 , Test_score :  0.011764705882352941
```

<그림 07_9_5 Decision Tree 모델 생성>

Sklearn 라이브러리에 tree 모델을 호출하고 의사 결정 나무 분석으로 모델 선언하여(DT_Model = str.DecisionTreeClassifier()) 훈련 데이터로 모델을 적용(Test_score = DT_Model.score(x_test, y_test))해 주면 의사 결정 나무 분석을 통해 정답(예측)을 찾을 준비가 완료됩니다.

```
import pandas as pd

pd.set_option('display.max_rows', None)
pd.set_option('display.max_columns', None)

pd_DataSet = pd.read_csv('C:\Python\Sample_CSV\Decision_tree_Sample.csv')
```

```python
DF = pd.DataFrame(pd_DataSet)

New_DF = DF.dropna(how='any')

x = New_DF[['X1', 'X2']]

y = New_DF['Y1']

import sklearn.model_selection as sms

x_train, x_test, y_train, y_test = sms.train_test_split(x, y, train_size=0.8, test_size=0.2)

import sklearn.tree as str

DT_Model = str.DecisionTreeClassifier()
DT_Model.fit(x_train, y_train)

Train_score = DT_Model.score(x_train, y_train)
Test_score = DT_Model.score(x_test, y_test)

print('Decision Tree - Train_score : ', Train_score, ', Test_score : ', Test_score)
Pre_Parm = [[250, 260]]
predict_R = DT_Model.predict(Pre_Parm)

print('--------------------------------------------------------------------------------')

print(predict_R)

Pre_DataSet = pd.read_csv('C:\Python\Sample_CSV\Prediction_Scenario.csv')

Pre_DF = pd.DataFrame(Pre_DataSet)

Pre_S_Parm = Pre_DF[['X1', 'X2']]
predict_sR = DT_Model.predict(Pre_S_Parm)

print('-------------------')
print(predict_sR)
```

```
import pandas as pd

pd.set_option('display.max_rows', None)
pd.set_option('display.max_columns', None)

pd_DataSet = pd.read_csv('C:\Python\Sample_CSV\Decision_tree_Sample.csv')

DF = pd.DataFrame(pd_DataSet)

New_DF = DF.dropna(how='any')

x = New_DF[['X1', 'X2']]

y = New_DF['Y1']

import sklearn.model_selection as sms

x_train, x_test, y_train, y_test = sms.train_test_split(x, y, train_size=0.8, test_size=0.2)

import sklearn.tree as str

DT_Model = str.DecisionTreeClassifier()
DT_Model.fit(x_train, y_train)

Train_score = DT_Model.score(x_train, y_train)
Test_score = DT_Model.score(x_test, y_test)

print('Decision Tree - Train_score : ', Train_score, ', Test_score : ', Test_score)

Pre_Parm = [[250, 260]]
predict_R = DT_Model.predict(Pre_Parm)

print('--------------------------------------------------------------------------------')

print(predict_R)

Pre_DataSet = pd.read_csv('C:\Python\Sample_CSV\Prediction_Scenario.csv')

Pre_DF = pd.DataFrame(Pre_DataSet)

Pre_S_Parm = Pre_DF[['X1', 'X2']]
predict_sR = DT_Model.predict(Pre_S_Parm)

print('--------------------')
print(predict_sR)
```

```
Decision Tree - Train_score :  0.9733727810650887 , Test_score :  0.011764705882352941
--------------------------------------------------------------------------------
[6230]
--------------------
[ 4568  6390  3163  5848  5146 12352   121   153  7561 12297  7365  7365
  7365  1449  4369 12352  1570  1064 12297 12297  5297  6699  3686 12352
  5839  4676  3233  7365  1896  2051 12352  3163 12352  7365   717 12352
  3531  7561  7365 15124 12352  3667  7365  2340  7001  3648 15124   717
  7561 12297  7365  3163  7365  3163  2861 15124  7059  6453  7561  7365
  7561 12297  7561  5792 12352  7365  6949  7365  4676  2771  4676  7561
  4018  1739  6669  1812  7365  7365  2340  7365 15124  7365  7365 15124
 12352  6453  4703  7365 15124 12297  1218  5351   429  7365  7561  7561
  5266  7365 12352  5146]
```

<그림 07_9_6 Decision Tree 모델을 통한 예측>

단일 값이 입력되었을 때, 혹은 다양한 값을 파일 형태로 전달할 때, 모두 예측이 가능합니다. 회귀나 SVM 코드와 진행 방식 등이 정말 유사합니다. 모델의 이름(DT_Model)만 다를 뿐 똑같습니다. 파이썬은 정말 분석을 유연하게 처리해주는 도구로서 최고의 언어입니다.

의사 결정 나무 분석은 매우 폭 넓게 활용되지만 몇 가지 단점이 있습니다. 간단하게 말씀드리면 일단 한번의 과정으로 분류가 진행되는 점입니다. 의사 결정 나무 분석은 단 하나의 나무(tree)를 만들기 때문에 더 좋은 분류를 수행할 수 있어도 그 가능성 자체가 허무하게 날아가 버립니다. 한번 결정된 트리는 반복이 이루어지지 않는다는 것이죠. 또 다른 단점은 가지치기(pruning)라는 일련의 과정이 수행되긴 하지만 의사 결정 나무는 데이터 의존성으로 인해 과적합(overfitting)이 발생한다는 것입니다. 과적합은 너무 현실 데이터에 치중하고, 완벽한 분류를 위해 모든 분류의 지니 불순도 값이 0이 되어, 완벽한 나무(full tree)를 형성하는 것을 의미합니다. 완벽한 나무가 형성되려면 너무 많은 분기가 발생하는 문제가 있기 때문이죠. 이를 과적합, 혹은 오버피팅이라고 합니다.

그래서 이러한 의사 결정 나무의 문제를 해결하고자 나온 모델이 바로 random forest입니다. 우리말로 그대로 표현하자면 무작위 숲이죠. 쉽게 말해 여러 개 의사 결정 나무를 만들고 최선의 안을 도출해 내는 분석 방법입니다.

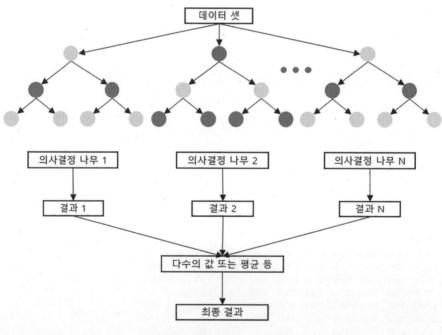

<그림 07_9_7 random forest의 도식>

파이썬을 통해 바로 random forest 분석 바로 수행해 보겠습니다.

```
import pandas as pd

pd.set_option('display.max_rows', None)
pd.set_option('display.max_columns', None)

pd_DataSet = pd.read_csv('C:\Python\Sample_CSV\Random_forest_Sample.csv')

DF = pd.DataFrame(pd_DataSet)

New_DF = DF.dropna(how='any')

x = New_DF[['X1', 'X2']]

y = New_DF['Y1']

import sklearn.model_selection as sms

x_train, x_test, y_train, y_test = sms.train_test_split(x, y, train_size=0.8, test_size=0.2)

import sklearn.ensemble as sen

RF_Model = sen.RandomForestClassifier()
RF_Model.fit(x_train, y_train)

Train_score = RF_Model.score(x_train, y_train)
Test_score = RF_Model.score(x_test, y_test)

print('Random Forest - Train_score : ', Train_score, ', Test_score : ', Test_score)

Pre_Parm = [[250, 260]]
predict_R = RF_Model.predict(Pre_Parm)

print('--------------------------------------------------------------------------------')

print(predict_R)

Pre_DataSet = pd.read_csv('C:\Python\Sample_CSV\Prediction_Scenario.csv')

Pre_DF = pd.DataFrame(Pre_DataSet)

Pre_S_Parm = Pre_DF[['X1', 'X2']]

predict_sR = RF_Model.predict(Pre_S_Parm)

print('-------------------')
print(predict_sR)
```

```python
import pandas as pd

pd.set_option('display.max_rows', None)
pd.set_option('display.max_columns', None)

pd_DataSet = pd.read_csv('C:\Python\Sample_CSV\Random_forest_Sample.csv')

DF = pd.DataFrame(pd_DataSet)

New_DF = DF.dropna(how='any')

x = New_DF[['X1', 'X2']]

y = New_DF['Y1']

import sklearn.model_selection as sms

x_train, x_test, y_train, y_test = sms.train_test_split(x, y, train_size=0.8, test_size=0.2)

import sklearn.ensemble as sen

RF_Model = sen.RandomForestClassifier()
RF_Model.fit(x_train, y_train)

Train_score = RF_Model.score(x_train, y_train)
Test_score = RF_Model.score(x_test, y_test)

print('Random Forest - Train_score : ', Train_score, ', Test_score : ', Test_score)

Pre_Parm = [[250, 260]]
predict_R = RF_Model.predict(Pre_Parm)
print('----------------------------------------------------------------------------')

print(predict_R)

Pre_DataSet = pd.read_csv('C:\Python\Sample_CSV\Prediction_Scenario.csv')

Pre_DF = pd.DataFrame(Pre_DataSet)

Pre_S_Parm = Pre_DF[['X1', 'X2']]
predict_sR = RF_Model.predict(Pre_S_Parm)

print('--------------------')
print(predict_sR)
```

```
Random Forest - Train_score :  0.9792899408284024 , Test_score :  0.011764705882352941
----------------------------------------------------------------------------------
[6223]
------------------
[ 7001  7001  7001  5573  5193  7218   121  7001  7218 12352  7365  7365
  7192  6592  7001 12352  4534  7001 12352 12352  7001  7001  7001 12352
  5831  4729  3233  7365  7001  4534 12352  7001  7218  7365   294 12352
  7001 12352  7365 12352 12352  3667 12352  3648  7001  3648 12352   294
 12352 12352  7365  3648  7365  7001  3648 12352  6949  6453 12352  7345
  7218 12352 12352  7001 12352  7192  6949  7365  7001  7001  4729 12352
  7001  7001  7001  7001  7365  7365  7001  7365 12352  7365  7365  7218
 12352  6453  4499  7365 12352  7218  6195  7001   294  7192 12352 12352
  5405  7365 12352  7001]
```

<그림 07_9_8 random forest 모델을 통한 예측>

random forest 역시 의사 결정 나무 분석과 코드가 크게 다르지 않습니다. Sklearn 라이브러리에서 tree 모델이 아닌 ensemble 모델을 호출하는 부분과 모델 이름만 바뀔 뿐이죠. 그래서 모두 한번에 전체 코드를 봐도 큰 무리가 없을 것입니다.

08
에필로그

08 에필로그

프로그래밍 언어를 처음 학습하시는 분들에게 마지막으로 당부 드리고 싶은 이야기로 마무리하겠습니다.

데이터 과학자에게 가공되지 않은 데이터는 자동차로 비유하면 연료와 같습니다. 연료가 꾸준히 주입돼야 목적지로 갈 수 있는 것이죠. 이렇게 중요한 데이터를 담고 있는 그릇이 바로 데이터베이스(Database)입니다. 말 그대로 데이터들의 근거지라는 의미입니다.

우리는 데이터 홍수 속에 살고 있습니다. 데이터는 끊임없이 생산됩니다. 무한하게 생산되는 데이터를 보관하기 위한 물리적 공간은 제한적이죠. 또한 마구잡이로 데이터를 저장할 수도 없습니다. 그래서 지속적으로 발생하는 데이터를 얼마나 효과적으로 저장할 것인가 하는 문제를 해결하는 것이 데이터베이스에 가장 기본이 되는 원리입니다. 이런 원리 속에는 단순히 자료가 저장되는 공간의 개념만이 아닌 그 공간에 담길 자료의 구조와 그들이 가진 성격까지도 고려해야 하는 매우 복합적인 개념을 함께 내포합니다.

'데이터 과학자가 분석만 잘하면 되지 뭐 굳이 데이터베이스까지 알아야 할 필요가 있을까요?'

맞는 말입니다. 어찌 보면 조금은 영역이 다르다고 할 수 있습니다. 하지만 우리가 분석을 위해 항상 다루는 데이터가 어디로부터 나오고, 더욱이 데이터를 어디서 추출해내야 하는지를 알고 있다면 더욱 빠르고 정확한 분석이 수행될 수 있습니다. 데이터베이스의 학문적, 아니 실무적이라 할지라도 그 범위는 매우 넓고 깊습니다. 분명 분야도 다릅니다. 이를 모두 인지할 수 없겠지만 개략적인 개념을 알고 있다면 분명 분석에 도움이 됩니다. 파이썬을 다루는 기술에 날개를 달수 있습니다.

데이터베이스는 데이터가 담기는 그릇과도 같습니다. 최근 데이터베이스에 담기는 데이터의 유형은 그 성질을 가리지 않습니다. 즉 데이터의 유형이 비정형이든 정형이든 모두 담을 수 있다는 의미입니다. 요즘은 반정형 데이터라는 말도 나오는데 일단 그것은 차치하고서라도 말이죠.
정형 데이터라는 것은 여러분이 흔히 사용하는 엑셀을 생각하면 쉽습니다. 데이터가 특정되고 구분된, 하나의 특성에 따라, 항목에 일정하게 담기는 것을 말합니다. 비정형 데이터는 형식이 없는 것을 말합니다. 쉽게 말해 음성이나 영상 이미지 등 하나의 데이터 안에 여러 특성이 복합적으로 담겨 있는 데이터를 의미합니다.
다른 분들은 정확히 모르겠지만, 저는 아직까지도 원 데이터가 비정형이라 해도 분석을 수행하는 과정에서는 최종적으로 정형화되어 가공된 데이터를 다룹니다. 물론 비정형 데이터를 정형 데이터로 변화시키는 과정 역시 데이터 분석 분야에 포함이 된다고 주장한다면 나 역시도 비정형 데이터를 다루는 것이 맞습니다. 하지만 여기서 말하고 싶은 데이터베이스의 범위는 일단 정형화된 데이터를 말합니다.

'그런데 왜 데이터베이스에 대해서도 이해가 필요한 거죠?'

데이터과학자가 되기 위해 데이터베이스도 알면 좋은 이유를 좀더 자세히 설명하면 다음과 같습니다. 우선적으로 데이터 분석에 필요한 데이터 추출 과정의 시간을 많이 아낄 수 있습니다. 누차 강조하지만 데이터가 정확해야 그 결과도 가치가 더욱 높아집니다.
두 번째는 내가 가장 강조하는 부분으로서 데이터베이스를 이해하면 데이터가 저장된 위치나 그 안에 담긴 데이터를 알 수 있기에 그로부터 발현될 가치를 폭 넓게 생각할 수 있습니다. 데이터를 보고 그로부터 얻을 수 있는 결과와 가치가 중요하다고 하였는데 이를 위한 훈련에 많은 도움을 줍니다.
세 번째는 데이터가 가지는 속성을 쉽게 파악할 수 있다는 장점이 있습니다. 데이터 속성을 파악하면 어떤 방법론을 선택할 것이며 어떤 툴을 활용할지에 대한 결정을 빠르게 할 수 있게 해줍니다.
그리고 무엇보다 현재의 데이터 분석은 컴퓨터라는 IT 기기에서 대부분 수행됩니다. 그리고 데이터베이스는 컴퓨터에 기반하여 관리되는 일종의 프로그램입니다. 그러니 내가 원하는 가치를 제공해주는 데이터의 저장 공간을 이해해야 되는 건 필수라 할 수 있겠죠.
데이터베이스와 관련된 모든 부분을 설명하려면 책 한 권으로도 부족합니다. 그렇다고 전혀 언급을 안 할 수도 없습니다. 그래서 데이터베이스에서 무엇을 해야 되는지 정도만 소개하려 합니다. 그냥 그렇구나 하고 넘기지 마시고 언급된 부분에 대해서는 완벽히 내 것으로 만들 수 없더라도 무엇인지 정도는 알고 넘어가 주길 바랍니다. 꼭 별도의 학습을 부탁드립니다.

우리가 계속 데이터라는 용어를 사용해 왔는데 정확히 데이터가 무엇을 의미하는 것인지 알아보겠습니다. 간단히 말하면 데이터란 현실 세계의 모든 것을 의미합니다. 유형의 것이든 무형의 것이든 그냥 이 세상 모든 것을 말합니다. 사람의 머리 속에 존재하는 생각도 데이터입니다. 이러한 데이터 중에서 내가 필요로 하는 것만을 뽑아 가공 처리하면 정보가 되고 이런 정보를 분석하면 가치가 되는 것이죠.

데이터베이스는 모든 것을 담을 수 있지만 우선적으로 가공되지 않은 순수한 데이터를 담는 역할을 담당합니다. 물론 가공된 정보나 분석된 결과 및 가치를 포함한다고 문제가 되지는 않습니다. 필요에 따라서는 1차적 결과를 2차적 분석 데이터로 활용할 수 있습니다.

정확히는 데이터베이스에 담기는 자료는 따로 정해져 있지 않습니다. 관찰이나 측정을 통해서 수집된 사실(facts)이나 값(values)은 당연한 것이고, 우리가 보고 느끼는 사물과 생각 그리고 감각까지도 저장이 가능합니다. 데이터베이스에 담기는 자료는 제한이 없습니다. 그냥 다 담을 수 있다고 생각하는 것이 옳습니다.

중요한 부분은 이런 데이터를 2진의 형태로 변경해서 담는 그릇이 데이터베이스라는 점입니다. 그래서 데이터베이스에 대한 이해를 할 때 가장 우선적으로 알아야 할 부분이 바로 데이터를 어떻게 2진의 형태로 담아낼 것인가를 고민하는 부분이다. 2진에 개념부터 확인해 보겠습니다.

지금은 디지털 시대이고 우리는, 아직까지는, 디지털 시대에 살고 있다는 걸 부인할 수 없습니다. 그래서인지 아날로그 감성을 찾는 분들이 부쩍 늘었습니다. 저도 종종 LP판을 즐겨 듣곤 합니다. 디지털로 느낄 수 없는 아날로그만의 독특한 감성이 물씬 풍깁니다.

그러면 과연 디지털과 아날로그는 어떤 차이가 있을까요? 의외로 자주 사용되는 용어지만 그 의미를 정확히 모르는 분들이 많습니다. 뭐 굳이 알 필요가 없다고 생각할 수도 있습니다.

이·공학을 전공했거나 해당 분야에 종사하고 있다면 수학은 필수 불가결한 요소입니다. 꼭 잘해야한다는 것보다 이해를 돕는 보조적 수단으로 중요하게 작용되는 학문이죠. 그래서 '수'에 대한 이야기부터 시작합니다.

'수'는 무한(無限)하거나 혹은 유한(有限)합니다. 즉 끝없이 이어지거나 일정한 수준에서 끊어진다는 의미죠. 이러한 무한한 수를 연속 수학이라고 하고 반대로 유한한 수를 이산 수학이라고 합니다. 우리는 일상에서 후자인 유한한 수를 주로 사용합니다. 일반적으로는 무한한 수를 다룰 이유가 없죠.

'아니, 무한한 수? 그런 게 있어요?'

네, 있습니다. 대표적으로 물리학 등에서는 대부분 무한한 수를 다루게 되죠. 뭐, 예를 들자면 떨어지는 폭포의 힘을 길이의 함수로 나타낼 때? 혹은 빛의 크기를 넓이의 함수로 나타낼 때? 이런 역학적인 분야에서는 무한한 수를 다루게 되죠. 우리와는 동떨어진 세계입니다.

솔직히 말씀드리면 우리 주변에 무한한 수를 가진 물체와 현상은 무수히 많습니다. 하지만 우리는 유한한 수를 활용해 표현하는 방법이 훨씬 간단하고 명료하기 때문에 일상에서 무한한 수를 만나도 유한한 수로 표현할 뿐이죠. 아니, 무한한 수를 만나 본 적이 없다고요? 설마요?

쉬운 예를 한번 들어 볼까요? 혹시 여러분 몸무게는 어떻게 되시나요? 좀 무례한가요? 저는 오늘 아침에 확인해 보니 78.8Kg입니다. 78.8, 명쾌하게 떨어지는 유한한 수입니다. 그런데 한번 생각해 보죠. 정말 제 몸무게는 딱 78.8로 딱 떨어질까요? 0.8 뒤에 그 어떤 수도 없었을까요? 혹시 반올림을 한 건 아닐까요? 혹시 모릅니다. 아마도 제 몸무게는 78.79123465869701....... 무한하게 이어진 수일지도 모릅니다. 체중계도 표현하기 귀찮아서 반올림해서 표현한 것일 수도 있습니다. 78.8이라고해도 특별히 틀린 것도 아닙니다.

어쩌다 보니 아날로그에 대한 설명이 끝난 듯 싶습니다. 제 몸무게를 78.79123465869701.......로 표현하면 아날로그가 됩니다. 그러면 78.8은 디지털이냐고요? 네, 맞습니다. 디지털입니다. 그러면 이런 추론이 가능합니다. 무한한 수를 가지면 아날로그, 유한한 수를 가지면 디지털. 반드시 정답이라고 할 수 없지만 틀린 말은 아닙니다.

대부분의 자연 현상은 수로 표현하기가 힘들죠. 행여나 극적으로 수로 표현이 된다하여도 디지털과 같이 딱 잘라 표현하기 곤란합니다. 결론적으로 말씀드리면 그래서 아날로그는 부드럽습니다. 이게 바로 아날로그 감성인 것이죠. 끊김이 없으니까요. 아날로그의 그래프는 언제나 곡선처럼 부드럽습니다.

이제 디지털에 대한 이야기를 좀 더 해볼까요? 수를 딱 잘라 표현하면 무조건 디지털이라고 할 수 있을까요? 반은 맞고 반을 틀립니다. 앞서의 표현대로 유한한 수라고 해보겠습니다. 유한한 수의 범위는 어디까지일까요? 1, 10, 100, 1000, 10000, 100000, ... 모두 유한한 수입니다. 백만, 천만, 억, 조.... 모두 유한한 수겠죠? 이 모든 유한한 수를 디지털이라고 하기엔 그 범위가 너무 넓습니다. 그래서 사람들은 생각했습니다. 유한한 수를 좀 더 심플하게 표현할 방법이 없을까? 그 해답은 바로 두 개의 수로 모든 유한한 수를 표현하는 방법이었죠. 바로 0과 1입니다. 즉, 2진(binary)법을 적용한 것이죠. 이렇게 되니 백만이 나와도 천만이어도 아니 억 단위, 조 단위 모두 2개의 수로 충분히 표현이 가능해졌습니다. 여기에 의미까지 부여를 합니다. 0이면 거짓(false), 1이면 참(true). 이렇게 의미까지 부여를 하니 입력 신호에 따라 기계도 움직일 수 있게 되었습니다. 이로써 디지털은 0과 1로 표현된 모든 것을 의미하게 됩니다.

참과 거짓, 흑과 백, 이분법적 사고, 이것을 우리는 논리적이라고 합니다. 그래서 0과 1로 표현하고 구동되는 기계를 우리는 디지털 논리 회로라고 부르게 되죠.

자 이제 깔끔해졌습니다. 아날로그는 어차피 무한한 수를 표현하므로 수의 제약이 없습니다. 반대로 디지털은 유한한 수라 할지라도 그 범위가 너무 넓어 0과 1로만 표현하자고 약속을 한 것이죠. 따라서 디지털 신호는 아날로그 신호처럼 부드럽지 못합니다.

아날로그 필름 카메라와 디지털 카메라. 디지털 카메라가 아무리 뛰어나도, 혹 신이 내려와 만든다 하여도 자연 그대로의 빛을 표현하기는 불가능합니다. 누구의 말처럼 신도 자연의 법칙을 거스를 수는 없습니다. 디지털 카메라의 화질이 필름 카메라보다 좋다고요? 그건 필름의 질적인 문제인 것이죠. 즉 기술 차이가 만든 현상이죠. 우리가 눈으로 보는 빛. 우리의 눈이 카메라라고 한다면 디지털 카메라는 내 눈이 느끼는 빛을 표현할 수 없습니다. 이것이 바로 진정한 아날로그의 감성인 것이죠.

잠깐 이야기가 샛길로 빠지긴 했습니다. 바로 이 디지털을 표현하는 이진을 기반으로 자료 구조가 완성되고 이를 물리적으로 저장하는 공간이 데이터베이스가 됩니다. 컴퓨터라는 IT기기는 2진의 디지털 신호만을 인식합니다. 따라서 데이터베이스에 데이터가 저장되는 형태도 2진의 형태를 유지합니다. 데이터는 데이터베이스에 저장될 때 특성과 값으로 분리되어 저장됩니다.

대상의 특성을 뽑고 그 특성에 맞는 값을 입력하여 표, 우리가 흔히 말하는 테이블(table) 형태로 저장하는 방법이 가장 기본적인 데이터베이스의 저장 방식인 셈이죠. 테이블은 행과 열로 구성됩니다. 행은 대상이 실제로 갖는 값을 의미하게 되고, 열은 해당 값들이 속한 특성, 다른 말로 속성을 의미하게 됩니다. 우리가 업무에서 자주 사용하는 엑셀이 바로 테이블 그리고 행(값)과 열(속성)로 구성되어 있다는 것을 알 수 있습니다.

결과적으로 데이터는 속성과 값으로 구성된다는 점을 알 수 있게 됩니다. 그리고 데이터의 속성을 파악하고 정리하여 구조를 잡아가는 일, 그것이 바로 데이터베이스 설계의 핵심이 되는 것이죠. 데이터를 확인하여 논리적 구조를 설계하고 이를 바탕으로 실제 물리적인 공간인 컴퓨터에 어떻게 담아낼 것인가를 고민하는 과정입니다.

데이터베이스의 구조를 전체적으로 설계한다는 건 매우 오랜 시간의 학습과 경험이 누적되어야 합니다. 특성화된 분야입니다. 데이터베이스 설계의 전문가가 될 필요는 없지만 모델링의 의미와 설계의 과정을 전반적으로 이해해 두는 것이 좋습니다.

데이터베이스를 알기 위해서는 저장하는 방법만 필요한 것이 아닙니다. 아쉽게도 데이터베이스에 담긴 데이터를 다루는 방법도 함께 익혀야 합니다. 더욱 아쉽게도 데이터베이스와 그 안에 담긴 데이터를 다루는 언어가 별도로 존재합니다.

SQL은 관계형 데이터베이스의 표준 언어로, 상용 DBMS인 오라클, MS-SQL, MySQL 등과 같은 대부분의 주요 제품에서 채택하여 활용되고 있습니다. SQL은 Structured Query Language의 약자입니다. 구조화된 질의어, 즉 언어라는 얘기입니다. 파이썬과 똑같은 컴퓨터 언어입니다. SQL을 알아야 하는 이유는 데이터를 다루기 위해서입니다. 매번 데이터베이스 관리자에게 데이터를 요구하는 것보다 내가 직접 추출하는 것이 유용하기 때문이죠. 비단 이런 이유 때문만은 아닙니다. 데이터와 분석의 중요성이 날로 커지는 환경에서 SQL은 데이터 분석을 필요로 하는 사람뿐 아니라 일반 사무 환경에서도 기본적인 소양으로 요구되고 있습니다. 단순히 데이터베이스를 다루는 언어로 인식되던 SQL이 데이터 분석의 중요성과 맞물려 가장 기본적이고 핵심적인 언어로 그 필요성이 점차 확대되고 있는 것이죠.

최근 빅데이터와 AI를 선두로 데이터 분석 영역이 기업에서 각광을 받으며, 이를 위한 전처리 과정에서 SQL이 기본적이고 핵심적인 언어로 중요성과 그 필요성이 점점 더 확대되고 있습니다. 최근 빅데이터 전문가를 고용하는 기업체에서 필수 요소로 SQL을 요청하고 있는 상황입니다. 데이터 분석을 위한 전처리 단계로서 SQL이 매우 중요한 역할을 담당하고 있다는 반증입니다. 이는 제가 현장에서 직접 피부로 느끼고 경험한 가치입니다. 분석을 위해 데이터를 가공 처리하고 정리하는 도구로서 SQL은 지금보다 훨씬 그 중요성이 높아질 것입니다.